DE L'USUFRUIT

DU

CONJOINT SURVIVANT

THÈSE POUR LE DOCTORAT

Présentée et soutenue

Le Samedi 28 Janvier 1899, à 8 heures 1/2

PAR

Albert GHESQUIÈRES

PARIS

LIBRAIRIE NOUVELLE DE DROIT ET DE JURISPRUDENCE

ARTHUR ROUSSEAU, ÉDITEUR

14, RUE SOUFFLOT ET RUE TOULLIER, 13

1899

THÈSE

POUR LE DOCTORAT

DE L'USUFRUIT

DU

CONJOINT SURVIVANT

THÈSE POUR LE DOCTORAT

L'ACTE PUBLIC SUR LES MATIÈRES CI-APRÈS
Soutenu le Samedi 28 Janvier 1899, à 8 h. 1/2

PAR

Albert GHESQUIÈRES

Président : M. MASSIGLI,
Suffragants : { MM. PLANIOL, SALEILLES, } *professeurs*

PARIS

LIBRAIRIE NOUVELLE DE DROIT ET DE JURISPRUDENCE

ARTHUR ROUSSEAU, ÉDITEUR

14, RUE SOUFFLOT ET RUE TOULLIER, 13

1899

A MON PÈRE

A MA MÈRE

A MA SOEUR

INTRODUCTION

De toutes les lois civiles qui, depuis dix ans, sont
venues modifier la législation du Code, il n'en était peut-
être pas de plus nécessaire que celle du 9 mars 1891,
relative « aux droits de l'époux sur la succession de son
conjoint prédécédé ».

Par une distraction inexcusable ou par une inconséquence étrange, les rédacteurs du Code civil, qui, cependant, avaient pris pour base de leur système de dévolution
successorale *ab intestat*, l'ordre des affections présumées
du défunt, avaient relégué son époux survivant après
tous ses autres parents. Comme le disait M. Piou dans le
rapport qu'il présentait, en 1890, à la Chambre des députés, « une telle vocation équivalait à une exhérédation.
Rejeter l'époux à l'avant-dernier rang de l'ordre successoral, c'était en réalité l'exclure ». Cette exclusion était
injuste, illogique, contraire à la dignité du mariage, à
l'intérêt des familles, à toutes les traditions anciennes, en
contradiction, enfin, avec les principes de notre droit successoral, puisqu'elle avait pour résultat de faire préférer
au compagnon de toute une vie, qui vient d'ordinaire au
premier rang des affections du défunt, des parents d'un
degré si éloigné que souvent même il en ignorait le
nom.

Les réclamations les plus vives qui s'élevèrent de bonne

heure contre cette législation, les projets de lois multiples qui furent présentés pour obtenir qu'elle fût modifiée, ne purent vaincre longtemps l'obstination de législateurs, qui entouraient les dispositions du Code civil d'un respect exagéré. Si l'on fait abstraction de quelques essais infructueux, on peut dire que l'origine de la réforme remonte à 1872. Vingt ans furent nécessaires pour l'achever, et ce ne fut que le 9 mars 1891 qu'elle reçut sa consécration législative.

Ce sont les dispositions de cette loi, relatives à l'usufruit qu'elle accorde au conjoint, qui seront l'objet de ce travail.

Nous le diviserons en deux parties : *la première* sera consacrée à *l'étude des origines et des travaux préparatoires* de cette loi; *la seconde*, de beaucoup plus étendue, *en contiendra le commentaire.*

L'USUFRUIT DU CONJOINT SURVIVANT

PREMIÈRE PARTIE

LA SITUATION DU CONJOINT SURVIVANT AVANT LA LOI DE 1891

CHAPITRE PREMIER

DROIT ROMAIN

A l'origine, la famille Romaine s'absorbe tout entière dans la personne du *paterfamilias*. L'autorité de ce chef est absolue. Elle s'étend sur sa femme et sur ses enfants, aussi bien que sur les esclaves qu'il a acquis. Comme ces derniers, d'ailleurs, c'est par voie de *coemptio* qu'il introduisait dans son foyer celle qui devait être la compagne de sa vie. C'est ce qui explique cette omnipotence du *paterfamilias*, principe même du régime patriarcal, que l'on retrouve du reste à l'origine de tous les peuples.

Cette conception de la famille, avec son unité politique

et religieuse, était incompatible avec l'idée d'une vocation héréditaire quelconque attachée à la qualité d'époux, mais grâce à l'institution de la *manus*, la femme put acquérir de bonne heure des droits de succession.

L'achat de l'épouse par le mari était une forme de mariage trop barbare, trop rudimentaire, pour que les Romains y persévérassent longtemps. De réelle qu'elle était, cette *coemptio* primitive devint fictive et ne fut plus qu'un mode de réalisation de la *manus*, qu'un moyen symbolique destiné à opérer au profit de la femme un changement de famille (1).

Cette institution nouvelle, cette *conventio in manum mariti* ne tarda pas à se généraliser. Elle devint l'accompagnement habituel du mariage et eut pour effet de suppléer à la vocation héréditaire qui faisait défaut entre les époux (2).

La situation de la femme *in manu* dans la famille du mari était analogue à celle d'une fille ou d'une petite-fille en puissance ; elle acquérait donc, si elle survivait à son époux, les droits de succession attachés à cette qualité (3). Si, au contraire, elle mourait la première, le mari survivant conservait la propriété de tous les biens qu'elle lui avait apportés au moment de son union.

Mais la *manus* cessa de bonne heure d'être la conséquence nécessaire du mariage. L'intérêt des agnats devait bientôt provoquer l'apparition d'une autre espèce de mariage, mariage sans *manus*, que les commentateurs ont

(1) Gaius, *Inst*, c. ɪ, parg. 113 et 114.

(2) En ce sens : Girard, *Manuel élémentaire de droit romain*, p. 141 ; Petit, *Traité élémentaire de droit romain*, p. 111.

(3) Gaius, *Inst*. c. ɪɪɪ, parg. 3, 14, 24 ; Ulpiani *Régul*. t. XXII, parg. 14.

pris l'habitude de qualifier de mariage libre, par opposition au mariage accompagné des anciennes formalités.

En entrant dans la famille du mari par la *conventio in manum*, la femme n'y venait pas ordinairement les mains vides, et les biens dont elle était propriétaire au moment de son union venaient grossir le patrimoine de sa nouvelle famille au détriment de celle dont elle sortait. Cette situation ne pouvait évidemment se présenter que dans le cas où la femme était *sui juris*; mais comme elle était alors sous la tutelle de ses agnats, ceux-ci, voyant d'un mauvais œil cette diminution du patrimoine confié à leur garde, refusaient souvent, pour l'éviter, de consentir à son mariage.

Pour concilier ces deux intérêts opposés, on imagina une nouvelle forme de mariage, sans *conventio in manum*, qui ne fit plus entrer la femme dans la famille civile de son époux. Cette innovation, qui à l'époque des XII Tables est déjà un fait accompli (1), eut malheureusement pour effet, de faire disparaître avec la *manus* l'heureuse assimilation au point de vue héréditaire de la veuve Romaine à une fille du mari. Le survivant de deux conjoints mariés sans accomplir les anciennes formalités, se serait donc trouvé sans droit sur le patrimoine du prédécédé, si le Préteur n'était venu combler cette lacune du Droit civil, en créant au profit des époux une vocation successorale réciproque par l'institution de la *bonorum possessio unde*

---

(1) Le mariage sans *manus* existait à cette époque, puisque cette loi prévoit l'établissement de la *manus* longtemps après que le mariage a été contracté (Gaius, c. i, pag. 111). La *manus* ne tomba cependant en désuétude que vers le ive siècle (Girard, *op. cit.*, p. 145).

vir et uxor (1), en vertu de laquelle le veuf ou la veuve fut admis à réclamer, à défaut de tout parent, la succession du *de cujus*.

Cette législation fut sensiblement améliorée par Justinien, mais il le fit d'une manière incomplète. Au lieu de prendre à l'égard du conjoint survivant des dispositions générales, il laissa subsister la *bonorum possessio*, et se borna à augmenter, dans deux Novelles successives, ses droits de succession.

La première de ces constitutions parut en l'an 537; c'est la Novelle 53 (2). Elle accordait à l'époux survivant, homme ou femme, que la mort de son conjoint plongeait dans la misère, le droit de recueillir le quart de la succession du prédécédé, quels que fussent le nombre et la qualité des héritiers.

Quelques années plus tard, en 542, Justinien parut regretter l'heureuse innovation qu'il avait réalisée. Croyant, sans doute, avoir trop sacrifié, au profit du conjoint pauvre, les droits des parents du défunt, il supprima complètement, avec une inconséquence qui étonne chez un législateur de son mérite, les droits de succession qu'il avait accordés au mari sur les biens de son épouse prédécédée.

Quant à la femme pauvre, il se borna à restreindre ses droits. Le quart, que la Novelle 53 lui attribuait en pleine propriété sur les biens de son époux prédécédé, fut transformé par la Novelle 117 (3), en un quart en usufruit, chaque fois que le défunt laissait pour héritiers, au moment de son décès, des enfants issus du mariage.

(1) Dig. *Unde vir et uxor*, XXXVIII, 11.
(2) *Authenticæ* coll. VI, titre VIII, cap. vi.
(3) *Authenticæ* coll. VIII, titre XVIII, cap. v.

Ce droit de jouissance fut même réduit à une part virile, lorsqu'elle se trouvait en concours avec plus de trois enfants. Enfin, dans aucun cas, même dans celui où la veuve était admise à recueillir la totalité de sa quarte, elle ne pouvait recevoir plus de cent livres d'or.

Tels étaient les droits que Justinien accordait à la femme survivante; ils étaient encore peu importants sans doute, mais ils constituaient néanmoins un sérieux progrès sur les législations précédentes.

Parmi les empereurs qui lui succédèrent sur le trône, seul Léon le Philosophe retoucha les dispositions qu'il avait prises à l'égard de la veuve pauvre. Dans la Novelle 106, il supprima, au profit de cette femme, la restriction que Justinien avait apportée à ses droits, en ne lui permettant de recueillir que l'usufruit de sa quarte, lorsqu'elle était en concours avec des enfants issus de son mariage, et il l'autorisa à en réclamer, dans tous les cas, la pleine propriété.

CHAPITRE II

L'ancien Droit Français se montra plus favorable au conjoint survivant que la Législation Romaine. Pour nous en rendre compte, nous en examinerons les dispositions, non seulement depuis l'époque de la fondation de l'État Franc, mais en remontant, pour être complets, aux temps qui précédèrent la formation définitive du royaume de Clovis.

Section I. — Situation du conjoint survivant en Gaule

Les seuls renseignements que nous possédons sur la matière nous sont fournis par les *Commentaires de César « De Bello Gallico »*. En Gaule, nous dit cet historien, « la femme apporte une dot au mari ; celui-ci, de son côté, joint à la dot de sa femme une pareille quantité de biens. Les biens sont estimés des deux côtés. Il n'est tenu qu'un seul compte de la masse ainsi formée, et les fruits sont mis en réserve. Le survivant des deux époux acquiert la totalité des apports et des revenus capitalisés » (1).

(1) Cæsar. « *De Bello Gallico* », liv. VI, parag. 19. « Viri. quantas

Il se formait donc entre les époux au moment du mariage, une sorte de convention aléatoire dont le survivant était le bénéficiaire.

L'usage de stipuler ce gain de survie réciproque était-il général en Gaule? On peut le croire sans qu'il soit permis de l'affirmer, mais lorsque, vers l'an LI avant J.-C., la Gaule, vaincue par la tactique romaine après huit années de résistance héroïque, dut courber le front sous le joug de César, il ne tarda pas à disparaître. Bientôt, en effet, la Gaule est transformée en province romaine.

Jules César ne contraignit pas cependant les peuples qu'il avait soumis à suivre les lois romaines, mais les Gaulois qui habitaient les provinces les plus voisines de l'Italie, reconnaissant la justice et la supériorité de ces lois, s'accoutumèrent eux-mêmes à les suivre. Leur exemple fut suivi par leurs compatriotes et bientôt, au point de vue privé comme au point de vue public, c'est le droit du vainqueur qui s'implante dans les Gaules (1).

L'ancien régime matrimonial lui-même disparaît. Cette espèce de communauté, qui, après avoir uni les époux, faisait bénéficier le survivant des fruits d'une gestion heureuse, a été remplacée par le régime dotal unanimement suivi à Rome, et le conjoint survivant, à qui le droit civil

« pecunias ab uxoribus dotis nomine acceperunt, tantas ex suis bonis,
« æstimatione facta, cum dotibus communicant. Hujus omnis pecu-
« niæ conjunctim ratio habetur, fructusque servantur. Uter eorum
« vita superarit, ad eum pars utriusque cum fructibus superiorum
« temporum pervenit. »
(1) Laferrière, *Histoire du droit français*, t. II, p. 247 et 261 ; Boissonnade, *Histoire des droits de l'époux survivant ;* De Savigny, *Histoire du droit romain au moyen âge.*

refuse tout droit héréditaire, ne peut plus espérer, à défaut de tout parent, que la *honorum possessio unde vir et uxor*, qu'il doit à la bienveillance du Préteur à son égard.

Il en fut ainsi aussi longtemps que la Gaule demeura romaine, c'est-à-dire jusqu'au début du ve siècle.

C'est vers cette époque, en effet, que les invasions successives des Germains vinrent ravir à Rome le fruit de ses conquêtes. Bientôt, à la faveur des troubles qui agitent l'empire Romain, la Gaule est partagée entre les différentes tribus de cette race barbare, dont la plus puissante, celle des Francs, doit se rendre dans la suite maîtresse du pays tout entier.

SECTION II. — SITUATION DU CONJOINT SURVIVANT CHEZ LES GERMAINS EN GÉNÉRAL, ET EN PARTICULIER CHEZ LES FRANCS

Moins civilisés que les Gaulois, on ne trouve pas chez ces peuples une institution aussi précise que celle de ce double apport du mari et de la femme, dont on accumule les revenus au profit du survivant. Sans doute le mari faisait, avant le mariage, quelque cadeau à sa fiancée ; souvent même il lui offrait, après la première nuit de leur union, le *Morgengabe* ou don du matin, mais on ne trouve pas dans les lois barbares, du moins dans leur première rédaction, la trace d'une vocation héréditaire reconnue entre les époux.

Il est facile de le comprendre si l'on songe à la situation de la femme dans la famille germanique. Vivant sous le *mundium* de son mari ou du chef de la famille, elle ne possédait rien en propre ; les biens qu'elle apportait en se mariant, si toutefois elle faisait un apport (1), venaient grossir le patrimoine commun (2).

On peut croire cependant que, dans l'intérêt du mari, on ne tarda pas à reconnaître la nécessité d'une succession *ab intestat* entre les conjoints. Le *mundium*, en effet, ne lui faisait acquérir que les meubles échus à la femme ; mais il arrivait souvent que celle-ci, à défaut de parents mâles, recueillait des immeubles dans la famille paternelle ; « il fut donc admis que le mari pourrait acquérir comme héritier les biens qu'il n'acquérait pas comme *mundwald*. La réciprocité en faveur de la femme était inévitable » (3).

SECTION III. — SITUATION DU CONJOINT SURVIVANT

PENDANT LA PÉRIODE FÉODALE ET PENDANT LA PÉRIODE ROYALE

En soumettant à leur domination tous les territoires de la Gaule, les Francs n'imposèrent pas aux vaincus une législation uniforme. Ils laissèrent, au contraire, à chaque peuple, la jouissance de son droit national, du moins dans ce qu'il avait de compatible avec leurs propres coutumes ; ils appliquèrent ainsi le système connu sous le nom de « système de la personnalité des lois ». Grâce à ce principe, le Droit romain survécut à la conquête ; mais

____

(1) Tacite, *De moribus Germanorum*, 18 : *dotem non uxor marito, sed uxori maritus offert*.

(2) Glasson, *Histoire du droit et des institutions de la France*, t. VII, p. 119.

(3) Boissonnade, *op. cit.*, p. 155 et 156. En ce sens : Glasson, *op. cit.*

ce fut surtout dans le Midi et dans le royaume de Bourgogne, où la population gallo-romaine, refoulée par les Barbares, s'était principalement réfugiée, que ce droit resta la loi dominante.

« Aussi ces contrées furent appelées pays de droit écrit par opposition aux autres provinces où la loi romaine, peu à peu étouffée par les Coutumes locales, s'effaça devant elles, et qu'on appela pays de coutumes ou de droit coutumier » (1).

Il y a donc lieu d'étudier successivement dans ces différents pays la situation du conjoint survivant.

§ 1er. — Situation du conjoint survivant dans les pays de coutumes.

A. — Pendant la période féodale.

Aucun droit de succession *ab intestat* ne fut reconnu pendant cette période au conjoint survivant sur le patrimoine du prédécédé. C'est ce qu'on peut conclure, en effet, du silence complet que gardent à ce sujet les coutumiers de cette époque. Pendant tout le Moyen Age et jusqu'au xvie siècle, c'est le seigneur haut-justicier (2), et non l'époux survivant, qui, à défaut de parents du sang, recueille la succession. Les *Assises de Jérusalem* contiennent, il est vrai, un texte qui vient formellement contredire notre opinion (3), mais on peut croire que ce n'est

(1) De Savigny, *Histoire du droit romain au moyen âge.*

(2) Loysel, *Institutes* II, 5. 26, règle 312.

(3) *Nuls home n'est si dreit heir au mort come est sa feme* et légitime *espouze.*

là qu'une disposition particulière, et « il est même possible, dit M. Boissonnade (1), qu'elle n'ait été applicable que dans les pays occupés par les Croisés et en faveur de leurs femmes, qui souvent partagèrent leurs périls ». Ce qui du moins est certain, c'est que l'Authentique *Prætereа,* au titre *unde vir et uxor,* ne fut jamais admise en pays coutumier (2).

L'absence de toute vocation héréditaire entre les époux ne laissait pas cependant le survivant d'entre eux, sans droits vis-à-vis de la succession du prédécédé. Le régime de communauté généralement adopté dans les pays de coutumes (3), assurait d'ordinaire l'avenir de cet époux, en lui permettant de recueillir à la mort de son conjoint une partie de sa fortune; mais ce qui lui garantissait surtout la continuation de son genre de vie, c'étaient les nombreux avantages matrimoniaux, les multiples gains de survie que les Coutumes consacraient, soit au seul profit de la veuve, soit à l'avantage des deux époux.

Le plus important était le *douaire* légal ou coutumier, qui a sa source dans les lois Barbares et qui est sorti, sous l'influence de l'Eglise, de la fusion de la dot et du *Morgengabe* ou don du matin (4).

(1) Boissonnade, *op. cit.*

(2) Cette Authentique est l'abrégé de la Novelle LIII, inséré au Code (liv. VI, t. XVIII), sous ce titre par les Glossateurs de Bologne.

(3) Glasson, *Histoire du droit et des institutions de France,* t. VII; Boissonnade, *op. cit.,* p. 181.

(4) En ce sens : Pothier, *Du douaire;* Merlin ; Glasson, *op. cit.,* p. 394; Roussille ; Boissonnade. Beaumanoir prétend au contraire que le douaire coutumier aurait été créé pour la première fois en France par une ordonnance de Philippe-Auguste, de 1214. C'est aussi ce qu'enseigne Loysel dans ses *Institutes,* liv. I, t. I, règle 1.

« Le douaire coutumier consistait dans l'usufruit que la Coutume accorde aux femmes d'une certaine portion de certains biens de leurs maris défunts » (1). Ces biens sur lesquels l'époux survivant pouvait exercer son douaire étaient, d'après le droit le plus commun — car les Coutumes présentaient sur ce point la plus grande variété — les immeubles possédés par le mari au jour du mariage ; on admettait toutefois qu'il ne pouvait porter sur la couronne de France. sur les comtés, duchés ou baronnies, à cause de l'indivisibilité du royaume et de ces grandes seigneuries (2), ni sur les donjons et forteresses. Il y avait encore divergence entre les Coutumes, relativement à la quotité du douaire. Elle variait d'abord selon la qualité de la douairière. et la veuve noble était sur ce point moins favorisée que la roturière.

Philippe-Auguste avait bien essayé de faire adopter — du moins pour les femmes nobles — une règle uniforme, en fixant dans une ordonnance de 1214, la quotité du douaire qui leur était accordé, à la moitié des biens possédés par le mari au jour du mariage (3), mais ce qui prouve bien que cette ordonnance n'avait pas été suivie partout, c'est que les *Etablissements de Saint-Louis* tentèrent dans ce sens un nouvel effort et restreignirent au tiers de ces biens le douaire de cette veuve.

Si l'on cherche au milieu de ces dispositions multiples une tendance plus générale, on voit que la plupart des Coutumes (4) fixaient le taux du douaire coutumier pour

(1) Pothier, *Du douaire.*
(2) Loysel, *Institutes coutumières*, liv. I, t. III, règle 1.
(3) Beaumanoir, chap. XIII, n° 12, t. J, p. 216.
(4) Il en était ainsi dans les *Coutumes de Paris et d'Orléans.*

les nobles et autres, à la moitié des biens possédés par le mari au moment de son union, mais comme ce mari pouvait à ce moment ne posséder aucun bien, on admit de bonne heure que la femme pourrait aussi l'exercer sur les biens qui adviendraient à son époux, au cours du mariage, par succession ou donation (1).

Outre le droit au douaire, on trouve encore, dès l'époque féodale (2), au profit de la veuve, certains autres gains légaux : c'était, par exemple, le droit d'habiter jusqu'à la fin de sa vie, ou du moins pendant toute la durée de sa viduité une des maisons du mari ; c'était aussi le droit de reprise de ses linges et hardes, bien que ce droit ne fût encore usité qu'à titre exceptionnel.

Quant au mari, le seul gain de survie que les coutumes lui accordaient à cette époque, était le droit de jouir de la dot de sa femme lorsqu'il lui survivait, à la condition toutefois qu'il fût né un enfant de leur union (3).

B. — Pendant la période royale.

Dans les pays de Coutumes, la vocation héréditaire de l'époux survivant, à défaut de parents, que nous avons vu consacrée par les lois Barbares, puis supprimée à l'époque féodale au profit du seigneur haut-justicier, reparut à l'époque monarchique (4). Lebrun et Pothier sont

(1) Glasson, *op. cit.*, p. 402.
(2) Beaumanoir en fait mention.
(3) *Établissements de saint Louis*, liv. I, ch. xi.
(4) Tel était l'usage des *Coutumes de Paris et d'Orléans*.

formels en ce sens (1). Seules les Coutumes de Normandie, du Maine et de l'Anjou préférèrent en ce cas le fisc au conjoint survivant.

Abstraction faite de ces dispositions exceptionnelles, la situation de cet époux était préférable à celle que lui fit plus tard le Code civil, car on lui reconnaissait la saisine, et il ne pouvait être primé que par les enfants légitimes du défunt, les bâtards n'ayant alors aucun droit de succession. De nombreux gains de survie venaient d'ailleurs s'ajouter à ce droit de succession *ab intestat*, surtout en faveur de la femme.

Le *douaire légal ou coutumier* était plus généralement admis qu'à l'époque féodale. La plupart des Coutumes décidaient encore, que c'était sur les biens possédés par le mari au jour du mariage que devait s'exercer le droit de la veuve, mais un certain nombre d'entre elles, permettaient aussi de le prélever sur les biens que son époux avait recueillis pendant le cours de son union, de ses père et mère et autres ascendants. Enfin, quelques Coutumes, très favorables à la femme (2) l'autorisaient, dans le cas où son époux ne possédait aucun bien au moment de son union et n'avait recueilli pendant le cours du mariage aucune succession en ligne directe, de prélever sur le patrimoine qu'il laissait en mourant un douaire spécial, auquel elles donnaient le nom de *douaire subsidiaire*. C'était, d'après Pothier (3) « la quarte partie des meubles de la portion des héritages du trépassé, à perpétuité, les dettes déduites ». Quant au taux du douaire légal, il

(1) Lebrun, *Successions*, liv. I, ch. VII ; Pothier, *Introduction à la Coutume d'Orléans*, t. XVII, n° 35.

(2) *Coutumes du Bourbonnais et d'Orléans.*

(3) Pothier, *Traité du douaire.*

était d'ordinaire de la moitié des biens que nous avons indiqués.

C'est de plein droit que la veuve, à la mort du mari, était saisie de son douaire. Elle en était investie, nous dit encore Pothier, comme un héritier régulier l'est au décès du *de cujus* de la propriété de ses biens. Enfin, en tant qu'usufruitière d'une partie du patrimoine de son époux, la douairière avait naturellement les droits et les devoirs attachés à ce titre, et les causes ordinaires d'extinction de l'usufruit mettaient fin à sa jouissance.

Au douaire, s'ajoutaient pour la femme, pendant cette période, quelques autres avantages particuliers, qui constituaient à son profit autant de créances contre la succession de son défunt mari. C'était le *droit d'habitation* (1) dont nous avons indiqué l'objet. Le *droit de reprise de ses linges et hardes* et autres objets à son usage personnel qui, déjà usité, mais à titre exceptionnel du temps de Beaumanoir, était devenu, au temps de Pothier, d'une application générale (2). Enfin, elle pouvait se faire rembourser par les héritiers de son défunt époux, les dépenses que son deuil lui avait occasionnées; c'était le *droit de deuil.*

A côté de ces gains de survie spéciaux à la femme, il y avait, dans un grand nombre de provinces, d'autres avantages légaux communs aux deux époux. L'un des plus connus et des plus importants était l'*entravestissement de sang ou légal.* C'était un avantage que certaines Coutumes — celles du Nord de la France en parti-

(1) Pothier, *Appendice au traité du douaire,* droit d'habitation.
(2) Boissonnade, *Histoire des droits de l'époux survivant,* p. 271.

culier (1) — accordaient à l'époux commun en biens, à titre de récompense, lorsqu'il avait eu des enfants de son mariage avec le *de cujus* (2). En vertu de ce droit, l'époux survivant acquérait la pleine propriété de toute la part de son conjoint dans la communauté, à l'exclusion même des enfants, mais s'il se remariait, son droit était réduit à la propriété des meubles. Telle était, du moins, la règle la plus suivie.

Très ressemblant à l'entravestissement dont il portait même le nom dans quelques provinces coutumières, il existait un autre gain de survie qui avait reçu plus généralement le nom de *don mutuel*. C'était une convention faite par les époux au cours du mariage et en vertu de laquelle le survivant obtenait, sa vie durant, l'usufruit de la moitié de communauté appartenant aux héritiers du prédécédé. D'après Merlin, cette convention aurait été permise aux époux, afin que, dans le cas où il n'existait pas d'enfants issus du mariage, le survivant n'eût pas le chagrin de voir passer entre les mains des collatéraux une partie de la fortune qu'il avait aidé à édifier (3).

Enfin, il existait au seul bénéfice des nobles un autre gain de survie commun aux deux conjoints ; c'était le *préciput légal* (4), en vertu duquel le survivant des époux nobles avait le droit de prélever avant partage les meubles corporels dépendant de la communauté, qui se trouvaient situés hors de la ville et des faubourgs, à

---

(1) *Coutumes de Béthune, de Seclin, du Cambrésis, de Lille et de Valenciennes.*

(2) Merlin, *De l'Entravestissement.*

(3) Pothier, *Traité des donations entre mari et femme* ; Merlin, *Répertoire de jurisprudence*, p. 56.

(4) Pothier, *Traité du préciput.*

charge de payer les dettes mobilières et les frais funéraires du prédécédé. Pour que le survivant pût obtenir le bénéfice de ce droit, il fallait qu'il n'y eût pas d'enfants issus du mariage, sinon il ne recueillait que la moitié des meubles du *de cujus*.

§ 2. — Situation du conjoint survivant dans les pays de droit écrit pendant la période féodale et la période royale.

Se conformant aux règles Romaines unanimement suivies dans le midi de la France, les pays de droit écrit empruntèrent au droit impérial, certaines institutions destinées à améliorer le sort du conjoint survivant (1), auquel les lois civiles n'accordaient aucun droit de succession.

C'est ainsi qu'ils insérèrent dans leur législation les prescriptions de l'édit du préteur relatives à la *bonorum possessio unde vir et uxor*, pour en accorder le bénéfice à cet époux, lorsque le prédécédé était mort sans enfants et sans laisser de parents au degré successible (7° degré). Il fallait de plus que le mariage eût été légitime et qu'il n'eût été rompu que par la mort du *de cujus*.

Toutes ces conditions, surtout la première, c'est-à-dire l'absence de parents jusqu'au septième degré, étaient trop rigoureuses, pour que la *bonorum possessio* fût d'une application fréquente. Les législateurs des pays de droit écrit l'avaient compris et s'étant émus, à juste titre, de la situation misérable dans laquelle la mort d'un époux aisé pouvait laisser son conjoint, ils complétèrent leur législation par les prescriptions de l'authentique *Præ-*

(1) Glasson; Boissonnade; de Savigny, *op. cit.*

terea (1), qui donnait à ce survivant le droit de réclamer une part des biens du défunt, lorsque son propre patrimoine, y compris ses reprises et conventions matrimoniales, n'était pas suffisant pour le faire vivre suivant sa condition (2).

Cette part était du quart des biens du défunt, quand il ne laissait que trois enfants ou moins. Elle était d'une part d'enfant quand leur nombre était plus élevé ; c'est ce qu'on appelait la « Quarte du conjoint pauvre ». Les biens que le survivant recueillait ainsi, ne lui appartenaient toutefois en pleine propriété, que s'il n'existait à la mort de son conjoint aucun enfant né du mariage : en cas contraire, il n'en avait que l'usufruit.

En introduisant dans leur législation cette institution de Justinien, les pays de droit écrit en adoptèrent les règles relatives à la nature et à la quotité de la quarte, mais il est un point sur lequel ils modifièrent, d'une manière importante, les règles du droit impérial.

Dans la Novelle 117, Justinien avait enlevé au mari survivant, quelle que fût sa situation, le droit qu'il lui avait précédemment concédé, de réclamer le bénéfice de la quarte. Aucune bonne raison ne justifiait cette différence de traitement entre le mari et la femme. Il est vrai que la nature a donné à l'homme plus de force pour gagner sa vie, mais que de fois n'arrive-t-il pas, qu'accablé par la vieillesse ou les infirmités, il se trouve, lors du décès de son épouse, hors d'état de subvenir à ses besoins ? Les législateurs le comprirent, et dans tout pays de droit

____

(1) *Abrégé de la Novelle* LIII, Code, liv. VI, t. XVIII.
(2) Boissonnade, *op. cit.*, p. 73.

écrit, le mari pauvre put, comme la femme, réclamer le bénéfice de la quarte (1).

Prévoir aux besoins de l'époux survivant en lui accordant la jouissance de la quarte, lorsque la mort de son conjoint le laissait inopinément dans la misère ; le préférer au fisc à défaut de tout parent, c'étaient là des règles excellentes, mais elles ne constituaient qu'un strict nécessaire. On eut souvent désiré que, malgré la présence d'héritiers, ou même lorsque sa situation était suffisamment assurée par son propre patrimoine, le survivant pût obtenir ou conserver une partie de la fortune du prédécédé.

Ce desideratum de tant de bons esprits fut longtemps sans recevoir satisfaction, mais sous l'influence des idées féodales, on vit s'ajouter à la *bonorum possessio* et à la quarte du conjoint pauvre, de nombreux gains de survie institués, pour la plupart, au profit de la femme, mais auxquels cependant le mari ne resta pas étranger.

De tous ces gains nuptiaux, le plus important était l'*augment de dot*. On donnait ce nom à la portion des biens du mari que la femme survivante pouvait réclamer, en plus de ses reprises dotales, pour l'aider à s'entretenir durant le temps de son veuvage.

Presque tous les pays de droit écrit l'adoptèrent, mais ce fut surtout dans le ressort des parlements de Toulouse, de Bordeaux, de Paris et de Grenoble, dans les provinces du Lyonnais et du Beaujolais, du Forez et du Bugey, de Gex et du pays de Dombes, que l'augment de dot fut le plus répandu. Les principes qui le régissaient variaient

---

(1) C'est là du moins ce que nous affirme Dumoulin, qui est d'accord sur ce point avec la majorité des auteurs ; Lebrun est, à peu près, le seul jurisconsulte qui ait contesté l'existence de cette heureuse dérogation au droit de Justinien.

souvent de pays à pays, mais il était pourtant une règle générale : c'est que la veuve bénéficiaire de l'augment n'en avait que l'usufruit, si son mari laissait en mourant des enfants issus du mariage. Dans le cas contraire, elle pouvait en réclamer la pleine propriété.

La même variété se rencontrait dans les Coutumes du Midi, relativement à la quotité de ce gain de survie. Tandis que les unes, comme celles de Toulouse (1), prenaient pour base de leur évaluation, la nature et les forces de la dot et en fixaient le montant à la moitié de la valeur des biens dotaux ; d'autres, comme celle de Bordeaux, tenaient également compte pour en déterminer le taux de l'état et de la qualité de l'épouse survivante. C'est ainsi que la veuve remariée ne bénéficiait, à la mort de son époux, que d'une valeur égale au tiers de la dot, tandis que la fille qui contractait mariage, reprenait en cas de survie le double de son apport. Toutefois, la fortune du mari n'entrait jamais en ligne de compte pour le calcul de cette quotité.

Tel était l'augment de dot légal ou coutumier (2).

A cet augment réservé à la femme, correspondait, pour le mari, dans les pays de droit écrit, un autre gain de survie. C'était le *contre-augment* qui lui donnait le droit de retenir tout ou partie de la dot de son épouse prédécédée. Parfois, le mari gagnait, par sa survie, la dot tout entière, mais le contre-augment était plus généralement

---

(1) Les mêmes règles étaient observées dans les provinces du Bugey, de Gex et de Valromey, du Lyonnais, du Forez et du Beaujolais.

(2) Il existait, en effet, une autre espèce d'augment, l'*augment préfix ou conventionnel*. C'était celui qui était stipulé dans le contrat de mariage, et dont les époux déterminaient à l'avance l'exacte quotité.

fixé à la moitié de la dot. C'était le droit commun en cette matière (1).

Quelle que fût, d'ailleurs, la quotité de ce droit, toutes les distinctions que nous avons signalées au sujet de l'augment, lui étaient applicables. Ce n'était donc qu'à défaut d'enfants issus du mariage, que le mari en recueillait la pleine propriété ; il n'obtenait, dans le cas contraire, qu'un simple droit d'usufruit (2).

Une grande différence séparait du reste l'augment et le contre-augment. Tandis que le premier n'était dû à la femme que proportionnellement à l'importance de sa dot, le second, au contraire, pouvait être réclamé par le mari, même s'il n'avait fait aucun apport au moment du mariage. Les biens dotaux seuls pouvaient toutefois en être affectés.

Outre l'augment et le contre-augment, il existait encore, dans les pays de droit écrit, quelques autres gains de survie, institués pour la plupart au seul profit de la femme.

C'est ainsi qu'elle avait le droit — comme en pays de Coutumes — de se faire payer une somme de deniers, proportionnée à la condition de son époux, pour couvrir les dépenses que son deuil lui avait occasionnées.

Certaines Coutumes l'autorisaient même à réclamer aux héritiers de son mari une pension viduelle. C'étaient celles qui accordaient à ses héritiers, l'année qui suivait le décès pour rembourser à la veuve sa dot mobilière. Ce droit lui

(1) Tel est du moins l'avis de Merlin : Boissonnade croit que, par sa survie, le mari gagnait d'ordinaire la dot tout entière, *op. cit.*, p. 283.

(2) *Coutumes de Toulouse et de Bordeaux* (Roussilhe, *de la Dot*).

avait été reconnu afin qu'elle eût, pendant cette période, les ressources suffisantes pour vivre.

Tous ces avantages matrimoniaux, dont on trouve la première trace, soit à l'époque franque, soit à l'époque féodale, et qui subsistèrent pendant toute la monarchie, assurèrent, d'une manière efficace, tant dans les pays de Coutumes que dans les pays de droit écrit, la situation du conjoint survivant et suppléèrent souvent avec avantage aux droits de succession *ab intestat*, que les lois civiles lui refusaient ou lui accordaient avec trop de parcimonie; mais la Révolution devait opérer sur ce point, comme sur tant d'autres son œuvre réformatrice, et modifier profondément la situation de cet époux.

CHAPITRE III

DROIT INTERMÉDIAIRE

La législation intermédiaire, en supprimant d'un seul coup une foule d'institutions de l'ancien régime, engloba dans ses proscriptions tous les gains de survie sans exception, les considérant comme contraires aux idées d'égalité qui devaient former la base du nouveau régime héréditaire.

Elle proclamait en même temps l'unité de législation pour toute la France, en supprimant la vieille distinction des pays de coutumes et des pays de droit écrit.

La réforme du droit privé ne fut pas l'œuvre de l'Assemblée Constituante. Trop absorbée par les difficultés d'ordre politique, elle dut laisser à la Convention le soin d'accomplir ce travail.

A la date du 17 nivôse an II, une loi importante relative aux donations et aux successions, consacra dans son article 61, l'abolition des « douaires coutumiers et tous avantages matrimoniaux ou gains de survie purement statutaires ou non conventionnels », que la Révolution avait déjà supprimés en fait.

Cette abolition fut même en certains points rétroactive, car le survivant de deux époux mariés, avant la promulgation de cette loi, vit réduire sensiblement les avantages matrimoniaux que lui accordait la législation antérieure ou que son conjoint lui avait assurés par convention, dans le cas où il existait des enfants issus de ce mariage.

Après avoir déclaré, en effet, dans son article 13 que « les avantages singuliers ou réciproques stipulés entre les époux encore existants, soit par leur contrat de mariage, soit par des actes postérieurs, ou qui se trouveraient établis dans certains lieux par les coutumes, statuts ou usages, auront leur plein et entier effet », la loi du 17 nivôse consacrait malheureusement dans le deuxième paragraphe du même article, le principe de la rétroactivité, en déclarant que dans le cas où les conjoints ou l'un d'eux « avaient des enfants nés de leur union ou d'un mariage précédent, les avantages, dont le premier paragraphe faisait mention, ne pourraient s'élever au delà de la moitié du revenu des biens délaissés par l'époux décédé, au cas où ils consisteraient en simple jouissance, et seraient restreints à l'usufruit des choses qui en étaient l'objet, sans qu'ils puissent cependant excéder la moitié du revenu de la totalité des biens, dans le cas où ils consisteraient en des dispositions de propriété, soit mobilière, soit immobilière ».

Une autre disposition de cette même loi contenue dans l'article 14 faisait une nouvelle application de ce principe de la rétroactivité, en ordonnant de réduire également à l'usufruit de moitié, en cas d'existence d'enfants, les avantages stipulés entre époux, résultant de dispositions matrimoniales ou d'institutions, dons ou legs que l'un d'eux avait faits à l'autre.

On comprend aisément quelles fâcheuses conséquences cette loi de l'an II devait avoir pour le conjoint survivant, mais ses applications ne furent heureusement pas nombreuses.

Le législateur comprit qu'il avait fait fausse route, et dans une nouvelle loi du 9 fructidor de l'an III, il enleva à celle de nivôse son effet rétroactif.

Quant à la suppression des gains de survie elle demeura un fait accompli.

Toutes les dispositions du droit intermédiaire ne furent pas cependant défavorables à l'époux survivant. Il fut autorisé, en effet, par un décret des 22 novembre et 1er décembre 1790, à réclamer, à défaut de parents du défunt, sa succession tout entière, même dans les lieux où la loi territoriale contenait une disposition contraire. Ce ne fut, du reste, que la consécration législative d'une tendance qui était devenue générale chez les jurisconsultes de la fin du XVIIIe siècle (1). Sans attendre sur ce point l'intervention du législateur, ils avaient reconnu à cet époux un droit de succession *ab intestat*, et modifiant, de leur propre autorité, les règles différentes que l'on trouvait dans certaines Coutumes, ils avaient pris l'habitude de lui donner, dans tous les cas, un droit préférable à celui du fisc.

La loi du 17 nivôse an II ne confirma pas, il est vrai, ce droit de succession *ab intestat*, mais comme aucune de ses dispositions ne pouvait faire supposer qu'elle entendait préférer le fisc à l'époux survivant, lorsque le *de cujus* mourait sans laisser de parents successibles, on interpréta son silence dans le sens du maintien du décret de 1790, que l'on continua d'observer jusqu'à la rédaction du Code civil.

(1) Tel est du moins l'avis de nombreux jurisconsultes, entre autres de MM. Viollet, Boissonnade, Dalloz.

CHAPITRE IV

CODE CIVIL

ORIGINES DE LA LOI DU 9 MARS 1891

Au lieu d'améliorer la situation du conjoint survivant, les rédacteurs du Code civil se bornèrent à consacrer le système suivi par le droit intermédiaire.

Ils le firent dans l'article 767 qui s'exprimait jadis en ces termes : « Lorsque le défunt ne laisse, ni parents au degré successible, ni enfants naturels, les biens de sa succession appartiennent au conjoint non divorcé qui lui survit ».

L'époux survivant était donc exclu même par un enfant naturel, même par un collatéral éloigné, par un cousin au douzième degré, c'est-à-dire par un inconnu, et cette exhérédation légale — car c'était à une véritable exhérédation qu'équivalait le droit illusoire qui lui était accordé — était d'autant plus pénible, qu'elle n'était plus compensée par les nombreux gains de survie reconnus par l'ancien Droit.

Pourquoi le législateur s'était-il montré si rigoureux à l'égard de ce conjoint ? Il en est, dit-on, une explication historique.

Le 9 nivôse an XI (30 décembre 1802), le Conseil d'État discutait un chapitre du projet du Code civil intitulé : *Des successions déférées à l'État ou à la République.* Au cours de la discussion, Malleville fit observer que l'on avait omis dans ce chapitre, une disposition reçue par la jurisprudence, qui donnait une pension à l'époux survivant, lorsqu'il était pauvre et qu'il n'était pas appelé à recueillir la succession : chacun des jurisconsultes présents était de cet avis et concluait qu'il était bon, en effet, de donner à ce conjoint survivant un gain de survie analogue au douaire ou à la quarte du conjoint pauvre qu'admettait l'ancienne jurisprudence, lorsque Treilhard, distrait sans doute en ce moment, répondit que l'avenir de cet époux était déjà assuré « puisqu'il était appelé à l'usufruit du tiers des biens, en vertu de l'article 55 » (1). Ce jurisconsulte commettait en cela une double erreur : c'était d'abord l'article 40 et non pas l'article 55 qui faisait mention d'un droit d'usufruit ; c'était de plus au survivant des père et mère en concours avec des collatéraux ordinaires, et non pas au conjoint survivant que l'article 40 du projet, qui est devenu dans la suite l'article 754 du Code civil, accordait en usufruit le sixième de la succession — et non pas le tiers comme le disait Treilhard par l'effet d'une nouvelle méprise. —

Cette confusion malheureuse empêcha de donner suite à la proposition qui avait été faite en faveur de l'époux survivant, et il fut ainsi privé du droit d'usufruit que tous les rédacteurs du Code avaient l'intention de lui accorder.

L'erreur de ce jurisconsulte est-elle vraiment un fait historique, ou ne faut-il voir dans le récit que nous venons

____

(1) Fenet, *Recueil complet des travaux préparatoires du Code civil*, t. XII, p. 38.

de rapporter, qu'une habile légende inventée après coup pour excuser une règle malheureuse? Nous sommes assez disposés à adopter la seconde opinion; car comme dit M. Dalloz (1), « il est bien difficile d'admettre qu'une erreur aussi grossière que celle dont il s'agit ait été commise sans être remarquée, dans une assemblée aussi nombreuse et aussi compétente que le Conseil d'État ». On peut donc croire que cet article 767 fut voté en connaissance de cause, dans l'intention de reproduire et de confirmer le système que le droit intermédiaire venait de consacrer.

Quoi qu'il en soit, cette exclusion du conjoint survivant était injuste, inhumaine, contraire à la nature du mariage, en opposition avec tous les principes ordinaires admis par notre Code en matière de succession, contraire enfin, à toutes les traditions anciennes.

Injuste, car dans tout bon ménage, la fortune personnelle de chaque époux est conservée et augmentée avec le concours de son conjoint. Il n'était donc pas équitable de priver le survivant de toute part dans cette fortune qu'il a aidé à édifier.

Inhumaine, car souvent le survivant passait de l'aisance à une situation plus que modeste, parfois même à la pauvreté. C'est ce qui arrivait fatalement quand un homme riche épousait, en adoptant tout autre régime que celui de communauté, une femme sans fortune, et qu'il mourait le premier, sans avoir eu le temps ou sans avoir songé à assurer pour l'avenir, par donation entre vifs ou testamentaire, la situation de son épouse.

Contraire à la nature du mariage, car après avoir vécu ensemble et dans la plus grande intimité durant

______

(1) *Supplément au Répertoire.*

toute une vie, la mort venait rendre les deux conjoints
étrangers l'un à l'autre, en enlevant au survivant tout ce
dont le prédécédé n'avait pas disposé en sa faveur avec
les multiples formalités exigées par la loi.

*En opposition avec tous les principes ordinaires admis
par notre Code en matière de succession.* — Pour établir en effet l'ordre hiérarchique entre les différents héritiers appelés, nos législateurs se sont inspirés des affections présumées du défunt. N'était-ce donc pas illogique
de reléguer après des cousins au douzième degré, c'est-
à-dire après des inconnus, la compagne dévouée ou l'ami
fidèle de toute une vie ? Une des premières affections du
de cujus n'était-elle pas pour son conjoint ?

Enfin nous l'avons vu, cette disposition législative
était *contraire à toutes les traditions historiques*, tant de
Rome que de l'ancienne France.

Le Code civil était le seul à donner au conjoint survivant cette situation regrettable. Presque toutes les législations étrangères — comme nous le verrons bientôt —
ont reconnu depuis longtemps, en effet, des droits héréditaires au conjoint survivant. Mais ce qui, en pratique,
adoucissait souvent les rigueurs de notre législation à cet
égard, c'était : le grand nombre des donations par contrat
de mariage que les futurs époux subordonnaient d'ordinaire à la condition de survie du donataire ; c'était aussi
l'adoption fréquente du régime de communauté, dont
l'heureux effet est d'assurer pour l'avenir la situation du
survivant, par suite de l'attribution qui lui est faite, à la
mort du *de cujus*, de la moitié du patrimoine commun ;
c'était enfin la faculté accordée aux époux de faire au
profit de leur conjoint quelques dispositions testamentaires.

Ces remèdes toutefois pouvaient être et étaient souvent insuffisants. Une mort imprévue pouvait enlever à l'époux le mieux disposé à l'égard de son conjoint, toute facilité de faire un testament en sa faveur. Si les donations par contrat de mariage étaient assez fréquentes, elles n'étaient pas cependant la règle générale. Enfin, quant au régime de communauté, s'il est en France le régime légal, il a peu d'application dans les pays du Midi, où le régime dotal est le plus communément adopté.

D'ailleurs, même dans les pays de communauté, il pouvait très bien arriver — et ce cas est loin d'être imaginaire — que l'époux prédécédé quoique très riche en immeubles n'eut qu'un mobilier insignifiant. Le survivant en ce cas ne retirait aucun avantage de l'adoption de ce régime.

Cette législation si critiquable fut cependant longtemps incontestée. Bien des années s'écoulèrent avant que quelques Revues osassent se faire, dans des articles isolés, l'écho des critiques timides que l'on commençait à formuler contre l'article 767, et il faut arriver à l'année 1849 pour trouver un véritable courant de réclamations, entretenu par les publicistes et ensuite par les travaux des jurisconsultes, contre l'œuvre du législateur de 1804 à l'égard du conjoint survivant.

Le 27 décembre 1850 (1), M. Bourzat se fit, dans un projet de loi déposé à l'Assemblée Nationale, l'avocat des critiques qu'on faisait sur ce point au Code civil.

Le but de cette proposition qu'appuyèrent plusieurs de ses collègues, entre autres MM. Bac et Clément, n'était pas d'investir l'époux survivant d'un droit héréditaire sur

______

(1) *Moniteur universel* du 28 décembre 1850, p. 3737.

la succession du prémourant ; elle était uniquement relative à la « fixation des droits du conjoint indigent dans la succession du prédécédé » ; elle tendait, en un mot, à rétablir dans notre législation la quarte que le Droit romain et nos pays de droit écrit accordaient au conjoint pauvre. Elle donnait au survivant indigent, c'est-à-dire « à l'époux entièrement dépourvu de fortune ou qui ne possédait pas un patrimoine convenable à son état au moment de l'ouverture de la succession », une *véritable réserve* (1) dont le montant était l'usufruit du quart des biens héréditaires, si le *de cujus* ne laissait en mourant que trois enfants, et une part virile, s'il en était davantage.

Bien que cette distinction entre le survivant riche et le survivant pauvre fût de nature à faire naitre dans la pratique de nombreuses difficultés et fût peu conforme à la dignité du mariage, « car, comme le dit M. Boissonnade (2), la pauvreté ne doit pas plus faire acquérir de faveurs qu'elle n'en doit retirer », la proposition de M. Bourzat fût prise en considération le 7 février 1851 (3), contrairement aux conclusions du rapporteur.

Ce projet fut même, le 25 juillet suivant, l'objet d'une première délibération, qui aboutit à l'ajournement de la discussion définitive (4). Elle devait avoir lieu peu après, mais les événements du 2 décembre 1851 empêchèrent toute nouvelle délibération et la question retomba dans l'oubli.

Plus de vingt ans s'écoulèrent après cette tentative

____

(1) Boissonnade, *op. cit.*, p. 538.
(2) Boissonnade, *Histoire des droits de l'époux survivant.*
(3) *Moniteur universel* du 8 février 1851, p. 410.
(4) *Moniteur universel* du 26 juillet 1851, p. 2141.

infructueuse, sans que la question des droits héréditaires du conjoint survivant fût de nouveau agitée.

Pour apaiser les justes critiques et les vives protestations que l'article 767 continuait à soulever, le législateur apporta à ce texte quelques correctifs partiels, mais ils furent impuissants à apaiser les réclamations.

Ces remèdes insuffisants consistaient dans l'adoption de certaines lois qui dérogeaient expressément, dans des cas particuliers, à la dévolution de l'article 767, pour améliorer le sort du conjoint survivant. C'étaient : la loi du 18 juin 1850 qui, en organisant la caisse des retraites pour la vieillesse, décidait que les versements faits pendant le mariage, même par un seul des deux conjoints, profiteraient séparément à chaque époux pour moitié : la loi du 9 juin 1853 sur les pensions civiles, qui déclarait que la pension faite à un fonctionnaire serait, après sa mort, réversible pour partie sur la tête de sa veuve : la loi des 14-19 juillet 1866 sur les droits des héritiers des auteurs, compositeurs ou artistes, qui accordait au conjoint survivant la jouissance pendant cinquante années, à compter de la mort de son époux prédécédé, des droits d'auteur que celui-ci laisserait dans sa succession *ab intestat*. C'était enfin la loi du 25 mars 1873, relative à la condition des déportés à la Nouvelle-Calédonie, qui attribuait à l'époux survivant habitant avec le défunt déporté, tantôt le quart en propriété, tantôt — s'il y a des enfants — le tiers en usufruit de la concession primitive et des biens acquis dans la colonie.

Ces différentes lois créaient au profit du conjoint survivant, certains cas d'usufruit légal, mais ce n'était là que des dispositions éparses, qui étaient loin de former un système complet de législation.

Les réclamations continuaient en se précisant, et la question était si bien à l'ordre du jour, que lors de la discussion du 14 juillet 1866, la commission du Corps législatif exprimait le vœu qu'on procédât à une réforme générale qu'elle se déclarait prête à accueillir à l'unanimité (1). Quelques années plus tard, en 1871, l'Institut, suivant le courant de l'opinion, mettait au concours l'étude des droits du conjoint survivant, et couronnait un remarquable travail de M. Boissonnade, qui demandait leur extension.

Enfin, l'année suivante, la question sortant de la voie théorique prenait heureusement une direction nouvelle, car M. Delsol, alors député de l'Aveyron, présenta à l'Assemblée Nationale, le 21 mai 1872, un projet de loi relatif aux droits du conjoint survivant (2).

Après avoir expliqué le but de son projet, qui était de combler une grave lacune de notre législation, et montré le caractère illusoire des droits accordés par le Code civil à l'époux qui survit, l'auteur de cette proposition rappelait le désir exprimé par tous les jurisconsultes, de voir apporter un prompt remède à cette situation déplorable, et proposait dans ce but d'accorder au survivant : la pleine propriété de la moitié des biens du prédécédé, dans le cas où il n'aurait laissé que des parents au delà du sixième degré ; et un droit d'usufruit égal à une part d'enfant, sans que cette portion pût être inférieure au quart, lorsque le défunt laissait des enfants communs, ni supérieure à cette portion, s'il laissait des descendants issus d'un précédent mariage.

(1) Dalloz, *Supplément au Répertoire.*
(2) *Journal Officiel* du 7 juin 1872, p. 3821.

Il proposait enfin de lui donner à défaut d'enfants et s'il était en concours avec des héritiers du défunt jusqu'au sixième degré, la jouissance de la moitié des biens héréditaires.

Quant au droit du conjoint survivant de recueillir en propriété, à défaut de tout parent, le bénéfice de la succession du *de cujus*, il le laissait évidemment subsister.

La Commission nommée pour l'examen de ce projet présenta son rapport à l'Assemblée, dans la séance du 14 juin suivant (1), mais ce ne fut que le 21 mars 1873, que cette proposition fut prise en considération et renvoyée à l'examen des bureaux.

A la suite de ce débat, une nouvelle Commission fut nommée, mais avant de se prononcer, elle pria le ministre de la Justice, par l'intermédiaire de son président, M. Sagase, de consulter la Cour de Cassation, les Cours d'Appel et les Facultés de Droit, et de recueillir leurs avis sur le projet de M. Delsol (2).

L'enquête dura longtemps et près de trois années s'écoulèrent avant que les rapporteurs pussent communiquer à l'Assemblée le résultat de leur travail. Ce fut M. Humbert, qui avait été chargé de recueillir l'opinion des différentes Facultés, qui, le premier, présenta son rapport. Il le fit dans la séance du 29 décembre 1875 (3). D'accord sur le principe, elles étaient unanimes à reconnaitre qu'il fallait améliorer, au point de vue héréditaire, le sort du conjoint survivant, mais elles étaient fort divisées sur les moyens qu'il convenait de prendre pour y parvenir. Fallait-il

(1) *Journal Officiel* du 27 juin 1872, p. 4326.
(2) *Journal Officiel* du 16 mars 1876, p. 1842.
(3) *Journal Officiel* du 16 mars 1876, p. 1842. Ann. nº 3665.

l'assimiler à un héritier légitime et lui accorder la saisine des biens de la succession ? — Lui donnerait-on le droit à une réserve ? — Quelle serait la quotité de son droit ? — Quelle en serait la nature ? — Consisterait-il en une part de propriété, ou se bornerait-on à lui accorder un droit d'usufruit ?

Sur ces questions et sur beaucoup d'autres encore, les différentes Facultés étaient loin de s'entendre, et il eût été bien difficile, pour ne pas dire impossible, de trouver, dans cette variété d'opinions, une seule règle particulière sur laquelle l'accord fût complet.

Du côté des corps judiciaires, la diversité était plus grande encore.

Il ressort, en effet, du rapport de M. Sebert (1), qu'il n'y eut que dix-sept Cours d'Appel sur vingt-sept, qui adoptèrent, en principe, la proposition de M. Delsol.

Celle de Douai fut d'avis « qu'il n'y avait pas lieu de modifier notre système successoral par l'attribution au conjoint survivant d'un droit héréditaire, en propriété ou usufruit, mais qu'il y avait lieu de reconnaître, au profit de l'époux survivant, un droit alimentaire sur la succession de son conjoint » (2).

La Cour de Caen ne fit pas connaître son opinion; enfin la Cour de Cassation et huit Cours d'Appel, parmi lesquelles celles de Paris, d'Aix et de Bordeaux, estimaient qu'il y avait lieu de repousser dans son entier la proposition qui leur avait été présentée.

Il fallait avant tout, disait la Cour suprême, éviter

---

(1) Rapport de M. Sebert, le 30 décembre 1875. *Journal Officiel* du 9 mars 1876. Annexe nᵒ 3671, p. 1829.

(2) Même rapport.

d'ébranler l'autorité du Code civil, en permettant de discuter mal à propos l'ancien système successoral, d'autant que cette innovation serait un brandon de discorde jeté au sein des familles et qui amènerait certainement de fréquentes discussions suivies de ruineux procès.

La dissolution de l'Assemblée Nationale étant survenue avant la fin de l'enquête, M. Delsol, devenu sénateur, représenta sa proposition devant le Sénat dans la séance du 13 juin 1876 (1).

Ce nouveau projet n'était pas une simple copie de celui de 1872. Tenant compte des tendances qui s'étaient manifestées, surtout dans le monde judiciaire, il modifia sur certains points sa proposition primitive.

Le changement le plus important consistait dans la suppression de tout droit de propriété au profit du conjoint survivant, quels que fussent les héritiers avec lesquels il était en concours; son droit héréditaire était réduit dans tous les cas à un simple droit d'usufruit.

La Commission, chargée d'examiner cette proposition législative, conclut unanimement par l'organe de son rapporteur, M. Bonafous (2), à la prise en considération; elle fut votée le 7 novembre 1876 (3).

A la suite de cette décision, une nouvelle commission fut nommée, et M. Delsol, désigné pour en faire le rapport, demanda au Sénat, en déposant son travail, dans la

---

(1) *Journ. Off.* du 29 juin 1876, p. 4629.

(2) Rapport de M. Bonafous, le 7 août 1876. *Journ. Off.* du 12 octobre 1876, p. 7456.

(3) *Journ. Off.* du 8 novembre 1876, p. 8028.

séance du 20 février 1877 (1), de procéder sans retard à l'examen du projet. Adopté en première lecture sans discussion publique, le 1er mars 1877 (2), il fut, quelques jours plus tard, dans les séances des 6 et 9 mars, l'objet de discussions sérieuses qui se terminèrent par son adoption (3). Le 14 novembre suivant, M. le duc d'Audiffret-Pasquier, président du Sénat, en opérait la transmission à la Chambre des députés (4).

Cela ne suffisait malheureusement pas pour amener une discussion immédiate ; la proposition de M. Delsol fut oubliée dans les cartons et elle n'en sortit que huit années plus tard, le 19 novembre 1885, à la suite d'une nouvelle transmission (5).

La question entra, dès lors, dans une phase nouvelle. Une commission fut nommée et M. J. Piou fut chargé d'en exposer l'opinion dans un travail qu'il déposa sur le bureau de la Chambre dans la séance du 20 mars 1886 (6).

Il résultait de ce rapport, que tout en adoptant le principe de la proposition législative admise par le Sénat, la Commission chargée de l'examiner y apportait de nombreuses modifications, et substituait même au texte proposé une rédaction nouvelle qu'elle soumit sans tarder à l'appréciation de la Chambre.

Dans une première séance, le 27 mai 1886, les conclusions du rapport furent adoptées sans discussion, mais

---

(1) *Journ. Off.* du 4 mars 1877, p. 1665.
(2) *Journ. Off.* du 2 mars 1877, p. 1597.
(3) *Journ. Off.* des 7 et 10 mars 1877.
(4) *Journ. Off.* du 23 novembre 1877, p. 7695.
(5) *Journ. Off.* du 24 mars 1886. Annexe n° 41, p. 107.
(6) *Journ. Off.* du 9 novembre 1886, p. 1292. Annexe n° 565.

une seconde délibération ayant eu lieu un mois plus tard le 24 juin 1886, elle se termina par l'ajournement de la question.

Ces longs retards empêchèrent la Chambre de voter, avant la fin de la législature, l'ensemble du projet, et trois années s'écoulèrent encore, avant que les députés n'en fussent ressaisis. Il fallut que le 25 novembre 1889, le Président du Sénat en fît une nouvelle transmission.

De nouveau désigné comme rapporteur, M. J. Piou, présenta le 27 janvier 1890 un travail qui reproduisait celui du 20 mars 1886 (1). L'urgence fut déclarée et la Chambre, dans la séance du 22 mars 1890, vota enfin, après une courte discussion, les conclusions du rapport. Mais entre le projet primitif voté par le Sénat et celui qu'adoptait la Chambre, il y avait d'importantes différences. Tandis que le premier faisait une obligation à l'époux et aux héritiers du *de cujus*, d'imputer sur le montant de leurs droits respectifs, toutes les libéralités qu'ils avaient reçues du défunt directement ou indirectement, le second, rejetant cette nouveauté législative, qui était de nature à amener de nombreuses difficultés pratiques, adoptait un système plus simple et plus conforme aux principes de notre droit, en soumettant simplement l'époux survivant à l'obligation du rapport, et en lui donnant le droit de l'exiger.

Le texte adopté par le Sénat ne permettait au père ou à la mère survivant, en concours dans la succession du *de cujus*, avec des collatéraux non privilégiés, d'exercer leurs droits qu'après celui du conjoint. Cette disposition, qui plaçait l'ascendant en face d'un concurrent plus jeune

_____

(1) *Journ. Off.* du 16 avril 1890. Annexe n° 305, p. 153.

et appelé selon l'ordre de la nature à vivre plus longtemps
que lui, aurait eu pour résultat ordinaire de le priver du
bénéfice de ses droits. La Commission de la Chambre le
comprit et remplaça cette disposition par un système nouveau qui permettait aux ascendants d'exercer l'usufruit
que la loi leur attribue, en concurrence avec l'époux survivant, sur la moitié de succession que l'article 753 accorde
aux collatéraux ordinaires.

Le projet ainsi modifié fut renvoyé au Sénat, le
21 mars 1890 (1) par les soins de M. Floquet, alors président de la Chambre.

Une Commission fut nommée, et M. Delsol fut, comme
en 1877, chargé d'examiner le texte ainsi transformé. Le
rapport qu'il présenta le 11 novembre 1890 (2) donna lieu
à une première délibération qui occupa en grande partie
les trois séances du 14, du 18 et du 21 novembre (3).
Quelques jours après, le 2 décembre, avait lieu une seconde délibération qui se termina par l'adoption définitive
du projet (4).

Ce n'était pas cependant sans modifier en quelques points
le texte adopté par la Chambre, que le Sénat avait adopté
la proposition législative qu'elle venait de lui retourner.
Ces modifications n'étaient toutefois que secondaires. Le
changement le plus important qu'elles consacraient, était
relatif à la composition de la masse sur laquelle s'exerce-
rait l'usufruit du conjoint survivant.

(1) *Journ. Off.* du 2 juin 1890, p. 86. Ann. n° 44.
(2) *Journ. Off.* du 11 février 1891, p. 10. Ann. n° 7.
(3) *Journ. Off.* des 15, 19, 22 novembre 1890.
(4) *Journ. Off.* du 3 décembre 1890.

Dans le système primitif du Sénat, elle comprenait uniquement les biens que le *de cujus* laissait au moment de son décès, c'est-à-dire ceux dont il n'avait disposé, ni par acte entre vifs, ni par testament.

La Chambre des députés, au contraire, avait été d'avis — et elle avait modifié le projet dans ce sens — que cette masse devait comprendre à la fois les biens existants au jour du décès, et ceux qui, ayant été donnés ou légués à des successibles, étaient sujets à rapport d'après le droit commun.

Bien que cette disposition fût plus favorable au conjoint survivant, le Sénat, sur le conseil de **M. Delsol**, refusa de l'admettre, mais au lieu de reproduire sur ce point le texte qu'il avait primitivement adopté, il consacra un système intermédiaire, en décidant que l'usufruit visé par le projet, serait calculé sur une masse composée de tous les biens existants au décès du *de cujus*, auxquels on réunirait fictivement ceux dont il aurait disposés au profit de successibles et sans dispense de rapport, par acte entre vifs ou testamentaire. On donnait ainsi au conjoint survivant ce que la Chambre souhaitait de lui voir attribuer, tout en respectant le principe admis par le Sénat.

La proposition, ainsi modifiée, fut transmise à la Chambre des députés le 5 décembre 1890 (1) et y fit l'objet d'un nouveau rapport que **M.** Piou présenta dans la séance du 24 janvier 1891 (2).

Dans le désir d'assurer la réalisation du projet et de répondre enfin à l'attente de l'opinion, le rapporteur concluait, au nom de la commission, à l'adoption pure et

---

(1) *Journ. Off.* du 30 janvier 1891. Ann. n° 1065, p. 462.
(2) *Journ. Off.* du 3 avril 1891. Ann. n° 1146, p. 305.

simple, sans nouvelles modifications, du texte que le Sénat avait voté.

La discussion eut lieu le 26 février, l'urgence fut déclarée, et la Chambre, après avoir repoussé un amendement de M. Taudière, sur la nécessité de préciser la part de l'époux usufruitier aux dettes de la succession, adopta définitivement les conclusions du rapport (1).

La loi modificative des droits de l'époux sur la succession de son conjoint prédécédé était enfin votée.

Elle fut promulguée le 9 mars suivant (2).

(1) *Journ. Off.* du 27 février 1891, p. 446.
(2) *Journ. Off.* du 10 mars 1891, p. 1141.

DEUXIÈME PARTIE

DROIT ACTUEL. LOI DU 9 MARS 1891.

CHAPITRE PREMIER

NATURE DU DROIT ACCORDÉ AU CONJOINT SURVIVANT PAR LA LOI DU 9 MARS 1891

La loi du 9 mars 1891 a introduit dans notre législation successorale un principe nouveau ; c'est que le conjoint survivant est toujours appelé à la succession de son époux prédécédé. Il n'exclut personne, mais personne ne l'exclut. Telle est la règle générale.

Le droit qui lui est accordé, varie essentiellement selon la qualité des successibles en présence desquels il se trouve. Si le *de cujus* ne laisse en mourant aucun parent légitime ou naturel, c'est en pleine propriété que son conjoint recueille la totalité des biens qui composent sa succession. La loi nouvelle n'a fait, sur ce point, que confirmer la disposition de l'ancien article 767 du Code civil. Mais si, au contraire, le défunt laisse des héritiers légitimes ou naturels, ou des successeurs irréguliers autres que l'État, l'époux survivant ne recueille, en ce cas, qu'un simple droit d'usufruit. C'est cette dernière hypothèse qui fera seule l'objet de notre étude.

Section I. — DE L'USUFRUIT DU CONJOINT SURVIVANT.

La loi du 9 mars 1891 appelle le conjoint survivant à la succession de son époux prédécédé, même lorsqu'il se trouve en concours avec les héritiers les plus proches de ce dernier ; c'est la grande innovation qu'elle a réalisée à son profit. Le droit qu'elle lui accorde en ce cas, est — nous venons de le voir — un droit d'usufruit sur les biens de la succession.

Ce ne fut cependant qu'après de longues discussions, que les auteurs de la loi s'accordèrent à attribuer à l'époux survivant un droit de cette nature.

Trois solutions étaient possibles, en effet. Lui attribuer une part de la succession en pleine propriété : lui accorder un droit d'usufruit : ou se borner à lui reconnaître un droit de créance, ayant simplement pour objet une pension alimentaire.

Ces trois combinaisons furent successivement présentées au législateur.

En 1850, lorsque M. Bourzat déposa à l'Assemblée Nationale une proposition qui tendait à investir le conjoint indigent de quelques droits dans la succession du prédécédé, il concluait à l'allocation d'une pension alimentaire. C'est la solution que proposèrent également en 1875, lors de l'enquête qui fut faite auprès d'elles, la Faculté de Dijon et la Cour de Douai.

Ce système, qui créait une distinction juridique fondée

sur l'état de fortune était inacceptable, aussi ce ne fut pas celui que soutint M. Delsol, lorsqu'il présenta le 21 mai 1872 (1) sa première proposition de loi « Donner de simples aliments à l'époux qui survit, disait-il dans le rapport qu'il présentait à l'Assemblée, nous semblerait une atteinte portée à l'honneur et à la considération qui doivent toujours l'entourer. Quoi de plus triste que les procès en pension alimentaire ? Et ici le survivant aurait le plus souvent à exercer ses réclamations contre ses propres enfants, en sorte que la mort de l'autre époux serait le signal de la désunion, sinon d'un conflit dans la famille ». C'est pour éviter ces inconvénients, qu'il préconisait le système de l'usufruit, sauf à attribuer au conjoint survivant un droit de succession en pleine propriété sur la moitié des biens héréditaires, dans le cas où il se trouvait en concours avec des parents du *de cujus* au delà du sixième degré.

L'enquête qui fut faite à la suite de ce projet de loi, apporta des conclusions en général peu favorables à l'adoption de ce système.

A commencer par les Corps judiciaires, seize Cours d'appel, sur les dix-sept qui adoptèrent le principe de la proposition de M. Delsol, tout en repoussant avec ce dernier, comme insuffisante, l'attribution au survivant d'une simple créance alimentaire contre la succession du prédécédé, rejetaient également l'idée de lui voir accorder un droit de propriété, même en présence de parents au delà du sixième degré.

Elles étaient généralement d'avis de ne lui accorder qu'un droit d'usufruit, et elles appuyaient leur opinion

______

(1) *Journal Officiel* du 7 juin 1872. Ann. n° 1158, p. 3821.

sur les raisons les plus sérieuses. Donner à l'époux qui survit un droit de propriété serait introduire une innovation fort grave dans notre système successoral. Si l'on doit tenir compte de l'affection présumée du défunt, en donnant à son époux des droits importants dans sa succession, il faut aussi respecter le principe de la conservation des biens dans les familles, et comme un droit d'usufruit suffit largement au conjoint survivant pour lui permettre de conserver sa position sociale, il n'est aucune raison de l'enrichir aux dépens des parents de son époux prédécédé.

C'est ainsi que raisonnaient les Cours de Nancy, d'Orléans, de Dijon, de Lyon, de Rouen, d'Amiens, de Bastia, de Besançon, de Nimes et de Riom, pour refuser à ce conjoint le droit de propriété que le projet Delsol voulait lui accorder, du moins dans le cas que nous avons signalé.

Les Cours d'Agen, d'Angers, de Chambéry, de Grenoble, de Pau, de Rouen et de Toulouse admettaient même sur ce point le projet soumis à leur étude.

Celle d'Alger allait plus loin, et se prononçait en faveur de l'attribution au conjoint survivant, non seulement d'un droit d'usufruit, mais d'une part en pleine propriété de la succession du prémourant.

Quant aux autres Cours d'appel — à l'exception toutefois de celle de Douai dont nous avons fait connaitre le système — et à la Cour de Cassation, il n'y a pas lieu de nous en occuper, puisqu'elles rejetaient, dans son ensemble, le projet qui leur était présenté.

Dans les Facultés de droit (1), l'ensemble de cette pro-

(1) *Journal Officiel* du 16 mars 1876. Rapport Humbert. **Ann.** nᵒ 3665, p. 1842.

position législative fut accueillie partout avec grande faveur, mais la disposition du nouvel article 767 qui accordait à l'époux survivant un droit de propriété, lorsqu'il était en concours avec des parents au delà du sixième degré, reçut en général la même désapprobation qu'auprès des Corps judiciaires.

Il n'y eut guère que les Facultés de Douai et de Toulouse qui se rallièrent au système du projet. Toutes les autres y furent opposées, et elles alléguaient à l'appui de leur opinion, les mêmes raisons que nous avons relatées en parlant des Cours d'appel.

Malgré ces justes critiques, M. Delsol proposait encore, dans la première rédaction du projet qu'il présenta au Sénat le 13 juin 1876 (1), d'attribuer au conjoint survivant un droit de succession en pleine propriété, lorsqu'il se trouvait en présence de parents du *de cujus* au delà du sixième degré : mais, lorsque huit mois plus tard, le 20 février 1877 (2), après la prise en considération de sa proposition, il présenta au nom de la commission d'examen le rapport qu'il avait fait, il avait modifié, en tenant compte des tendances qui s'étaient manifestées au cours de l'enquête faite auprès des Facultés de droit et des Corps judiciaires, le texte du nouvel article 767, qu'il désirait soumettre à l'approbation de ses collègues. « En présence de ces nombreuses et imposantes autorités », il avait retiré de son projet, la disposition qui accordait à l'époux un droit de propriété au delà du sixième degré, pour se borner à celle qui lui accorde, dans tous les cas, un droit d'usufruit.

(1) *Journal Officiel* du 29 juin 1876, p. 4629. Ann. n° 58.
(2) *Journal Officiel* du 4 mars 1877, p. 1665. Ann. n° 36.

Cette disposition était trop conforme aux principes les mieux établis de notre système successoral pour être l'objet de modifications successives.

Le Sénat et la Chambre la consacrèrent sans hésiter, et il ne fut plus question d'accorder un droit de propriété au conjoint survivant, même lorsque les parents du *de cujus* avec lesquels il était en concours, étaient des collatéraux d'un degré éloigné.

SECTION II. — NATURE DU DROIT ACCORDÉ AU CONJOINT SURVIVANT PAR LES LÉGISLATIONS ÉTRANGÈRES (1)

Pays Slaves. — Russie (2). — D'après le *Srod* ou Digeste des lois Russes, les droits du mari et ceux de la femme sont à peu près identiques. *Ab intestat*, le survivant des deux époux recueille en toute propriété un septième des immeubles et un quart des meubles, que le *de cujus* ait ou non laissé des descendants.

En outre, il existe dans la loi Russe une disposition très originale dont voici le fonctionnement :

Quand l'un des époux meurt — supposons que ce soit le mari — et que ses ascendants ou l'un d'eux existent encore, la veuve aura dans la succession de son beau-

_____

(1) Pour rendre plus intéressante cette étude de la situation du conjoint survivant dans les pays étrangers, nous examinerons ici, en même temps que la nature, la quotité des droits qui lui sont accordés, sauf à y revenir incidemment après avoir parlé de la quotité de l'usufruit que notre loi française attribue à cet époux.

(2) Ernest Lehr, *Éléments de droit civil russe;* G. Boissonnade, *Histoire des droits du conjoint survivant.*

père, par exemple, des droits proportionnels à ceux qu'elle eût exercés dans le patrimoine de son conjoint, si, conformément à l'ordre de la nature, le beau-père était mort avant son époux.

On suppose, en un mot, que le mari, ayant survécu à son père, a recueilli la succession de ce dernier. La femme, en vertu de cette hypothèse, est donc logiquement appelée à recueillir une partie des biens que son conjoint est censé avoir recueillis, et suivant la proportion admise par la loi, elle obtiendra le septième des immeubles et le quart des meubles qui reviendraient à son époux s'il avait survécu à son père.

Les mêmes principes sont observés au profit du conjoint, lorsque c'est la femme qui meurt la première.

Les règles que nous venons d'exposer constituent le Droit commun de la Russie, mais certains gouvernements ont des statuts particuliers.

Il en est ainsi, par exemple, de ceux de Tchernigof et de Poltawa. La législation de ces deux pays ne reconnaît entre le mari et la femme aucun droit de succession. Toutefois, quand ne possédant rien au moment du mariage, ils ont acquis quelque bien, grâce à leurs communs efforts, le survivant en recueille le tiers, s'il est né des enfants de leur union, et la totalité, s'il ne leur en est point né. Il faut toutefois, pour qu'il en soit ainsi, que les époux n'aient pas, de leur vivant, fixé à ces acquêts une autre destination.

Parmi les sujets du Czar, il est une classe d'individus auxquels il devait être réservé, à cause de leurs mœurs spéciales, un droit particulier, ce sont les Mahométans. Toutes les femmes légitimes du défunt reçoivent, quel que soit leur nombre, sauf à opérer entre elles un par, tage par tête, le huitième des biens meubles et immeubles du mari, si celui-ci en mourant a laissé des enfants, et le quart s'il n'en est pas. Quant au mari, en vertu du pouvoir souverain qu'il exerce sur chacune de ses épouses, il conserve, lorsque l'une d'elles vient à mourir, les quelques biens qui ont pu former son avoir.

Avant les événements de 1863, il fallait faire à la législation Polonaise une place spéciale dans l'étude des lois étrangères, mais aujourd'hui la Pologne russe a vu disparaître sa législation nationale, et elle n'a plus d'autre droit que celui de la Russie.

Dans les provinces Baltiques, en Livonie et en Esthonie, la femme qui survit, après avoir donné le jour à un ou plusieurs enfants, jouit en concurrence avec eux et aussi longtemps qu'elle le désire, de toute la fortune laissée par son époux. Ce n'est que dans le cas où elle se remarie que les enfants peuvent demander la liquidation. Lorsqu'il y a lieu de la faire, la femme, après avoir prélevé tout ce qui lui appartient en propre, obtient avec l'ensemble du mobilier, une part d'enfant sur les immeubles et les créances.

Si le survivant est le mari, il acquiert avec le mobilier et l'argent comptant l'usufruit des immeubles de son épouse prédécédée, jusqu'à la majorité des enfants nés du mariage.

S'il n'y a pas d'enfant, le conjoint survivant, homme ou femme, reste pendant un an et six semaines en jouissance de toute la fortune du prémourant et s'il s'agit de la femme, elle reprend avec sa dot une somme équivalente, sans préjudice de son droit sur l'ensemble du mobilier.

Des droits héréditaires analogues sont attribués en Courlande à l'époux survivant.

La loi de ce pays donne cependant à la veuve qui a apporté, lors de son mariage, une dot à son époux et qui laisse des enfants à la mort de celui-ci, une faveur toute particulière. Elle lui permet, en effet, au lieu de reprendre son apport, de l'abandonner moyennant une rente viagère égale au double du revenu de la dot.

Serbie. — Dans ce pays, d'après le Code de 1844, la situation du conjoint survivant est toute différente selon qu'il s'agit du mari ou de la femme. Le mari ne succède à son épouse qu'à défaut de tout successeur légitime. S'agit-il, au contraire, de la veuve, la loi lui donne le droit de jouir avec les héritiers de son conjoint prédécédé, de tous les biens qui composent le patrimoine héréditaire.

Pour éviter les difficultés que ferait naître un usufruit ainsi exercé en commun, la liquidation peut être demandée, soit par l'un des successibles, soit par la femme, et en ce cas, le droit de cette dernière est fixé à la moitié de l'usufruit total. La veuve ne peut, d'ailleurs, user de ce droit que dans le cas où le mari n'a fait, de son vivant, aucune disposition en sa faveur.

Espagne (1). — L'ancienne législation Espagnole n'appelait le conjoint survivant à la succession de son défunt époux, qu'à défaut de tout parent jusqu'au quatrième degré inclusivement. Les collatéraux du cinquième au dixième degré ne venaient qu'après lui. Cette règle com-

____

(1) A. Levé, *Code civil espagnol*, traduit et annoté : Ernest Lehr, *Éléments de droit civil espagnol.*

portait cependant une exception importante au profit de la veuve, aux besoins de laquelle le mari n'avait pas prévu par donation entre vifs ou testamentaire, et qui ne jouissait pas de ressources personnelles suffisantes pour vivre selon sa condition. La loi lui donnait, en ce cas, le droit de réclamer le quart de la succession de son époux, sans qu'elle pût toutefois obtenir plus de cinq livres d'or. C'était la quarte maritale.

Bien que ces dispositions n'aient plus qu'un intérêt historique, il n'était pas inutile de les rappeler, pour permettre d'établir la comparaison avec celles qu'édicte le nouveau Code espagnol promulgué le 24 juillet 1889.

Cette législation nouvelle, donnant une juste satisfaction aux affections de famille, attribue un droit de succession à l'époux survivant, même s'il se trouve en concours avec des enfants légitimes. En ce cas, d'après l'article 834. « Le veuf ou la veuve qui, à la mort de son conjoint, n'était pas séparé de corps, ou qui l'était par la faute de l'époux défunt, a droit à une part en usufruit, égale à celle que la réserve donne à chacun de ses enfants ou descendants légitimes non avantagés ». — Si à défaut de descendants, le survivant est en présence d'ascendants, la loi lui donne, au lieu d'une part d'enfant, la jouissance du tiers des biens héréditaires (art. 836). Cet usufruit s'élève à la moitié, quand, à défaut de parents des deux premières classes, il concourt avec des frères et sœurs du prémourant ou leurs descendants (art. 837). Enfin son droit se transforme en un droit de propriété qui s'exerce sans réserve sur tous les biens du défunt, quand il n'existe lors de son décès aucun des successibles précités (art. 952).

Portugal (1). — Ce n'est que depuis le 1er juillet 1867 qu'existe, dans ce pays, une législation civile codifiée. Peu favorable au conjoint survivant, ce nouveau Code ne l'appelle à la succession de son époux prédécédé qu'à défaut de descendants, d'ascendants, de frères et de sœurs, et de descendants d'eux, mais c'est la propriété de tous les biens héréditaires qu'il recueille en ce cas, à la condition cependant qu'un jugement de séparation de corps ne soit pas intervenu contre lui.

C'est du moins ce que décide l'article 2003 qui renferme la seule disposition relative à ce sujet.

Roumanie. — La législation Roumaine, dont la codification date de 1864, donne au conjoint survivant une situation différente selon qu'il s'agit de la femme ou du mari. Celui-ci, quelle que soit sa condition de fortune, ne vient à la succession de son épouse qu'à défaut de tout parent successible et d'enfants naturels. La veuve, au contraire, outre la jouissance possible des mêmes droits, peut concourir, lorsqu'elle est pauvre, avec les descendants de son conjoint prédécédé au partage des biens héréditaires. Elle obtient alors une part d'enfant, qui ne peut excéder le tiers de l'hérédité.

Si elle n'est en présence que d'ascendants ou de collatéraux, c'est un quart en pleine propriété que la loi l'autorise à réclamer.

Italie (2). — Le nouveau Code italien de 1865 s'est montré plus favorable au conjoint survivant que toutes les

(1) Fernand Lepelletier, *Code civil portugais,* traduit et annoté.
(2) Huc, *le Code civil italien et le Code Napoléon;* Dalloz, *Jurisprudence générale.* Supplément au répertoire : Ollivier Beauregard, *Législation italienne.*

anciennes législations de la Péninsule, et est venu consacrer à son profit des droits de succession très importants.

L'attribution de droits étendus au veuf ou à la veuve, était d'ailleurs plus nécessaire dans ce pays que dans beaucoup d'autres, car le régime de communauté n'étant pas le régime légal Italien, on ne pouvait, en l'adoptant, remédier en partie — comme on le faisait en France avant 1891 — à l'imperfection de la loi.

Ces droits, que le Code de 1865 lui accorde, le survivant les exerce en usufruit, quand le défunt laisse des descendants légitimes, et ils sont alors égaux à une part d'enfant sans qu'ils puissent toutefois excéder le quart de la succession (art. 753).

C'est, au contraire, en toute propriété que cet époux en profite, lorsque les héritiers du prémourant, en présence desquels il se trouve, sont des ascendants, des enfants naturels, des frères et sœurs ou des neveux et nièces. Le montant de ses droits est alors du tiers de l'hérédité, mais on les lui réduit au quart, s'il concourt en même temps avec des ascendants légitimes et des enfants naturels (art. 754).

Enfin, si le défunt n'a laissé que des collatéraux, le conjoint survivant recueille les deux tiers des biens héréditaires, à moins que ces parents soient au delà du sixième degré, car, en ce cas, l'époux qui survit recueille la succession entière.

États Scandinaves (1). — *Suède*. — Le Code suédois donne à l'époux qui survit, outre sa moitié de communauté, le *préciput* du vingtième des meubles, quels que

____

(1) Dalloz, *Jurisprudence générale.* Supplément au répertoire ; Boissonnade, *op. cit.* p. 509

soient les héritiers laissés par le prédécédé. Ce droit est commun aux deux conjoints, mais la veuve jouit de plus d'une autre faveur. Il est d'usage, en effet, qu'au lendemain du mariage le mari fasse à son épouse, pour le cas où elle lui survivrait, un don destiné à lui assurer la continuation de son genre de vie.

Si cette donation est immobilière, elle ne peut excéder l'usufruit du tiers des immeubles du mari, mais si elle consiste en meubles, elle peut s'élever en propriété jusqu'à la valeur du dixième de tous ses biens.

Lorsque les époux n'ont fait, au moment de leur union, aucune convention relative à ce don, la loi en détermine elle-même l'importance et en fixe le montant au vingtième des meubles ou à l'usufruit du sixième des immeubles.

La législation *Norwégienne* est plus favorable encore au conjoint survivant. Elle lui permet en effet, s'il existe des enfants issus du mariage, de prélever sur la moitié des biens attribué aux héritiers du prédécédé — la communauté universelle est le régime légal de la Norwège — une part d'enfant mâle.

A défaut d'enfants, il peut, selon ses préférences, prendre la moitié de la succession, c'est-à-dire le quart des biens communs ou le quart des apports du prémourant dans la communauté.

Angleterre (1). — Les droits que la loi Anglaise confère à l'époux survivant varient, selon qu'il s'agit du mari ou de la femme.

Divers gains de survie sont attribués à la veuve. Elle

______

(1) Ernest Lehr, *Éléments de droit civil anglais;* Gustave Boissonnade, *Histoire des droits de l'époux survivant.*

obtient d'abord, à titre de douaire, la jouissance d'une partie des immeubles laissés par son mari.

C'était jadis l'usufruit du tiers de ces biens, mais l'exercice de ce droit ayant soulevé dans la pratique certaines difficultés, une loi de Guillaume IV, promulguée le 1er janvier 1834, est venue lui donner une réglementation nouvelle, en décidant que le douaire ne porterait plus que sur les immeubles, que son époux aurait spécialement affectés à cette destination, par acte entre vifs ou testamentaire.

Le mari peut donc accroître ou diminuer, à son gré, l'importance du droit de la femme. Il peut même l'en priver, à moins toutefois que le contrat de mariage ne contienne une clause contraire.

En présence d'héritiers autres que les enfants, on admet généralement que le droit de la veuve peut s'exercer sur la moitié des immeubles.

Elle recueille, de plus, le tiers des meubles du *de cujus*, s'il laisse des enfants nés du mariage, et la moitié, si elle concourt avec d'autres héritiers. Le mari peut d'ailleurs la priver du bénéfice de ce droit en disposant de ses meubles au profit d'étrangers.

Un autre gain de survie accordé à la veuve porte le nom de *Quarantine*. C'est un droit en vertu duquel elle peut rester pendant quarante jours après le décès, et aux frais de la succession, dans la maison du mari.

La veuve Ecossaise a sur ce point des droits plus étendus, car elle est autorisée à occuper la maison de son époux jusqu'à la délivrance du legs ou de la quote part héréditaire qui lui revient.

Une loi nouvelle qui porte la date du 25 juillet 1890 (1)

____

(1) *Annuaire de législation étrangère.* Paris, 1891, p. 37.

est venue modifier cette législation, et augmenter les droits des veuves dans la succession de leur mari, dans le cas où celui-ci est décédé *intestat* et sans laisser de descendance directe.

Avant cette loi, les immeubles que le mari n'avait pas spécialement affectés au douaire de la femme étaient dévolus à ses parents successibles quel que fût leur degré. Quant aux meubles, nous venons de voir que l'épouse survivante en recueillait le tiers ou la moitié, selon qu'elle se trouvait ou non en présence d'enfants du *de cujus*.

Consacrant un principe nouveau, la loi de 1890 accorde à la veuve de celui qui meurt sans enfants, ni descendants, la totalité des biens du *de cujus*, sans qu'il faille distinguer entre les meubles et les immeubles, pourvu que leur valeur n'excède pas cinq cents livres sterling. Si elle dépasse cette somme, la veuve recueille la succession jusqu'à concurrence du montant intégral des cinq cents livres.

Les règles anciennes sont seules restées applicables en Ecosse.

Les droits du mari survivant ne sont en rien semblables à ceux de la femme. S'il concourt pour le partage de la succession avec les enfants de son épouse, il est en droit de réclamer l'usufruit viager des fiefs de cette dernière, dont ses descendants eussent pu hériter. Cette règle cependant est devenue d'une application très rare, car il est d'usage, aujourd'hui, de prévoir dans le contrat de mariage les droits éventuels que le mari pourra exercer sur les immeubles de la femme prémourante. Quant au mobilier, on le lui attribue tout entier, si son épouse meurt sans laisser de descendants.

Autriche. — Le Code civil autrichien appelle le conjoint survivant à la succession du prédécédé, quels que soient les parents avec lesquels il se trouve en concours. Est-il en présence d'enfants du *de cujus*, il lui accorde un droit d'usufruit dont le montant est égal à une part d'enfant, sans que ce droit de jouissance puisse s'exercer sur une portion plus importante que le quart des biens héréditaires, même lorsque le prémourant ne laisse qu'un ou deux descendants.

Est-il en concours avec des ascendants ou des héritiers plus éloignés de son époux prédécédé, c'est alors un droit de propriété du quart de la succession que la loi lui accorde. Enfin, s'il n'existe aucun parent au degré successible, aucun enfant naturel ou adoptif, le Code l'appelle à recueillir l'hérédité tout entière.

Hongrie. — Depuis 1853, ce pays est régi par la loi Autrichienne, mais on ne peut omettre de signaler un projet de Code civil présenté par le gouvernement. en 1884.

Les droits qu'il confère au conjoint survivant sont de la même nature que ceux qu'accorde aujourd'hui le code de l'Autriche, mais il est dans ce projet une disposition toute particulière, c'est que la mère survivante prime les enfants naturels du prémourant, tandis que le mari ne vient qu'après ceux de son épouse prédécédée.

Allemagne. — Le législateur de ce pays vient de le doter d'un code nouveau, qui sera applicable dans toute l'étendue de l'Empire à dater du 1er janvier 1900 (1).

Très favorable au conjoint survivant, cette législation

(1) O. de Meulnaere, *Code civil allemand,* traduit et annoté. Paris, 1897.

lui attribue, dans tous les cas, une portion de la succession
en toute propriété, quelle que soit la qualité des successibles en présence desquels il se trouve, même lorsque le
prémourant a laissé des descendants. En ce cas, en effet,
c'est le quart des biens héréditaires qui constitue l'objet
de son droit, et cette quotité s'élève à la moitié quand, à
défaut de descendants, l'époux qui survit concourt avec
les parents de second ordre (père et mère du défunt et
leurs descendants) ou avec les aïeuls. Il a droit, en ce
dernier cas, outre sa part héréditaire, de recueillir par
préciput les objets appartenant au ménage, à l'exception
de ceux qui sont les accessoires d'un fonds et aux cadeaux
de noces.

Si, avec des aïeuls concourent des descendants d'aïeuls,
le conjoint survivant recueille, en outre, sur l'autre moitié la part qui, aux termes de la loi, devrait revenir aux
descendants (art. 1931).

Enfin si le *de cujus* ne laisse ni parents du premier ou
du second ordre, ni aïeuls, l'époux qui survit recueille,
préférablement à tous autres collatéraux, la totalité de la
succession.

Ces dispositions du nouveau Code allemand ne sont
applicables qu'à partir du 1er janvier 1900. Les législations particulières des différents États de l'Empire restent
donc en vigueur jusqu'à cette époque, et leur étude présente d'autant plus d'intérêt, qu'elles ont servi de base à
la codification nouvelle.

De tous les codes de l'Allemagne, c'est celui de la *Prusse*
qui a fourni sur ce point les éléments les plus nombreux.
C'est en lui qu'a été puisé le principe de l'attribution à
l'époux survivant d'une portion de l'hérédité en pleine
propriété, ainsi que la fixation de la valeur de cette part

au quart de la succession, lorsque le *de cujus* laisse des descendants ; mais la loi prussienne n'a pas eu, dans les autres cas, à l'égard de ce conjoint la trop grande générosité de la loi nouvelle.

Lorsqu'à défaut d'enfants, le prémourant ne laisse que des parents plus éloignés, si ce sont des ascendants, des frères et sœurs ou des neveux et nièces, elle ne lui accorde pas la moitié, mais seulement le tiers des biens héréditaires ; si ce sont des collatéraux plus éloignés, elle ne lui donne avec les meubles meublants que la moitié de la succession ; et ce n'est que dans le cas où ces parents sont au delà du sixième degré, qu'elle l'appelle à recueillir l'ensemble des biens héréditaires.

Nous ne parlerons pas de la *Saxe* qui donne au survivant des droits à peu près identiques. Quant à la principauté de *Saxe-Weimar*, les règles que consacre sa législation relativement aux droits du conjoint survivant ne diffèrent qu'en un seul point de celles que contient le nouveau code de l'Empire — encore peut-elle souvent lui être semblable — c'est qu'en présence de descendants, le conjoint survivant obtient une part d'enfant au lieu d'un quart de la succession.

En *Bavière*, les droits que la loi accorde à l'époux qui survit, sont tout à fait différents selon qu'il s'agit du mari ou de la femme. Tous deux peuvent exercer certains droits de reprise, mais tandis que le veuf conserve, en présence d'enfants, la propriété de tous les biens acquis au cours du mariage, la femme ne reçoit que l'équivalent d'une part d'enfant. Il est bon toutefois de remarquer que la loi lui permet de prendre le mobilier, ainsi qu'une contre-dot prélevée sur les biens de son époux et égale à l'apport qu'elle avait fait au moment de son union. Cette double faveur, jointe à la première, lui donne une situation au moins aussi favorable que celle du mari.

A défaut d'enfants, contrairement à de nombreuses législations, le Code Maximilien décide que le survivant ne peut garder que l'usufruit de la moitié des acquêts.

Grand-Duché de Bade. — Le Code civil badois, laissant de côté l'hypothèse la plus fréquente, ne parle des droits à accorder au conjoint survivant, que dans le cas où le *de cujus* meurt sans enfants; et il lui attribue l'usufruit des biens de ce dernier.

Lorsque le prémourant laisse des descendants, à défaut de disposition légale, on applique le droit commun Allemand, qui donne en ce cas, à l'époux qui survit, l'usufruit ou la propriété d'une part héréditaire, dont le taux varie suivant les statuts locaux et la qualité des parents avec lesquels il concourt.

En *Hollande*, ce n'est qu'à défaut de tout parent légitime, au degré successible, que le survivant des deux époux est appelé à la succession du prédécédé.

On comprend d'ailleurs que le législateur de ce pays n'ait point établi entre les conjoints une vocation héréditaire réciproque, elle eut été souvent inutile, car les époux peuvent se faire de leur vivant, avec autant de liberté que des étrangers, toute espèce de donation.

Si la situation du survivant n'a pas été assurée par la générosité du *de cujus* à son égard, il trouvera d'ordinaire, dans la moitié de communauté qui lui revient, les ressources nécessaires, car la communauté universelle est le régime légal hollandais.

Belgique. — En attendant la refonte complète de sa lé-

gislation successorale, la Belgique, qui continuait à suivre
des dispositions analogues à celles de notre ancien article 767, vient de poser une pierre d'attente dans une loi
du 20 novembre 1896 (1) «portant modification aux droits
successoraux du conjoint survivant». Voici, en vertu de
ces dispositions nouvelles, de quels droits le conjoint est
admis à se prévaloir : En présence de descendants légitimes laissés par le défunt et issus du mariage, il obtient
l'usufruit de la moitié des biens qui composent l'hérédité.
Notre législateur ne lui donne en ce cas que la jouissance
du quart des biens héréditaires.

La disposition de la loi Belge relative au cas où le *de
cujus* laisse des enfants d'un premier lit, a été littéralement
copiée sur celle de notre nouvel article 767 ; l'époux qui
survit obtient, en cette hypothèse, l'usufruit d'une part
d'enfant légitime le moins prenant, sans qu'elle puisse
excéder le quart.

A défaut de descendants du défunt, si l'époux survivant
concourt avec des ascendants ou des frères et sœurs du
de cujus ou leurs descendants, il obtient l'usufruit de la
moitié de la succession. Cette disposition a été également
empruntée à notre loi de 1891, mais le législateur belge
a innové dans le cas où le défunt ne laisse que des parents
plus éloignés. Ce n'est pas seulement alors la jouissance
de la moitié, mais celle de l'hérédité tout entière qu'il
accorde au conjoint.

Suisse. — En Suisse, où la législation est en principe
cantonale — bien qu'il existe des lois fédérales, qui
deviennent chaque année plus nombreuses — on trouve

____

(1) *Moniteur belge, Journal Officiel* du 27 novembre 1896.

nécessairement la plus grande diversité dans les règles qui régissent la situation du conjoint survivant.

Ces différentes lois peuvent être divisées en quelques groupes, en tenant compte de l'influence que les Codes des pays voisins ont pu exercer sur chacune d'elles. Nous examinerons donc successivement le droit des cantons français, allemands et italiens, et nous formerons un groupe spécial de quelques lois plus récentes.

Au premier rang des *cantons français*, nous trouvons celui de *Genève* (1). C'étaient jadis les dispositions de notre Code civil qui y étaient en vigueur, mais le 5 septembre 1874, une loi concernant tout à la fois « les droits de l'enfant naturel et du conjoint survivant » est venue modifier d'une manière très importante les droits héréditaires de ce dernier.

Aux termes de cette législation nouvelle, l'époux qui survit obtient, en présence de descendants légitimes du *de cujus*, l'usufruit de la moitié des biens que ce prémourant a délaissés, car, comme le dit avec raison le législateur Genevois, le principe de la conservation des biens dans la famille se justifie beaucoup plus en ce cas que lorsqu'il s'agit d'autres parents ; mais il estime, qu'en toute autre hypothèse, il n'est pas de raisons suffisantes pour refuser à ce conjoint un droit de succession en toute propriété. C'est pourquoi, il lui attribue définitivement le quart de la succession, lorsque le *de cujus* est mort sans enfants ni descendants légitimes ; et il élève même ce droit à la moitié des biens héréditaires, lorsque le prédécédé ne laisse ni descendants légitimes, ni père, ni mère, ni frères, ni sœurs, ni neveux ou nièces.

(1) *Annuaire de législation étrangère.* Année 1875. p. 493.

Le *canton de Vaud* n'a pas une législation aussi moderne. Son Code qui date de 1819 donne à l'époux qui survit, la moitié de la communauté d'acquêts qui est dans ce pays le régime matrimonial consacré par la loi. De plus, il est d'usage que les conjoints stipulent au profit du survivant, certains gains de survie, dont le plus important, l'augment de dot, attribue à la femme le quart de la succession. Il se peut toutefois que les époux n'aient fait aucune convention à ce sujet, ni dans leur contrat de mariage, ni dans leurs dispositions de dernière volonté. La loi a prévu cette omission et elle accorde en ce cas au survivant l'usufruit de tous les biens recueillis par les descendants du *de cujus*, mais ce droit de jouissance est réduit, lorsqu'ils atteignent leur majorité ou même avant cette époque s'ils contractent mariage.

A défaut d'enfants, cet époux recueille en toute propriété le quart ou la moitié des biens héréditaires, selon qu'il est en présence du père ou de la mère, de frères ou de sœurs du *de cujus* ou de tout autre successible.

Le *Code civil Bernois* est de toutes les législations de la Suisse la plus favorable au conjoint survivant. Toute la succession lui est attribuée, si le *de cujus* meurt sans descendants. S'il laisse des enfants, il y a lieu de distinguer : si ce sont des enfants communs, le mari survivant prend tous les apports de la femme; s'il s'agit d'enfants de précédents lits, il recueille la portion que son épouse a obtenue dans le partage fait avec ces derniers.

Quant à la veuve, elle recueille dans les deux cas une part d'enfant.

La législation du *canton de Fribourg* ne fait que reproduire le principe de notre ancien article 767.

Le *Code du Valais* règle d'une manière très simple la situation du survivant.

Il lui donne l'usufruit de tous les biens du défunt, si celui-ci est mort sans enfants; et en cas contraire, il ne lui accorde que la moitié.

Dans le *canton de Neufchâtel,* la communauté universelle étant le régime matrimonial de droit commun, l'époux qui survit peut réclamer tout d'abord la moitié de la masse commune, mais il a de plus un gain de survie qui consiste — si du moins les parties n'ont pas fait à ce sujet de stipulations contraires — dans la propriété de la moitié des meubles du prédécédé, auquel vient s'adjoindre l'usufruit de tous les immeubles. Il n'en est ainsi cependant que dans le cas où le *de cujus* meurt sans postérité légitime, sinon l'importance de ce droit est diminuée de moitié.

Cantons Italiens. — Dans le *canton du Tessin,* le régime dotal étant celui qu'adoptent d'ordinaire les époux, le Code civil de ce pays donne au mari survivant le droit de conserver en toute propriété la dot de la femme, pourvu toutefois qu'elle soit décédée sans laisser de descendants. En cas contraire, il obtient l'usufruit des biens dotaux, si les enfants avec lesquels il concourt sont nés de son mariage avec son épouse prédécédée; mais s'ils sont nés d'un précédent mariage de cette dernière, le droit du mari se réduit à la jouissance d'une part d'enfant.

La veuve survivante acquiert des droits de même nature, mais d'une quotité différente. Si son mari est mort sans descendants, elle reprend sa dot et prend, en outre, en toute propriété une contre-dot égale à la moitié de son apport. Au cas contraire, elle n'en a que l'usufruit.

Il peut arriver que la femme se soit mariée sans dot et qu'il n'y ait eu entre les époux, au moment de leur union, aucune convention destinée à assurer l'avenir du survivant. En ce cas, la loi lui assure l'usufruit du quart des biens du prédécédé ou d'une portion égale à une part d'enfant, selon que le *de cujus* a ou non laissé des descendants.

Quant au droit de succession *ab intestat* de l'époux qui survit, il est d'un quart des biens héréditaires, mais ce conjoint ne l'obtient qu'à défaut de descendants, d'ascendants, de frères et sœurs ou descendants d'eux.

Cantons Allemands. — D'après le Code d'*Appenzell*, le survivant obtient, en présence d'enfants, un douaire dont les époux fixent à leur gré le montant dans leur contrat de mariage. S'il n'a été fait à ce sujet aucune convention, la loi lui attribue une part d'enfant; mais il ne conserve en pleine propriété que la moitié de cette portion, l'autre moitié constitue un douaire viager. A défaut de descendants, son droit est d'un tiers en pleine propriété.

Dans le *canton de Bâle*, une loi promulguée le 10 mars 1884 est venue modifier la législation antérieure et augmenter les droits qu'elle accordait au conjoint survivant.

La communauté universelle étant dans ce pays le régime légal, l'article 13 de la loi nouvelle décide que l'époux qui survit reçoit, à défaut de contrat de mariage, les deux tiers de la fortune commune. Cette part constitue un maximum. Les époux peuvent à leur gré en abaisser le montant, mais ils ne peuvent l'élever, sous peine de réduction.

Avant que le Code bâlois ne fût remanié sur ce point,

le mari qui survivait, profitait déjà d'avantages analogues
et recueillait, comme aujourd'hui, les deux tiers de la
masse commune ; la veuve, au contraire, n'en prélevait
que le tiers.

La loi de 1884 a fait disparaître avec raison cette inégalité que rien ne justifiait. Outre cette forte portion de
la communauté, le survivant obtient de plus, en présence
d'enfants issus du mariage, la jouissance de la fortune qui
leur est échue du chef de l'époux prédécédé, tant que dure
leur minorité, mais il est tenu de pourvoir à leur édu-
cation.

Les époux peuvent toutefois adopter, dans leur contrat
de mariage, des dispositions différentes.

Enfin s'il n'existe, jusqu'au cinquième degré inclusivement, aucun parent successible, la loi de 1884 appelle le
veuf ou la veuve à recueillir *ab intestat* l'ensemble des
biens héréditaires.

Le *Code de Lucerne* divise en cinq classes les héritiers
légaux, et donne au conjoint survivant le droit de concourir avec chacune d'elles en fixant le montant de ses
droits à la jouissance ou à la propriété du quart ou du
tiers des biens héréditaires, selon qu'il se trouve en présence des successibles de la première, de la seconde ou des
trois dernières classes.

Enfin, dans le *canton de Soleure*, le mari qui survit
obtient, après la reprise de ses apports, les deux tiers des
bénéfices réalisés pendant le mariage.

Quant à la veuve, on considère qu'ayant eu en général
une part moins active dans la réalisation de ces profits,
il convient de ne lui en attribuer que le tiers, mais
l'époux survivant, quel qu'il soit, peut réclamer en outre

la jouissance de toute la succession du prédécédé, à charge de donner aux enfants, lorsqu'ils atteignent leur majorité, le quart de l'usufruit de leur portion héréditaire.

Pour terminer cette étude de la situation faite en Suisse au conjoint qui survit, nous examinerons les législations des trois cantons de Zurich, de Glaris et des Grisons qui présentent, par suite de leurs récentes transformations, un intérêt plus particulier.

Le plus moderne de tous les Codes suisses est celui de *Zurich* (1). Publié le 4 septembre 1887, il supprime totalement l'ancien régime successoral pour y substituer un système nouveau importé d'Allemagne, celui des parentelles, qui règle l'ordre des dévolutions en prenant pour base l'arbre généalogique.

A côté de cette succession fondée sur la parenté, se trouve une hérédité d'une autre nature basée sur l'alliance, qui règle les droits du conjoint survivant. Le Code nouveau s'est montré très favorable à son égard. En présence de descendants, il lui accorde, à son choix, la moitié de la succession du prédécédé en usufruit, ou le huitième en pleine propriété. En l'absence d'enfants, mais en présence d'héritiers légitimes appartenant à la parenté paternelle ou maternelle, il peut, à son gré, réclamer la jouissance des trois quarts des biens héréditaires ou un quart en toute propriété. En présence de successibles appartenant à la parenté grand-paternelle ou grand-maternelle, il lui est attribué la moitié en pleine propriété *et* l'usufruit de l'autre moitié. Enfin, si la succession est dévolue aux arrière-grands-parents, il obtient, avec la pro

____

(1) *Annuaire de législation étrangère.* Année 1888.

priété des trois quarts de la succession, la jouissance de la portion qui ne lui est pas accordée. Ce n'est qu'à défaut d'héritiers que l'hérédité tout entière lui est attribuée.

Outre ces droits importants, la veuve a dans tous les cas le droit de se faire restituer ses biens personnels, et le survivant, quel qu'il soit, peut aussi opérer certains prélèvements d'objets héréditaires, tels que ceux de ménage, pourvu toutefois que leur valeur n'excède pas le quart de la succession.

Le Code du *canton de Glaris* (1), promulgué en 1874, a inauguré relativement aux droits de l'époux survivant, un système très original. Pour que le conjoint qui survit puisse jouir de quelque droit dans la succession du prédécédé, il faut qu'il fasse dans les deux mois du décès, une déclaration expresse à ce sujet à la direction des orphelins de son domicile. Alors de deux choses l'une : ou le *de cujus* a laissé des descendants, et son époux ne peut alors réclamer qu'une part d'enfant; ou il est mort sans postérité, et le conjoint qui survit peut, en ce cas, demander la moitié de la succession; mais que l'on soit dans l'une ou l'autre hypothèse — et c'est en cela que consiste l'originalité de la loi — le survivant est tenu, s'il veut obtenir quelque portion de la succession du prédécédé, de verser toute sa fortune personnelle dans la masse à partager (art. 304).

S'il trouve cette condition trop onéreuse, il lui suffit de ne pas faire de déclaration et il est alors présumé vouloir s'en tenir à son propre bien (art. 303).

(1) Ernest Lehr. Traduction de ce code. *Annuaire de législation étrangère*. Année 1875, p. 501.

Le Code de Glaris donne heureusement aux époux le moyen de s'avantager à des conditions moins rigoureuses. Il leur permet, en effet, du moins dans le cas où ils n'ont pas d'enfants d'un précédent mariage, de s'assurer, par un testament réciproque, l'usufruit de toute leur fortune.

La loi apporte cependant à la stipulation de ce droit de jouissance certaines limites que les époux ne peuvent franchir, lorsque le prémourant laisse des héritiers. S'il n'en est pas, toute convention antérieure devient alors inutile, car le survivant recueille sans condition l'hérédité tout entière.

Le Code *des Grisons* (1), promulgué en 1862, est un des premiers codes, peut-être même le premier, qui consacra en Europe un système successoral réglant l'ordre des dévolutions suivant celui des parentelles. A côté de cette succession, il consacre la succession par alliance et il donne au conjoint survivant pendant tout le temps de son veuvage la jouissance d'un tiers de l'hérédité si le défunt laisse des descendants, et des deux tiers s'il n'en est pas.

C'est cette législation qui a servi de modèle au Code de Zurich et qui a peut-être inspiré certaines dispositions du nouveau Code de l'Empire Allemand.

États-Unis d'Amérique. — Bien que chaque État ait en principe ses règles législatives particulières, la plupart d'entre eux accordent au conjoint survivant des droits de la même nature. Ils consistent d'ordinaire, lorsque le prémourant laisse des descendants, en un usufruit dont

____

(1) Raoul de la Grasserie, *Code civil du canton des Grisons.* Paris, 1893.

la quotité est le plus souvent fixée au tiers des biens héréditaires. Telle est la règle, par exemple, dans le Maryland, l'Ohio, le Missouri, l'Alabama et la Caroline. A défaut d'enfants, la veuve concourt dans le partage de la succession avec le père et la mère de son mari, elle en obtient alors un tiers en propriété, tandis qu'elle peut en réclamer la moitié, lorsqu'elle est en présence de successibles plus éloignés.

Si les règles que nous venons d'indiquer sont les plus suivies, elles ne sont cependant pas générales.

Certains États sont plus favorables à cet époux, tandis que d'autres, comme la Louisiane, se montrent à son égard d'un rigorisme excessif. Dans l'impossibilité où nous sommes de parcourir successivement ces différentes législations, nous nous bornerons à étudier les deux plus récentes; celles de l'Illinois et du Massachusetts, qui présentent au point de vue des droits du conjoint survivant, un intérêt plus particulier.

Le 9 avril 1872 (1) parut, dans l'État de l'Illinois, une loi relative aux successions, dont l'article 1er, entre autres dispositions, réglait, ainsi qu'il suit, la situation de l'époux qui survit :

« S'il y a un époux survivant sans enfants, ni petits-enfants du *de cujus*, la moitié de la fortune immobilière et toute la fortune mobilière seront dévolues à cet époux en toute propriété.

« S'il y a, à la fois, un époux survivant et des enfants ou petits-enfants, l'époux survivant recevra en toute propriété le tiers des biens mobiliers du *de cujus*.

« Si le *de cujus* ne laisse qu'un époux sans parents, ses biens passeront à cet époux. »

(1) *Annuaire de législation étrangère*. Année 1873, p. 80.

Cette triple disposition, si avantageuse pour le conjoint survivant, fut confirmée dans une loi nouvelle le 25 mars 1877 (1).

Dans l'État de *Massachusetts* une loi votée pendant la session de 1877 (2) accordait au mari, qui survivait à son épouse, l'usufruit de la moitié des immeubles de cette dernière, à la condition qu'elle n'en ait point autrement disposé par testament. Quant aux droits de la veuve, la loi n'en faisait pas mention.

Quelques années plus tard, le 10 avril 1882 (3), une nouvelle loi vint de nouveau régler les droits du mari dans la succession de sa femme, lorsqu'elle décédait *intestat*, mais en laissant des descendants. En vertu de cette législation qui est encore en vigueur aujourd'hui, il obtient, en ce cas, la moitié de la fortune mobilière de son épouse : mais pas plus que la précédente, la loi de 1882 n'appelle la veuve à la succession de son mari.

Canada. — On retrouve dans la législation du Canada, le souvenir durable de l'ancienne domination française.

Notre droit coutumier, surtout la Coutume de Paris, a laissé dans ce pays des traces profondes dont le Code civil de 1865 est venu faire des dispositions législatives. C'est ainsi qu'on y trouve au profit de la femme survivante, le droit à un douaire légal ou préfix qui consiste dans l'usufruit de la moitié des immeubles que son mari possédait lors du mariage et de ceux qui lui sont échus depuis, par donations et qui lui viennent de ses ascendants.

(1) *Annuaire de législation étrangère.* Année 1878, p. 788.
(2) *Annuaire de législation étrangère.* Année 1878, p. 795.
(3) *Annuaire de législation étrangère.* Année 1883, p. 1006.

Quant au mari, la loi n'ayant établi aucun droit destiné à correspondre en sa faveur au douaire de la femme, il ne peut profiter que des gains de survie conventionnels dont il aurait à l'avance stipulé le bénéfice dans son contrat de mariage, ou que son épouse lui a assurés par testament. Toute liberté est donnée à la femme de faire une convention analogue.

Cette législation, généralement observée dans les différentes provinces du Canada, ne l'est plus dans celle d'Ontario depuis qu'une loi nouvelle est intervenue en faveur des veuves d'intestats (1).

Depuis le 1er juillet 1895, toute femme dont le mari meurt intestat sans laisser de descendants, obtient en toute propriété, tout ce que son conjoint possédait à titre réel ou personnel, pourvu que la valeur de ces biens n'excède pas mille livres. En cas contraire, la veuve a le droit de prélever cette somme sur la masse héréditaire après le payement de toutes les dettes et des frais funéraires.

(1) *Annuaire de législation étrangère*. Année 1896, p. 978.

CHAPITRE II

MONTANT DU DROIT D'USUFRUIT ACCORDÉ AU CONJOINT SURVIVANT

L'importance de ce droit de jouissance varie avec la qualité — et quelquefois avec le nombre — des héritiers qui concourent avec le conjoint, et il est nécessaire, pour en déterminer l'exacte quotité, de distinguer suivant que le défunt *laisse* des descendants ou d'autres héritiers.

Mais quels sont ces descendants dont parle le législateur ? Sont-ce tous ceux qui survivent au *de cujus*, ou faut-il faire abstraction de ceux d'entre eux qui renoncent, ou sont écartés comme indignes pour ne tenir compte que de ceux qui recueillent en fait la succession ? Dans le silence des travaux préparatoires, on peut interpréter, de l'une ou l'autre manière, l'expression « laisser des descendants » dont la loi s'est servie, mais on admet d'ordinaire aujourd'hui que ces mots doivent être entendus, comme visant uniquement les enfants qui participent réellement au partage des biens héréditaires (1), abstraction faite des renonçants et des indignes et que le mot « laisse » est

(1) Lamache, *Commentaire de la loi du 9 mars 1891* ; Dalloz, *Jurisprudence générale*. Supplément au répertoire, p. 51 ; Chardenet, *Du droit de succession accordé par la loi au conjoint survivant*, p. 54.

dans nos textes synonyme de « laisse comme héritiers ».

Ce n'est pas cependant l'opinion de la jurisprudence, elle déclare, au contraire, qu'il faut tenir compte de tous les héritiers sans aucune exception. C'est ce que décide, par exemple, la Cour de cassation lorsqu'il s'agit de déterminer le *quantum* de la réserve, et de nombreux arrêts (1) ont déclaré que la renonciation de l'un des réservataires, laissés par le disposant à son décès, ne peut faire augmenter la quotité disponible, qui doit être calculée comme si le renonçant eût dû prendre sa part dans la réserve.

C'est encore cette interprétation qu'admettent la plupart des tribunaux lorsqu'il s'agit de fixer les droits successoraux des enfants naturels, car ils déterminent alors leurs droits selon l'état de famille au moment de la mort du *de cujus*; c'est-à-dire que si, dans la suite, les héritiers laissés par le défunt renoncent à la succession ou en sont écartés comme indignes, et qu'en conséquence l'hérédité est dévolue aux héritiers de l'ordre suivant, la part de l'enfant naturel restera la même, que si les premiers avaient recueilli ce qui leur était destiné (2).

Entre ces deux opinions, nous n'hésitons pas à prendre parti pour celle de la doctrine dont l'interprétation est plus logique. La question n'a d'ailleurs aucune importance

(1) En ce sens : Montpellier, 8 mars 1864. D. 64.2.236 ; Paris, 11 mai 1865. D. 66. 2.64 ; Grenoble, 5 janvier 1871. D. 71. 2.209 ; Cour de Cassation, 18 février 1886.

En sens contraire : Rennes, 10 août 1863. D. 64. 2.236; Pau. 26 mai 1865. D. 66. 2.67.

(2) Lyon, 23 mars 1855. D. 56. 2. 2 ; Paris, 6 août 1872. D. 74. 2. 94 ; Douai, 28 avril 1874. D. 75. 2. 49 ; Sur Req., 20 avril 1875, D. 75. 1.487.

pour l'étude de notre sujet, car, comme nous allons le voir, la quotité des droits que la loi accorde au conjoint survivant, est indépendante du nombre des enfants appelés à la succession du *de cujus*.

SECTION I

LE CONJOINT SURVIVANT EST EN CONCOURS AVEC LES ENFANTS DU « DE CUJUS »

Les enfants qui concourent avec le conjoint peuvent être des enfants communs ou des enfants issus d'un précédent mariage de l'époux prédécédé. Il y a donc lieu d'examiner successivement chacune de ces hypothèses, car la loi a pris soin de les régler d'une manière différente.

§ 1er. — Le « de cujus » ne laisse que des enfants communs.

La quotité de l'usufruit attribuée en ce cas à l'époux survivant, est fixée invariablement, par le nouvel article 767, au quart des biens héréditaires, quel que soit le nombre des enfants.

Ce n'est pas là le système que M. Delsol avait tout d'abord proposé à l'Assemblée Nationale. Son projet primitif proportionnait, en effet, au nombre des enfants du *de cujus*, le *quantum* de l'usufruit qu'il attribuait à son conjoint, et il assurait à ce dernier la jouissance d'une portion des biens héréditaires égale à une part d'enfant légitime, sans qu'elle pût être toutefois inférieure au quart des biens.

Ce ne fut que dans la rédaction nouvelle qu'il présenta au Sénat, que l'auteur du projet, tenant compte des tendances qui s'étaient manifestées à ce sujet, modifia sa proposition primitive dans le sens de l'adoption d'un droit d'usufruit invariable. Le motif de ce changement « c'est, dit M. Chardenet, qu'on a pensé qu'avec le système d'une quotité invariable, on avait l'avantage de fixer autant que possible, dès le début du mariage, la situation de celui des époux qui survivrait et de favoriser, en même temps, la fécondité du mariage en enlevant aux époux tout intérêt contraire au développement de leur postérité ». Cette raison est peut-être la vraie, et c'est déjà celle qu'invoquaient les facultés de Paris, de Poitiers et de Grenoble, lors de l'enquête qui fut faite auprès d'elles (1); mais n'est-ce pas aussi, parce que ce quart attribué à l'époux qui survit, semble nécessaire et suffisant pour le faire vivre honorablement. Enfin, en restreignant à ce minimum nécessaire les droits de ce conjoint, on enlevait aux enfants du *de cujus* toute raison de se plaindre, car appelés selon l'ordre de la nature à vivre plus longtemps que leur père ou mère survivant, ils peuvent espérer retrouver dans sa succession le quart qui lui a été attribué lors du décès du premier de leurs auteurs.

Ce second alinéa de l'article 767, que nous venons de commenter, soulève différentes questions incidentes dont il nous faut maintenant rechercher la solution.

Quelle étendue faut-il donner au mot « Enfants » employé dans ce texte par le législateur ?

Il est aujourd'hui admis par tous les auteurs, que ce mot doit s'entendre, non seulement des descendants au

_____

(1) Rapport Humbert. *Journ. Off.* du 16 mars 1876, p. 1842. Annexe, n° 3665.

premier degré du *de cujus*, mais aussi des petits-enfants et autres descendants plus éloignés. Cela ne peut faire de doute, lorsqu'ils viennent à la succession du prémourant par représentation de leur auteur prédécédé ; ils exercent en ce cas les droits du représenté, il est donc logique qu'ils en aient autant que lui. Cette interprétation de la loi est d'ailleurs conforme au langage usuel, qui comprend sous le nom d'enfants tous les descendants directs d'une personne.

C'est également le sens que le Code donne à cette expression en une foule de matières, telles que l'interdiction, le contrat de mariage, les donations et testaments. Il le dit même expressément dans son article 914 relatif à la quotité disponible : « Sont compris sous le nom d'enfants les descendants en quelque degré que ce soit ». Il est vraisemblable que si le législateur de 1891 eut voulu donner à ce mot un sens nouveau et restreint, il n'eût pas manqué de s'en expliquer dans les travaux préparatoires et cette innovation eût, sans nul doute, soulevé quelque discussion.

Ce qui tend encore à prouver qu'on a voulu conserver au mot « Enfants » son sens général ordinaire, c'est que dans le rapport présenté au Sénat par M. Delsol dans la séance du 20 février 1877 (1) et dans la discussion qui eut lieu le 6 mars suivant (2), le rapporteur déclara que la Commission avait calqué l'usufruit du conjoint survivant sur la quotité disponible entre époux, fixée par les articles 1094 et 1098 du Code civil, or il est certain que ces articles assimilent aux enfants les autres descendants plus éloignés.

(1) *J. Off.*, du 4 mars 1877. Annexe, n° 36. p. 1665.
(2) *J. Off.* du 7 mars 1877.

Ce qui suffit d'ailleurs, comme le fait remarquer M. Dalloz, à condamner l'interprétation restrictive, ce sont les inconséquences auxquelles elle aboutit inévitablement.

Elle aurait pour résultat, en effet, de faire donner au conjoint survivant, en concours avec son petit-fils, une part aussi forte que s'il était en présence d'un collatéral éloigné, ce qui est évidemment inadmissible.

La loi du 9 mars 1891 comprend donc sous le nom « d'enfants » tous les descendants directs du *de cujus*, même les plus éloignés, mais faut-il assimiler également les enfants légitimés aux enfants légitimes ?

A la première lecture de l'article 767, on serait tenté de rejeter cette assimilation, car le texte ne parle que « des enfants issus du mariage », mais à l'examiner de plus près, on s'aperçoit bientôt que cette expression n'a rien de restrictif et qu'elle n'a été employée par le législateur que pour faire antithèse, à la fin de l'alinéa suivant qui parle des enfants « nés d'un précédent mariage ». L'article 333 du Code civil vient, d'autre part, établir en principe que « les enfants légitimés par le mariage subséquent auront les mêmes droits que s'ils étaient nés de ce mariage ». Il y a donc lieu de faire en notre hypothèse l'application de la règle générale, puisque rien ne nous permet de croire que le législateur a voulu y déroger.

Il est universellement admis, au contraire, qu'il ne faut pas assimiler au cas où le défunt laisse des enfants issus du mariage, celui où il laisse des enfants naturels non légitimés ou des enfants adoptifs. Non seulement le texte de l'article 767 n'en fait pas mention, mais il est impossible de leur en appliquer les dispositions, sans lui faire dire tout autre chose que ce qu'il signifie.

A commencer par l'enfant adoptif, on ne peut évidemment lui appliquer l'expression « issu du mariage » puisque son caractère distinctif est d'être né au sein d'une autre famille que celle du *de cujus*.

Il y a lieu de s'étonner cependant que le législateur ait cru devoir restreindre en ce cas les droits qu'il accorde à cet enfant : on dit bien pour justifier cette différence de traitement, qu'elle a pour raison d'être la distinction qui doit nécessairement être faite entre une filiation purement artificielle et la parenté véritable, qu'engendrent les liens du sang, mais c'est là une dérogation — la seule d'ailleurs que l'on trouve dans le Code — au principe de l'article 350 qui donne à l'adopté, dans la succession de l'adoptant, les mêmes droits qu'à l'enfant issu du mariage, et nous croyons qu'elle est injustifiée.

Quant aux enfants naturels, il est tout aussi certain que la loi de 1891 n'a pas voulu les comprendre dans la disposition des alinéas 3 et 4. Pas plus que les enfants adoptifs, ils ne sont nés de ce mariage dont la mort du *de cujus* vient d'amener la rupture, or, ce n'est que des enfants « issus du mariage » dont parle l'article 767. En outre, il ressort clairement des travaux préparatoires, que le législateur n'avait pas l'intention de les comprendre dans le mot « enfants » qu'il employait ; nous voyons, en effet, dans le rapport que M. Delsol présenta au Sénat, au nom de la Commission d'examen, le 20 février 1877 (1), que c'est dans une catégorie spéciale comprenant les héritiers, autres que les descendants légitimes, qu'il place ces enfants naturels.

Il ne faudrait pas toutefois conclure de cette exclusion,

(1) *J. Off.* du 1er mars 1877. **Annexe. n° 36.**

que ces enfants naturels ou adoptifs perdent, en présence
du conjoint survivant, le droit à une part de la succession
et notamment à leur réserve ; ce serait contraire au principe sus-exposé, que l'époux qui survit n'exclut personne
de la succession du *de cujus* : on les assimile simplement
aux héritiers des autres ordres et on calcule le droit du
conjoint qui se trouve en concours avec eux, comme s'il
était en présence d'un ascendant du prédécédé ou d'un
collatéral éloigné.

Ce que nous venons de dire n'a d'intérêt que lorsque
le *de cujus* est mort en ne laissant que des enfants
naturels ou adoptifs, pour partager avec son époux les
biens qui composent sa succession, car s'il laisse en
même temps des enfants légitimes, comme la quotité de
l'usufruit accordé en ce cas à son conjoint, est indépendante du nombre des enfants, il importe peu qu'on fasse
ou non abstraction des descendants adoptifs ou naturels,
pourvu toutefois que ces derniers soient issus des mêmes
parents que les enfants légitimes.

§ 2. — Le « de cujus » laisse des enfants d'un précédent mariage.

Le droit de succession de l'époux survivant est, en ce
cas, « d'une part d'enfant légitime le moins prenant sans
qu'elle puisse excéder le quart ». On considère donc le
conjoint comme un enfant de plus, et si le *de cujus* laisse
à sa mort quatre enfants pour recueillir sa succession, on
donne à son époux le cinquième de l'hérédité. Il ressort
des travaux préparatoires, et notamment du rapport présenté par M. Delsol au Sénat, que cette règle a été inspirée par l'article 1098 du Code civil, qui fixe la quotité

disponible entre époux en cas de remariage, lorsque l'un
des conjoints a des enfants d'un premier lit, à une part
d'enfant légitime le moins prenant, sans que les libéralités effectuées puissent excéder le quart des biens. On
a adopté, pour le droit de jouissance attribué au survivant,
le taux que cet article avait fixé pour les donations en
toute propriété. Cette portion de l'hérédité dont le conjoint
est appelé à profiter est une part d'enfant légitime le
moins prenant c'est-à-dire — et c'est là un nouvel
emprunt à l'article 1098 — qu'il n'y a pas lieu de tenir
compte, en calculant cet usufruit, des dons préciputaires
dont le défunt aurait gratifié un ou plusieurs de ses
enfants. Si l'ensemble des biens héréditaires a, par
exemple, une valeur de 115,000 francs, et que le *de cujus*
a donné à l'un de ses quatre enfants par préciput et hors
part, une somme de 15,000 francs, son époux ne pourra
prétendre qu'à l'usufruit de 20,000 francs.

C'est avec raison que le législateur a restreint, au cas
d'existence d'enfants issus d'un précédent mariage, les
droits du survivant. Parfois, en effet, c'est de cette union
antérieure ou par suite du travail intelligent de son premier époux, que le prédécédé a acquis une partie de sa
fortune : il ne fallait pas que le survivant pût exercer sur
ces biens un droit de jouissance aussi absolu que s'il
avait seul aidé à les acquérir. Agir ainsi, c'eût été trou-
bler à plaisir les rapports, d'ordinaire hélas ! assez peu
amicaux, qui existent entre les descendants d'un premier
lit et le nouvel époux de leur auteur. Il était d'ailleurs
une autre raison de restreindre en ce cas les droits du
survivant, c'est qu'à la mort de celui-ci, seuls les enfants
communs bénéficient des économies qu'il a pu faire pendant
le cours de son usufruit ; les autres n'ont rien à attendre.

Dans ces conditions, il eût été peu convenable qu'ils pussent voir des étrangers profiter largement et à leur détriment, de biens dont ils devaient recueillir la totalité, et dont une portion ne leur a été enlevée que par l'effet d'un second mariage.

Lorsque l'époux prédécédé a convolé en secondes noces, il arrive souvent qu'il laisse tout à la fois au moment de son décès, des enfants communs et des enfants du premier lit, quelle sera dans cette hypothèse, la part d'usufruit que son conjoint sera admis à réclamer? Faut-il faire deux opérations et calculer successivement la quotité de ce droit de jouissance par rapport au nombre des enfants communs et de ceux qui sont issus du précédent mariage, ou les enfants communs doivent-ils faire nombre avec ceux-ci pour fixer la part d'enfant le moins prenant à accorder au survivant? La loi de 1891 ne nous dit rien à ce sujet, mais nous croyons qu'il est préférable de rejeter toute distinction et de calculer l'importance du droit de jouissance accordé au conjoint, comme si tous les enfants étaient issus d'un précédent mariage. Voici les raisons qui compètent, selon nous, en faveur de cette opinion. D'abord le texte de la loi est général : il nous dit, il est vrai, que lorsque le *de cujus* laisse des enfants d'un premier lit, l'usufruit de l'époux survivant sera d'une part d'enfant légitime le moins prenant, mais il ne restreint pas sa disposition au seul cas où le défunt *ne laisse que* des enfants d'une précédente union ; ses termes n'ont rien d'exclusif et on peut en conclure, que la règle est la même dans le cas où il existe également des enfants communs. Il suffit donc, qu'au moment où l'on doit calculer la quotité du droit de jouissance accordé au conjoint, il existe des descendants d'un premier lit, pour que cet usufruit légal soit d'une part d'enfant le moins prenant.

On nous objectera peut-être qu'en raisonnant de cette manière, nous faisons profiter les enfants communs de la présence de leurs frères ou sœurs utérins ou consanguins. Cela est exact, mais n'en est-il pas de même dans plusieurs' autres cas prévus par le Code civil ? Nous ne faisons, en raisonnant ainsi, que suivre les principes admis, par exemple, dans l'article 1098.

Lorsque les donations que l'un des époux a faites à l'autre excèdent la quotité disponible, les enfants du premier lit, qui ont intenté avec succès l'action en réduction, n'en auront pas toujours le bénéfice exclusif, ils seront tenus d'en partager le profit avec les enfants nés du second mariage, avec leurs frères utérins ou consanguins. Nous sommes d'autant plus fondés à appliquer ici les mêmes principes qu'il existe — comme nous l'avons fait déjà remarquer — entre notre matière et celle de l'article 1098, une analogie indiscutable voulue par le législateur.

Mais, admettons pour un instant qu'il y ait lieu de distinguer pour le calcul de l'usufruit du conjoint survivant entre les enfants communs et les enfants du premier lit, ce système serait d'abord contraire à l'esprit de la loi du 9 mars 1891, dont le but a été de simplifier le plus possible la liquidation des successions. Il serait aussi et surtout en contradiction ouverte avec les principes d'égalité et d'équité qui sont à la base de notre système successoral, puisqu'on arriverait ainsi à assigner à chaque catégorie d'enfants des parts différentes dans l'hérédité de l'auteur commun (1).

(1) En ce sens : Zeglicki, *Revue critique de législation et de ju-*

Outre cette première difficulté, il peut parfois s'en présenter une autre dont la solution est loin d'être aussi simple. C'est lorsque l'époux survivant se trouve en concours avec des enfants légitimes issus d'un premier lit et un ou plusieurs enfants naturels.

Comment faudra-t-il, en ce cas, procéder au règlement de ses droits ? A première vue, il semble qu'il y aurait lieu d'appliquer le système que nous avons adopté, lorsque des enfants communs concourent avec des enfants naturels, c'est-à-dire faire abstraction de ces derniers, et calculer le chiffre de l'usufruit accordé au conjoint, comme si le *de cujus* ne laissait que des enfants légitimes. Mais s'il est possible, du moins théoriquement, d'opérer de cette manière, lorsque le *de cujus* laisse un ou deux enfants d'un précédent mariage, cette méthode devient absolument inapplicable, lorsqu'il en est un plus grand nombre, car elle conduirait à faire attribuer à l'époux survivant un droit de jouissance plus important que celui que la loi permet de lui donner — C'est ce qu'il est facile de faire ressortir par un exemple. — Le *de cujus* laisse en mourant, outre son conjoint, trois enfants légitimes et un enfant naturel ; sa fortune est de 30,000 francs. Si tous les enfants étaient légitimes, la part de chacun d'eux serait de 7,500 francs, mais d'après la loi du 25 mars 1896 sur les droits héréditaires des enfants naturels, ceux-ci ne doivent recueillir dans la succession de leurs père et mère, en présence de descendants légitimes, que la moitié de la portion héréditaire qu'ils auraient obtenue, s'ils avaient eu cette qualité. Le droit de cet enfant naturel n'est donc,

risprudence, 1892, p. 181 ; Dalloz, *Supplément au répertoire*, p. 52 : Baudry et Wahl, *Traité des successions*, t. I, p. 813.

dans notre espèce, que de 3,750 francs, et il reste par conséquent une somme égale à partager entre les trois enfants légitimes, ce qui élèvera à 8.750 francs, la part de chacun d'eux. Il s'agit alors de calculer le montant de l'usufruit que pourra réclamer l'époux survivant. Si l'on fait pour cela, abstraction du bâtard, le droit de jouissance du con-, joint sera du quart de la succession, c'est-à-dire de 7,500 francs; mais en agissant ainsi, on lui donne, contrairement à la défense formelle de la loi, un usufruit supérieur à celui d'une part d'enfant, puisque sur les trois quarts en jouissance qui restent à partager entre les enfants légitimes, il faut prélever une portion pour l'enfant naturel.

Il y a donc lieu de chercher, à ce problème, une solution qui soit de nature à s'appliquer dans tous les cas. Quelle sera-t-elle? Nous n'en voyons pas de meilleure que celle qu'avait imaginée M. Lamache, le regretté professeur de notre Faculté de Lille (1).

D'après le système qu'il propose, il y a lieu de faire une double répartition, l'une pour l'usufruit, l'autre pour la nue propriété. — Relativement à l'usufruit, on doit considérer le conjoint comme un enfant légitime de plus, calculer quelle serait sa part s'il avait réellement cette qualité, *en tenant compte des droits de l'enfant naturel*, et lui attribuer seulement l'usufruit de cette part. Si donc, nous reprenons notre exemple précédent, on procédera comme s'il y avait quatre enfants légitimes — l'époux survivant étant compté pour l'un d'eux — et un enfant naturel. L'article 767 sera ainsi respecté, puisque le droit

(1) *Revue du Notariat et de l'Enregistrement*. Année 1894. n° 9251, p. 841.

de jouissance du conjoint sera égal à une part d'enfant légitime, sans qu'il atteigne cependant le quart de la succession. L'actif héréditaire étant de 30.000 francs, chaque enfant légitime et l'époux qui survit, obtiendra l'usufruit de 6.750 francs. Le droit de jouissance de chacun d'eux n'eût été que de 6.000 francs, si l'enfant naturel eût été légitime ; mais nous savons, que, dans notre espèce, la loi du 25 mars 1896, réduit ses droits de moitié, il n'obtient donc que l'usufruit de 3.000 francs et le surplus va grossir d'autant le droit de jouissance des autres enfants et du conjoint. Pour exprimer en une fraction le droit de chaque concurrent, nous dirons que chaque enfant légitime et le survivant lui-même, obtient en *usufruit*, neuf quarantièmes de l'hérédité, tandis que le bâtard n'en acquiert que quatre quarantièmes, autrement dit un dixième.

On objecterait à tort, disait M. Lamache, que les enfants légitimes reçoivent ainsi moins que leur réserve fixée en notre hypothèse, par l'article 913 du Code civil, aux trois quarts de l'actif héréditaire, car l'enfant naturel étant lui-même héritier réservataire, il y a lieu d'ajouter la part de succession qu'il obtient, c'est-à-dire ses quatre quarantièmes aux vingt-sept quarantièmes des enfants légitimes, et l'on peut se rendre compte, en opérant ainsi, qu'il est attribué à tous les héritiers réservataires, conformément à l'article 913, une valeur supérieure aux trois quarts de l'actif héréditaire.

Ce mode de répartition très pratique pour déterminer entre les différents appelés leurs rapports héréditaires, au point de vue de l'usufruit, ne peut évidemment plus être utilisé, lorsqu'il s'agit de déterminer la part de chacun d'eux dans la nue propriété.

Le conjoint survivant n'a pas à intervenir, en effet, dans ce nouveau partage. Titulaire d'un droit de jouissance, toute distribution qui a d'autres droits pour objet, doit lui rester étrangère ; et les enfants légitimes et l'enfant naturel sont seuls appelés à y prendre part.

Il y avait donc lieu d'adopter une répartition établie sur une autre base ; et comme rien ne s'opposait plus à l'application des principes ordinaires, l'auteur de ce système a simplement concilié avec les règles successorales propres aux enfants légitimes, le nouvel article 758 du Code civil, récemment modifié par la loi du 25 mars 1896, qui donne à l'enfant naturel, en présence de descendants légitimes, la moitié de la part qu'il eût recueillie, s'il avait eu la même qualité.

Si nous reprenons, en appliquant ces principes, l'exemple que nous avions cité plus haut, nous voyons que la nue propriété de la succession sera ainsi répartie : les trois enfants légitimes en recueilleront les sept huitièmes et le droit du bâtard sera du huitième restant.

SECTION II. — LE CONJOINT SURVIVANT SE TROUVE EN CONCOURS AVEC DES HÉRITIERS AUTRES QUE DES ENFANTS

L'époux survivant reçoit dans cette hypothèse l'usufruit de la moitié de la succession, quels que soient le nombre et la qualité des héritiers.

Ces successibles laissés par le *de cujus* peuvent lui être unis par des liens de parenté plus ou moins étroits. Ils peuvent être, en effet : 1° des ascendants des deux lignes ; 2° des ascendants d'une seule ligne ; 3° des frères et sœurs ou descendants d'eux ; 4° des collatéraux ordinaires ; 5° des enfants naturels ou des parents naturels du défunt. On peut se demander pourquoi le législateur a fixé dans ce cas d'une manière invariable les droits du conjoint survivant, alors que les héritiers avec lesquels il concourt peuvent être de degrés et d'ordres si différents ; et quelle bonne raison il pouvait invoquer pour lui attribuer, en toute hypothèse, le même droit de jouissance, sans distinguer s'il était en présence d'un ascendant du défunt ou d'un collatéral inconnu au douzième degré. Ce système parut si étrange, que certains Corps judiciaires et plusieurs Facultés de droit en firent l'observation lors de l'enquête que l'on fit auprès d'eux.

Nous trouvons, en effet, dans le rapport de M. Sebert (1), membre de l'Assemblée Nationale, contenant le compte rendu des observations de la Cour de Cassation et des Cours d'Appel, que deux cours seulement, celles de Nîmes et de Dijon, donnèrent à la proposition de M. Delsol, au sujet des droits qu'il convenait d'accorder, à défaut d'enfants, à l'époux survivant, leur assentiment complet ; les autres émettaient le vœu que la quotité de son usufruit fût essentiellement variable selon le degré plus ou moins proche de parenté, qui unissait avec le *de cujus* les successibles appelés.

C'est ainsi, par exemple, que la Cour d'Angers, tout en reconnaissant au conjoint qui survit un droit de jouissance qu'elle fixait en principe à la moitié des biens héréditaires, réduisait ce droit au tiers quand il était en concours avec des neveux et nièces du défunt.

(1) Rapport Sebert, séance du 30 décembre 1875. Annexe n° 3671, p. 1713.

La Cour de Lyon, tout en paraissant adopter l'idée du projet, disait dans son rapport qu'il lui paraissait convenable de restreindre l'usufruit au tiers de la succession à l'égard des ascendants, frères et sœurs ou descendants d'eux.

En vertu de la même idée, la Cour de Nancy n'accordait au conjoint l'usufruit de moitié, que pour le cas où l'époux décédé ne laissait, ni ascendants, ni frères, ni sœurs, ni descendants d'eux.

Enfin, pour ne pas prolonger la série de ces exemples, nous terminerons en citant la Cour d'Orléans qui ne donnait au survivant l'usufruit de moitié, que lorsqu'il était en présence de collatéraux du prédécédé au delà du sixième degré.

La plupart des Facultés de droit (1) furent également d'avis que le droit de jouissance accordé au conjoint devait varier selon une proportion déterminée, eu égard à la catégorie de successibles en présence de laquelle il se trouvait.

Presque toutes admettaient, conformément au projet, qu'il convenait d'accorder à l'époux survivant un droit d'usufruit de la moitié des biens héréditaires, lorsque le prédécédé laissait des ascendants dans les deux lignes, des collatéraux privilégiés ou tout à la fois des parents de ces deux catégories, mais s'il n'était d'ascendants que dans une ligne, la Faculté de Paris et quelques Facultés de province proposaient d'élever en ce cas le droit du conjoint aux trois quarts de la succession, et de lui attribuer ainsi la jouissance de toute la quotité disponible ordinaire.

(1) Rapport Humbert, séance du 29 décembre 1875. *Journ. Off.* Ann. n° 3665, **p. 1842.**

Celle de Grenoble proposait même de lui donner l'usufruit de la totalité de la succession, lorsqu'il n'était en présence que de collatéraux ordinaires.

Il résultait donc de cette double enquête que les Corps judiciaires et les Facultés désiraient voir graduer les droits accordés au survivant, selon le degré de parenté des successibles avec lesquels il serait appelé à concourir.

Ces justes observations n'empêchèrent pas cependant le Sénat et la Chambre d'adopter sans discussion le système présenté par M. Delsol. Ce n'est pas que cette combinaison présente de grands avantages ; elle n'a qu'un seul mérite, qui a d'ailleurs fasciné le législateur, c'est celui de la simplicité.

L'espoir de faciliter la liquidation des successions est la seule raison qui l'a fait adopter. Si on a mis dans un même groupe les ascendants, les collatéraux privilégiés, les enfants et autres parents naturels et les collatéraux du défunt, c'est, nous dit M. Delsol (1), « que la variation eût compliqué inutilement l'application de la réforme. Puis, dans la conciliation qu'il faut établir entre les droits de l'époux et ceux de la consanguinité, il semble juste et rationnel de partager l'usufruit par moitié entre l'époux et la famille. En conséquence, nous vous proposons de décider que l'époux survivant, en présence de parents autres que les enfants légitimes, aura l'usufruit de la moitié des biens laissés par le défunt ».

En vérité, c'est quelque chose de bien étrange que cette prétendue conciliation entre les droits de l'époux et ceux de la consanguinité ; et ce qui ne se concilie guère avec

(1) *Journ. Off.* du 4 mars 1877, p. 1665. Ann. n° 36.

ce système, ce sont les principes qui régissent notre droit successoral et les règles fondamentales qui ont servi de base au législateur de 1891. Pourquoi, en effet, celui-ci a-t-il fait varier, selon que le *de cujus* laisse ou non des enfants, les droits qu'il accorde au conjoint survivant? C'est par interprétation de la volonté présumée et des affections du défunt; mais s'il en est ainsi, quelle bonne raison pouvait-il invoquer de n'avoir pas tiré complètement les conséquences de ce double principe. Pourquoi avoir assimilé, sans méthode, les ascendants, les enfants naturels et les collatéraux au douzième degré? Est-il raisonnable de supposer que le défunt avait pour un cousin éloigné et souvent même inconnu, autant d'affection que pour son père, ses frères ou un enfant naturel? Évidemment non, et cependant le droit de jouissance de l'époux survivant est invariablement fixé, dans tous ces cas, à la moitié de l'actif héréditaire.

C'est là un manque de logique absolu, et cette conséquence suffirait à faire condamner un pareil système, si l'on ne pouvait lui reprocher encore d'être en contradiction ouverte avec certaines règles de nos lois, notamment avec celles qui organisent la dévolution de la succession aux enfants naturels. Les rédacteurs du Code civil avaient établi dans l'article 757 certaines distinctions — que la loi du 25 mars 1896 est venue de nouveau, dans les articles 758 et suivants, reconnaître et consacrer — afin d'augmenter ou de diminuer la quotité des droits successoraux du bâtard, suivant la classe des héritiers avec lesquels il concourt.

Le législateur de 1891 a méconnu ces distinctions, et il a ainsi frappé les enfants naturels d'une véritable restriction de leurs droits héréditaires, lorsqu'ils sont en concours avec le conjoint survivant.

C'est ce qu'il est facile de comprendre. L'article 767 a divisé — nous l'avons vu — tous les héritiers en deux classes au point de vue de la fixation de l'usufruit conjugal, et a exclu de la première les enfants naturels.

Il est logique de conclure qu'il les a relégués dans la seconde classe avec les ascendants et les collatéraux et qu'il les a assimilés aux héritiers de cette catégorie. L'époux survivant a donc droit au même usufruit, qu'il se trouve en présence d'un enfant naturel ou d'un collatéral au douzième degré. Il n'en eût point été ainsi, si les auteurs de ce texte avaient fixé la part de ce conjoint dans son rapport avec les enfants naturels du défunt, d'après la proportion jadis établie par l'article 757 du Code civil, et confirmée aujourd'hui par la loi du 25 mars 1896 dans les rapports de ces enfants avec les héritiers légitimes. Cette fixation aurait eu l'avantage d'être en harmonie avec le régime héréditaire du Code et aurait évité aux auteurs de la loi de 1891 le reproche d'avoir ajouté un nouvel élément à la liste, déjà trop longue, des déchéances dont les bâtards se trouvent frappés par suite de leur naissance.

Ce système, qui consiste à diviser tous les héritiers en deux classes pour la fixation de l'usufruit héréditaire du conjoint, est enfin contraire à l'esprit de notre législation qui en toute occasion distingue les père et mère des autres ascendants, et les frères et sœurs ou leurs descendants des autres collatéraux pour en former un groupe spécial et leur donner, conformément aux lois naturelles, des droits plus étendus.

Et c'est par amour de la simplicité qu'on a rompu

avec tous les principes, qu'on s'est mis en contradiction avec les règles les mieux établies et l'esprit général de notre législation !

Sans doute, il est bon de faciliter autant que possible la liquidation des successions, mais mieux valait ne pas le faire que d'adopter un mode de répartition aussi défectueux. En quoi d'ailleurs cette liquidation eût-elle été plus compliquée, si au lieu de donner dans tous les cas au survivant la jouissance de la moitié de la succession, on avait par exemple attribué à cet époux le tiers en usufruit, en présence d'ascendants ou de collatéraux privilégiés, et la moitié vis-à-vis de parents plus éloignés?

C'est ce qu'ont fait d'ailleurs certaines législations étrangères et les liquidations ne sont pas dans les pays qu'elles régissent plus compliquées que dans le nôtre. C'est ainsi que le nouveau Code *italien* (1), qui attribue à l'époux survivant le tiers des biens du *de cujus* en toute propriété, s'il se trouve en présence d'ascendants, de collatéraux privilégiés ou de leurs descendants, ou d'enfants naturels du prédécédé, réduit cette quotité au quart lorsqu'il concourt en même temps avec des ascendants légitimes et des enfants naturels, mais l'élève au contraire aux deux tiers de l'hérédité lorsqu'il n'a devant lui que des collatéraux ordinaires.

Il lui attribue même la succession tout entière, si le défunt n'a laissé que des parents successibles au delà du sixième degré.

Le nouveau Code civil *espagnol* (2), promulgué le

---

(1) Huc, *le Code civil italien et le Code Napoléon ;* Ollivier Beauregard, *Législation italienne*. Paris, 1892.

(2) A. Lévé, *Code civil espagnol,* traduit et annoté. Paris, 1890.

24 juillet 1889, proportionne également les droits de l'époux qui survit, au degré de parenté qui unit avec le *de cujus* les successibles avec lesquels il se trouve en concours. En vertu de ce principe, ce conjoint obtient la jouissance du tiers ou de la moitié des biens héréditaires, selon qu'il se trouve en présence d'ascendants ou de frères ou sœurs, neveux ou nièces du *de cujus*.

A défaut d'héritiers de ces deux catégories — nous avons évidemment supposé le cas où il n'y a pas de descendants directs — l'hérédité tout entière lui est dévolue en propriété.

En *Allemagne* (1) le Code nouveau qui doit être, à partir du 1er janvier 1900, en vigueur dans toute l'étendue de l'Empire, fait également varier la quotité des droits qu'il accorde au conjoint, selon qu'il se trouve en concours, d'une part avec des ascendants ou des collatéraux privilégiés auxquels on assimile les neveux et nièces, ou d'autre part, avec des collatéraux ordinaires.

Dans le premier cas, il obtient en toute propriété la moitié de l'actif héréditaire; il recueille dans le second l'ensemble de la succession.

C'est du reste à la législation actuelle de la *Prusse* que le législateur allemand a emprunté ce mode gradué de répartition. Aux termes du Code prussien, l'époux survivant acquiert, en effet, le tiers des biens du *de cujus* quand les parents que celui-ci a laissés sont des ascendants, des frères et sœurs ou des neveux et nièces, et cette quotité s'élève à la moitié, à laquelle viennent encore s'ajouter les meubles meublants, lorsque les seuls

(1) O. de Meulenaere, *Code civil allemand*, traduit et annoté et loi d'introduction.

héritiers du défunt sont des collatéraux; encore faut-il qu'ils soient en deçà du sixième degré ; sinon la succession entière leur est enlevée au profit du conjoint.

Ce sont les mêmes principes que l'on trouve appliqués dans les législations de la Saxe et du Grand-Duché de Bade.

Le législateur *Belge* (1) a eu le bon esprit de ne plus prendre sur ce point notre législation comme modèle. La loi qu'il promulgua le 20 novembre 1896, pour modifier les droits successoraux du conjoint survivant, distingue avec soin les différentes classes d'héritiers avec lesquels il se trouve en concours. S'il est en présence d'ascendants ou de frères et sœurs du *de cujus* ou leurs descendants, il lui assure la jouissance de la moitié de la succession. Il lui attribue, au contraire, l'usufruit de l'hérédité tout entière s'il n'a devant lui que des collatéraux plus éloignés.

Un certain nombre de *Cantons Suisses* ont adopté dans leurs législations un système de répartition analogue. C'est celui que consacre, en effet, dans le canton de Genève (2), la loi du 5 septembre 1874, en accordant au survivant le quart de la succession en pleine propriété s'il est en présence d'ascendants, de collatéraux privilégiés ou de leurs descendants; et la moitié, s'il est en concours avec des collatéraux ordinaires,

Le canton de Lucerne proportionne de même les droits du conjoint à la qualité des héritiers.

Le Code de Zurich (3), ayant adopté comme régime suc-

(1) *Moniteur Belge* du 27 novembre 1896.

(2) *Annuaire de législation étrangère*. Année 1875, p. 37.

(3) *Code du 4 Septembre 1887*. Annuaire de législation étrangère. Année 1888.

cessoral, le système des parentelles, a été conduit tout
naturellement à fixer d'une manière différente, les droits
du survivant selon le degré plus ou moins proche de parenté des héritiers en présence desquels il se trouve. S'il
concourt, à défaut d'enfants, avec des successibles appartenant à la parenté paternelle ou maternelle, la loi lui
donne la faculté de choisir entre la jouissance des trois
quarts ou la propriété d'un quart des biens héréditaires.
Si les appelés font partie de la parenté grand-paternelle ou
grand-maternelle, il lui est attribué, moitié de la succession en toute propriété et l'usufruit de l'autre moitié. Enfin,
si le patrimoine du *de cujus* est dévolu aux arrière-grands-
parents, l'époux qui survit obtient, avec la propriété
des trois quarts de l'hérédité, la jouissance du dernier
quart.

C'est ce même système que le Code des Grisons (1) a
adopté avec toutes ses conséquences.

Enfin, les différents Codes des *États-Unis d'Amérique*
attribuent d'ordinaire, en toute proprieté, au conjoint survivant, le tiers ou la moitié des biens du prédécédé, selon
qu'il concourt avec le père et la mère de celui-ci, ou avec
des successibles plus éloignés.

De l'analyse que nous venons de faire, il résulte sura-
bondamment, que si tant de législations ont admis et mis
en pratique depuis bien des années, sans en éprouver
d'inconvénients sérieux, un système de répartition plus
logique que le nôtre, et qui consiste dans la fixation proportionnelle des droits du conjoint survivant, eu égard au
degré de parenté des successibles en présence desquels il

____

(1) Raoul de la Grasserie, *Code civil du canton des Grisons.* Paris, 1893.

se trouve, c'est que M. Delsol en a exagéré les difficultés
et les conséquences. Nous ne doutons pas que ses craintes
fussent sincères, mais il n'en est pas moins vrai qu'elles
étaient chimériques.

Le système qu'il a fait admettre est tout à fait défectueux, et il y a lieu de regretter qu'il n'ait pas été sur ce
point chercher son inspiration à l'étranger.

Quoi qu'il en soit, la loi est formelle, et il est certain que
l'époux survivant a toujours droit à l'usufruit de la moitié de la succession, toutes les fois que les héritiers avec
lesquels il concourt ne sont pas des descendants légitimes du défunt.

Mais il peut se présenter une grave difficulté, c'est
lorsque le *de cujus* meurt en laissant, outre son conjoint,
son père ou sa mère, c'est-à-dire un ascendant privilégié,
et des collatéraux ordinaires dans l'autre ligne.

Il faut alors concilier les dispositions de la loi de 1891,
avec les articles 753 et 754 du Code civil.

L'article 753 — il n'est pas inutile de le rappeler pour la
clarté de la discussion — décide « qu'à défaut de frères ou
sœurs ou descendants d'eux, et à défaut d'ascendants
dans l'une ou l'autre ligne, la succession est déférée pour
moitié aux ascendants survivants, et pour l'autre moitié
aux parents les plus proches de l'autre ligne. S'il y a concours de parents collatéraux, ils partagent par tête ».
Cette disposition est complétée en ces termes par l'article 754 : « Dans le cas de l'article précédent, le père ou
la mère survivant a l'usufruit du tiers des biens auxquels
il ne succède pas en propriété. »

Il faut donc examiner comment s'exerceront, lorsqu'ils
se trouveront en concours, l'usufruit de l'ascendant privilégié et celui du conjoint survivant.

Cette difficulté avait été prévue et résolue formellement par M. Delsol, dans le rapport qu'il présenta au Sénat, le 20 février 1877 (1). On lit, en effet, dans le texte qu'il proposait, que « dans le cas prévu par l'article 754, l'usufruit du père ou de la mère survivant ne s'exercera qu'après celui du conjoint ». C'était une solution déraisonnable : enlever à l'ascendant plus avancé en âge que l'époux survivant, le droit d'exercer son usufruit, jusqu'à la mort de ce dernier, équivalait d'ordinaire à l'en priver totalement, puisque d'après la loi naturelle, le conjoint étant plus jeune était appelé vraisemblablement à vivre plus longtemps.

Aucun membre du Sénat ne remarqua cependant ou du moins n'attacha d'importance à cette inconséquence, et le paragraphe 7 qui contenait cette disposition fut voté sans discussion.

La Commission de la Chambre des députés, chargée d'examiner le projet qui lui avait été renvoyé, remarqua heureusement l'erreur commise par M. Delsol. Elle supprima dans le texte la disposition qui y était relative et dès lors, il n'en fut plus question.

Voici d'ailleurs, en quels termes M. Piou exposait les raisons qui avaient motivé cette suppression (2) : « Le but de cette disposition était, dans le cas où le défunt laisse des ascendants dans une ligne et des collatéraux non privilégiés dans l'autre, de faire primer l'usufruit de l'ascendant qui est du tiers par celui de l'époux survivant

____

(1) *Journ. Off.* du 4 mars 1877. Annexe n° 36, p. 1665.

(2) *Journ. Off.* du 9 novembre 1886. Annexe à la séance du 20 mars 1886, n° 565, p. 1292.

qui est de moitié, de façon que l'un ne s'exerçât qu'après l'extinction de l'autre. Une telle préférence accordée au bénéficiaire le plus jeune aurait le plus souvent pour effet de réduire à néant l'usufruit de l'ascendant, or, cet ascendant d'après la loi naturelle a déjà à supporter sur sa part de propriété, et à concurrence de la moitié, l'usufruit du conjoint survivant. Est-il juste d'amoindrir encore ses droits d'un autre côté?... Dans le système que nous proposons, l'usufruit de l'époux et celui des ascendants s'exerceraient en concours. »

La raison alléguée par le rapporteur était bonne et la modification qu'il proposa d'apporter sur ce point au projet admis par le Sénat, fut dans la suite et sans nouvelle discussion législativement consacrée. Il est donc certain aujourd'hui, par suite de la volonté tacite du législateur, que c'est *cumulativement* et non pas successivement que doivent être exercés ces deux droits de jouissance.

Mais qui supportera la charge de ces deux usufruits? Sur qui en particulier pèsera celui du conjoint? Est-ce que l'ascendant conservera intégralement son droit de jouissance d'un tiers sur la part attribuée aux collatéraux à côté de celui de l'époux survivant, ou l'ascendant et les collatéraux supporteront-ils en même temps cet usufruit du conjoint? Et en supposant que l'on adopte cette dernière manière de voir, en seront-ils grevés également ou proportionnellement à la part recueillie par chacun d'eux?

Tel est le problème complexe et difficile dont il nous faut maintenant rechercher la solution.

Dans le silence de la loi, deux combinaisons tout à fait différentes ont été proposées pour régler cet exercice. Nous les exposerons en quelques mots avant d'en entreprendre l'étude approfondie.

L'usufruit du conjoint, d'après un premier système, doit être prélevé avant toute autre opération sur la part qui revient au collatéral et sur celle qui est attribuée à l'ascendant, Quant au droit de jouissance de ce dernier, il se trouve réduit au tiers de la portion qui reste au collatéral en pleine propriété après le prélèvement de l'usufruit du conjoint.

Dans le second système, au contraire, l'ascendant ne souffre aucunement de la présence du conjoint. On l'autorise, en effet, à prendre l'usufruit du tiers de la part dévolue aux collatéraux, abstraction faite de celui que l'article 767 attribue à l'époux survivant. On répartit ensuite également entre les deux lignes la charge du droit de jouissance accordé au conjoint.

Nous allons exposer avec les arguments qui les appuient chacune de ces combinaisons, et nous dirons, chemin faisant, celle qui fait l'objet de nos préférences.

D'après le *premier système*, l'opération à laquelle il y a lieu de se livrer tout d'abord, lorsqu'on liquide la succession du *de cujus*, c'est de prélever par parties égales sur la part de l'ascendant et sur celle du collatéral, ce qui est nécessaire pour remplir le conjoint survivant de l'usufruit que la loi lui accorde. C'est seulement lorsque ce prélèvement aura été effectué, que l'ascendant pourra se réclamer de l'article 754 du Code civil, et son droit de jouissance d'un tiers ne sera calculé que sur les biens, qui se trouvent encore en pleine propriété entre les mains des collatéraux.

A première vue, il semble qu'en employant cette combinaison, on fait supporter également, par chaque groupe d'héritiers, l'usufruit de l'époux survivant, mais si l'on en considère les conséquences, on s'aperçoit bientôt que la participation de l'ascendant dans l'acquittement de ce droit de jouissance, est beaucoup plus importante que celle du collatéral, puisqu'il y contribue non seulement pour la part héréditaire qu'il obtient en toute propriété, mais aussi pour la part d'usufruit qu'il recueille. C'est d'ailleurs ce qui a valu à cette théorie le nom de « Système proportionnel ».

Un exemple va éclairer cet exposé peut-être un peu obscur. Selon une méthode aujourd'hui devenue classique en cette matière, nous diviserons la succession en douzièmes, et nous supposerons, qu'outre le conjoint, il y a pour la recueillir, un ascendant et un collatéral en présence. Sur les six douzièmes (6/12e) que chacun d'eux recueille dans la masse héréditaire, on prélèvera d'abord trois douzièmes (3/12e) en usufruit pour composer la part de l'époux survivant, et l'on retiendra ensuite, pour en attribuer la jouissance à l'ascendant privilégié, le tiers des trois douzièmes (3/12e) en propriété dont le collatéral se trouve encore nanti.

L'usufruit de l'ascendant sera donc d'un douzième. Ce droit eût été double, c'est-à-dire de deux douzièmes, si seuls les héritiers eussent été en présence, car c'est alors sur six douzièmes que l'on eût calculé le droit de jouissance du tiers, que l'article 754 accorde à l'ascendant; mais les auteurs de cette théorie ont voulu que celui qui recueille dans la succession une part plus forte que celle du collatéral, supportât en retour dans le payement de l'usufruit du conjoint une contribution plus élevée.

De nombreuses raisons ont été données pour appuyer ce système. Voici de quelle manière elles sont le plus souvent présentées. Le législateur de 1891 n'ayant pas déterminé sur qui devait peser le droit de jouissance qu'il accorde à l'époux qui survit, il faut résoudre le conflit en recourant aux principes. Cet usufruit légal doit être considéré comme une charge de la succession, et non pas de tels ou tels héritiers ; or, dit M. Lamache (1), l'un des défenseurs de cette combinaison, « il est de principe que toute charge qui grève une succession, pèse sur tous ceux qui la recueillent proportionnellement à leur part héréditaire ; la part assignée par le Code à l'ascendant, étant plus forte que celle qui est dévolue au collatéral, l'ascendant doit contribuer au payement du nouvel usufruit, non seulement pour la même part que celui-ci, mais encore à raison de l'excédent qui lui est attribué ». Il est logique, dit-on, de raisonner et d'agir ainsi, car si l'on suit l'autre système, l'ascendant et le collatéral seront grevés également par le droit de jouissance du conjoint, bien qu'ils reçoivent dans la succession des parts inégales.

Si l'usufruit que l'article 754 du Code civil accorde à l'ascendant lui était conféré à titre de réserve, il ne pourrait être question de le restreindre, même pour composer celui de l'époux survivant, mais il n'a pas ce caractère. Cela est si certain, que personne ne songerait à contester une disposition testamentaire par laquelle le *de cujus* en enlèverait le bénéfice à son père ou à sa mère. Par conséquent, dit M. Defrenois (2), « cet usufruit doit supporter proportionnellement celui du conjoint, de même que la moitié afférente en toute propriété au père ou à la mère, supporte par moitié l'usufruit du conjoint ».

La loi du 9 mars 1891, n'ayant abrogé expressément

_____

(1) *Revue du Notariat et de l'Enregistrement.* Année 1891, n° 8555.

(2) Defrenois, *Répertoire du Notariat* du 30 juillet 1891, n° 8, p. 53.

aucune disposition du Code civil, doit être combinée avec
les différents articles qui le composent, notamment avec
les articles 753 et 754, qui règlent les droits respectifs du
père ou de la mère survivant et des collatéraux ordinaires
appelés à la même succession.

Voici, d'après les partisans de ce système, la combinaison qu'il y a lieu d'adopter :

La charge que la loi de 1891 est venue imposer aux
héritiers au profit du conjoint doit diminuer l'émolument
que l'ascendant et les collatéraux devaient recueillir, mais
on ne peut modifier la proportion, que les articles 753
et 754 du Code civil ont établie entre les droits de l'ascendant et ceux des collatéraux, si une disposition expresse
de cette loi n'a pas permis d'y déroger. Or, c'est en vain
que l'on chercherait dans le nouvel article 767, une autorisation de cette nature ; il est logique d'en conclure, que
la proportion établie, par les articles 753 et 754 entre les
droits de ces deux groupes d'héritiers, doit être nécessairement maintenue, sous peine de violer les règles du Code
civil ; il faut donc chercher, pour concilier ces deux textes
avec les dispositions de la loi de 1891, une combinaison
qui permette de respecter cette proportion et on ne peut
la trouver qu'en adoptant le système proportionnel.

Qu'arriverait-il, en effet, s'il n'était pas de conjoint survivant ? La succession — si nous la divisons encore en
douzièmes — serait attribuée pour la moitié à l'ascendant, qui
recueillerait de plus deux douzièmes (2/12e) en usufruit
prélevés sur la part attribuée au collatéral. Il aurait donc,
en définitive, six douzièmes (6/12e) en pleine propriété
et deux douzièmes (2/12e) en usufruit, tandis que son
copartageant obtiendrait quatre douzièmes (4/12e) en propriété et deux autres en nue-propriété. Tout système dans

lequel on ne retrouve pas en présence du conjoint la proportion sus-énoncée, est certainement en désaccord avec les règles du Code civil; et ce qui montre précisément l'excellence de la théorie proportionnelle, c'est que l'on aboutit, en l'adoptant, à des conclusions identiques à celles que nous avons signalées. Au moyen de cette combinaison, l'ascendant obtient, en effet, en présence de l'époux survivant, trois douzièmes (3 12ᵉ) en pleine propriété, trois douzièmes (3/12ᵉ) en nue propriété et un douzième (1/12ᵉ) en usufruit; autrement dit, quatre douzièmes (4/12ᵉ) en pleine propriété et deux douzièmes (2/12ᵉ) en nue propriété. Le collatéral conservant trois douzièmes (3 12ᵉ) en pleine propriété et trois douzièmes (3/12ᵉ) en nue propriété, moins toutefois un douzième (1/12ᵉ) en usufruit, c'est-à-dire deux douzièmes (2/12ᵉ) en propriété et quatre douzièmes (4/12ᵉ) en nue propriété, la proportion reste la même que dans le cas où l'ascendant et le collatéral étaient seuls en présence, puisque celui-ci a toujours deux douzièmes (2/12ᵉ) en usufruit de moins que l'ascendant. L'autre système, au contraire, viole cette proportion.

Ce n'est pas, dit-on, le seul grief que l'on puisse lui faire; on peut aussi lui reprocher de donner à l'ascendant, en lui permettant de prélever son usufruit avant celui du conjoint, un droit de préférence injustifié, puisqu'il n'est rien dans l'article 767 qui permette d'agir de cette manière.

Qu'arriverait-il, d'ailleurs, si la loi de 1891 n'existant pas, c'était par suite de la volonté expresse du *de cujus* exprimée par donation ou par testament, que le conjoint devait recueillir le bénéfice de son droit de jouissance? Ne tiendrait-on pas compte de cette disposition pour appliquer l'article 754 ? Ne prélèverait-on pas tout d'abord l'usufruit de l'époux survivant avant celui de l'ascendant ? Cela ne peut faire de doute. Mais s'il en est ainsi, pourquoi n'agirait-on pas de la même manière, quand le droit du conjoint dérive de la volonté du législateur plutôt que de celle du défunt ? Il n'est aucune raison d'adopter une autre méthode.

Ce qui doit encore, dit-on, déterminer à agir de cette façon, c'est que la loi de 1891 est venue abroger, sinon expressément du moins tacitement, les dispositions antérieures qui pouvaient être inconciliables avec elles. Il y a donc lieu de conclure que l'article 754 n'est plus entièrement en vigueur, depuis qu'une règle législative nouvelle est venue accorder au conjoint des droits d'usufruit qui ne peuvent se concilier, du moins en totalité, avec ceux qu'accordent les dispositions de son texte (1).

Il est vrai que le législateur a déclaré dans les travaux préparatoires qui ont précédé le vote de la loi de 1891, « que les collatéraux non privilégiés étant les plus éloignés dans l'ordre de la parenté, il paraissait légitime de laisser simultanément à leur charge l'usufruit de l'époux et celui du père ou de la mère », mais il n'a pas songé à donner à son opinion la sanction d'un texte législatif, et c'est à la lumière des principes juridiques qu'il faut combler la lacune laissée par les auteurs de la loi nouvelle.

La conclusion de ces recherches, c'est l'adoption du système qui vient d'être proposé (2).

______

(1) Zeglicki, *Revue critique de législation et de jurisprudence.* Année 1892, p. 179.

(2) En ce sens : Lamache, *Revue du Notariat et de l'Enregistre-*

Malgré l'autorité des défenseurs de cette théorie, nous lui en préférerons une autre, que nous croyons plus conforme à la pensée du législateur.

D'après le système que nous adoptons, l'ascendant prend tout d'abord sur la part héréditaire qui revient au collatéral ordinaire, comme s'il concourait seul avec lui, l'usufruit du tiers des biens que celui-ci n'a pas recueillis en propriété. Si donc l'on divise la succession en douzièmes, il prélèvera sur la moitié (6/12) qui est attribuée au collatéral, un droit de jouissance du tiers, c'est-à-dire de 2/12e. Le conjoint venant ensuite, prendra à son tour pour se remplir de l'usufruit de moitié que lui donne la loi nouvelle, 3/12e à l'ascendant et 3/12e au collatéral. La part de ce dernier se composera donc en définitive d'un douzième en pleine propriété et de 5/12e en nue propriété, tandis que celle de l'ascendant comprendra 3/12e en pleine propriété, une égale fraction en nue propriété et 2/12e en usufruit. Le droit de jouissance du conjoint survivant est donc supporté également et non plus proportionnellement à la part qu'ils recueillent dans la succession, par le collatéral et l'ascendant, et l'usufruit de ce dernier s'exerce intégralement à côté de celui du conjoint.

Notre opinion s'appuie tout d'abord et surtout sur les travaux préparatoires de la loi de 1891. Il résulte clairement, en effet, de la déclaration faite par M. Piou, dans la séance du 20 mars 1886 à la Chambre des députés, que le système sus-exposé est tout à fait conforme à la pensée

ment. Année 1891, n° 8555 ; Zeglicki, *Revue critique de législation et de jurisprudence.* Année 1892 ; Huc, *Commentaire théorique et pratique du Code civil,* t. V ; Defrenois, *Répertoire général du Notariat,* 1891.

du législateur (1). « Appelé à choisir entre l'époux, l'as
cendant et les collatéraux non privilégiés, disait le
rapporteur, nous avons pensé que ces derniers étant les
plus éloignés dans l'ordre de la parenté et probablement
aussi de l'affection étaient aussi les moins dignes de
faveur. La pleine propriété immédiate d'une quote-part,
la nue propriété du surplus ne donnent-elles pas satisfaction à leur qualité de parents collatéraux ? » et terminant
par ces paroles qui ne peuvent laisser aucun doute sur
sa pensée, l'auteur du rapport ajoutait : « Dans le système
que nous proposons, l'usufruit de l'époux et celui des
ascendants s'exerceraient en concours sur la moitié que
l'article 753 attribue aux collatéraux non privilégiés ».
Lorsque le projet remanié par la Chambre fit retour au
Sénat, non seulement M. Delsol, le rapporteur, admit au
nom de la commission chargée de l'examiner, les modifications qui y avaient été apportées, mais il en tira
même les conséquences en s'exprimant en ces termes (2) :
« Les collatéraux non privilégiés étant les plus éloignés
dans l'ordre de la parenté et probablement de l'affection,
il paraît légitime de laisser simultanément à leur charge
l'usufruit de l'époux et celui du père ou de la mère. De la
sorte, le conjoint jouira de la moitié et le père ou la
mère du tiers (au total 5/6ᵉ) des biens dévolus aux collatéraux ; et par contre, ceux-ci recueilleront les 5/6ᵉ de ces
biens en nue propriété et 1/6ᵉ en pleine propriété. Cette
double attribution est de nature à donner satisfaction à
leur qualité de parents collatéraux, concourant à la fois

(1) *Journ. Off.* du 9 novembre 1886. Annexe à la séance du
20 mars 1886, p. 1292.

(2) *Journ. Off.* du 11 février 1891. Annexe à la séance du 11 novembre 1890, nº 7, p. 10.

avec le père ou la mère et l'époux survivant. Tel est le système voté par la Chambre, votre commission vous propose de l'accepter. »

A la suite de ces déclarations, la loi fut votée tant par le Sénat que par la Chambre, sans qu'aucune protestation ne s'élevât contre le système que les rapporteurs avaient proposé. Il est donc logique de conclure que c'est cette combinaison que le législateur a entendu consacrer.

C'est cette conclusion que viennent contester les partisans de la théorie adverse. Le législateur ne s'est pas, nous disent-ils, expliqué sur le point de savoir comment se répartirait la charge de l'usufruit conjugal dans les rapports de l'ascendant privilégié avec les collatéraux. Il n'a pas reproduit la proposition de M. Piou, aux termes de laquelle « l'usufruit du conjoint et celui des ascendants s'exerceraient en concours sur la moitié que l'article 753 attribue aux collatéraux privilégiés » ; il n'y a donc pas lieu de tirer des termes de ces rapports des conclusions aussi importantes.

Il est très vrai que le texte de l'article 767 n'a pas reproduit expressément les termes employés par MM. Piou et Delsol, mais le législateur n'a-t-il pas exprimé sa pensée d'une manière assez évidente, en votant par deux fois successives et sans protestations les conclusions de leurs rapports ? Et qu'on ne vienne pas nous dire que ces dispositions ont passé inaperçues au cours de la discussion, qu'elles n'ont pas été remarquées ?

La Chambre des députés en eut certainement connaissance, puisque la commission d'examen les soumettait à son approbation comme des changements apportés à la proposition admise par le Sénat. Quant à celui-ci, il eût été trop heureux de ne pas admettre les modifications que l'autre Assemblée avait apportées au projet qu'il avait voté, pour ne pas examiner chacune d'elles avec soin, dans le but de les repousser s'il ne les jugeait pas entièrement justifiées.

Ces déclarations des deux rapporteurs de la loi, quelque formelles qu'elles puissent être, ne sauraient, dit-on, tenir lieu d'une disposition législative. Mais pourquoi méconnaître en cette hypothèse, l'autorité des travaux préparatoires à laquelle on attache si souvent une grande importance. Se présente-t-il une difficulté sur l'interprétation d'un texte du Code, on se reporte aussitôt aux travaux préparatoires ; on recherche ce qu'a pensé, ou Malleville ou Tronchet, et dès que leur opinion est connue d'une façon certaine, l'interprétation du point litigieux devient souvent définitive. Mais si cette méthode est employée et paraît bonne, lorsqu'il s'agit de rechercher quelle a été dans des textes anciens la pensée du législateur, pourquoi ne pas l'utiliser lorsqu'il s'agit de lois récentes ? N'est-ce pas d'ailleurs, ce que l'on a fait, il y a peu de temps encore, lorsqu'il s'agissait de découvrir quelles personnes la loi du 25 mars 1896 avait entendu assimiler aux héritiers légitimes par cette expression « les héritiers naturels ». On s'en est rapporté aux travaux préparatoires et en se basant sur les explications données par le rapporteur de la loi au Sénat, M. Dauphin, on enseigne généralement qu'elle ne comprend pas les père et mère naturels, ni les frères et sœurs naturels.

Et qu'est-il donc de si étonnant dans le système qu'ont admis les auteurs de la loi de 1891 ? N'est-il pas logique de diminuer la part héréditaire attribuée à des cousins éloignés, plutôt que d'enlever au père ou à la mère du *de cujus* une partie de la fortune que son cœur leur destinait ? Quel est l'homme qui sacrifierait à un collatéral éloigné et parfois inconnu, les droits si légitimes d'un proche parent envers qui l'on a contracté le plus souvent une dette importante de reconnaissance? Le législateur a compris ces raisons, et quoi que l'on puisse dire, il y a tout lieu de croire que c'est sciemment, en toute connaissance de cause, gagné par les justes motifs exposés par les rapporteurs, qu'il a consacré « le système du cumul » et qu'il a imposé au collatéral la charge du double usufruit.

Les travaux préparatoires n'ont cependant une autorité suffisante pour imposer leurs conclusions, que si celles-ci ne sont pas en contradiction avec les principes généraux du droit et avec les textes mêmes des lois en vigueur. « C'est pourquoi, dit M. Mesnard (1), si comme on le dit dans l'autre système, il est nécessaire pour suivre la théorie du cumul, d'attribuer un caractère de réserve successorale à l'usufruit que l'article 754 donne à l'ascendant privilégié, les déductions des deux rapporteurs sont évidemment erronées, puisque personne n'a jamais songé à prétendre que cet usufruit fît partie de la réserve. » Mais nous ne voyons aucune raison de donner ce caractère au droit de l'ascendant et nous ne pensons pas que la théorie que nous soutenons nécessite cette conclusion.

Quel rapport, en effet, peut-il y avoir entre le système du cumul et la réserve? Quelle corrélation existe-t-il entre ces deux idées?

À vrai dire, nous n'en voyons aucune et nous ne comprenons pas pourquoi il faudra de toute nécessité, en adoptant la combinaison que nous proposons, admettre que le

____

(1) Mesnard, *Lois Nouvelles*. Année 1891, p. 508.

tiers en usufruit accordé à l'ascendant, constitue à son profit une réserve, alors qu'il n'en serait pas de même dans l'autre système, qui ne diffère cependant du nôtre que par l'ordre suivant lequel sont calculés les droits des deux usufruitiers.

Certains partisans de la première théorie nous font alors à ce sujet une nouvelle objection. Si vous convenez, nous disent-ils, que le droit de jouissance de l'ascendant ne lui est pas conféré à titre de réserve, vous devez admettre, pour être logiques, que « cet usufruit doit supporter proportionnellement l'usufruit du conjoint, de même que la moitié afférente en toute propriété au père ou à la mère, supporte pour moitié l'usufruit du conjoint (1) » ; en un mot, vous devez accorder, que ce droit de jouissance doit être mis à la charge de chaque héritier proportionnellement à sa part héréditaire.

Pour que nous admettions ces conséquences, il nous faudrait convenir tout d'abord, que l'usufruit accordé à l'époux survivant par la loi de 1891, est une charge héréditaire. Nos adversaires l'affirment, mais ils ne le prouvent pas ; car sur quoi, en effet, basent-ils leur affirmation ? Uniquement sur ce fait, que la loi n'ayant pas indiqué expressément quels sont ceux qui doivent supporter ce droit de jouissance, il constitue une charge de la succession et non de certains héritiers. Mais c'est là précisément ce que nous n'admettons pas, et nous avons eu occasion de montrer que les travaux préparatoires nous sont sur ce point tout à fait favorables. « Les collatéraux privilégiés, disait en effet M. Delsol, étant les plus éloignés dans

(1) Defrenois, *Répertoire général du Notariat*. Législation commentée. t. III, p. 53.

l'ordre de la parenté et probablement de l'affection, il paraît légitime de laisser simultanément à leur charge l'usufruit de l'époux et celui du père ou de la mère. »

Les déductions qu'ils tirent de leur prémisse seraient rigoureuses, et le principe de la contribution proportionnelle de chaque héritier devrait être évidemment observé, s'il était ici question de droits personnels, si le droit du conjoint avait le caractère d'un droit de créance, mais le principe relatif au mode de répartition des charges héréditaires est absolument étranger à la matière des droits réels, et par conséquent à l'usufruit de l'époux survivant, qui est un droit absolument de même nature que celui que l'article 754 accorde à l'ascendant privilégié. En matière du droits réels, les principes sont tout autres : « Il ne s'agit pas de savoir, dit en effet M. Josserand, à qui nous empruntons cet argument (1), si le droit pèsera sur l'usufruit de l'article 754 ou sur la nue propriété qui en est la contre-partie ; mais si, étant donné un bien dont la propriété se trouve démembrée entre un usufruitier et un nu propriétaire, ce bien doit être considéré au point de vue des charges qu'entraîne la transmission de l'hérédité, comme figurant dans le patrimoine de celui qui en a la jouissance, ou comme appartenant à un nu propriétaire, et la question ainsi posée n'est pas susceptible d'être sérieusement controversée ; c'est au nu propriétaire qu'appartient la chose et son droit absolu n'est que temporairement entamé par la jouissance de l'usufruitier ; c'est donc lui qui doit supporter les charges correspondant à cette chose, bien que son droit actuel — un simple droit de nue propriété — ne soit pas susceptible d'être grevé lui-même

____

(1) Josserand, *Des Successions entre époux*. Lyon, 1892.

de l'usufruit du conjoint ». Cet argument nous semble irréfutable; nous ne voyons pas ce que pourraient y répondre les adversaires de notre système.

On reproche encore à notre théorie, de violer les dispositions du Code civil en détruisant la proportion que les articles 753 et 754 ont établie entre les droits de l'ascendant privilégié et ceux des collatéraux ordinaires.

Il est très vrai que lorsque ces deux classes d'héritiers sont seules en concours, ce serait violer la loi que de modifier la proportion qu'elle a elle-même établie; mais lorsqu'ils sont en présence d'un conjoint survivant, cette proportion n'est plus la même, car la loi de 1891 ayant été incorporée dans le Code, le législateur a témoigné ainsi son désir de voir le nouvel article 767 se concilier au besoin avec les autres dispositions qui y sont contenues.

Le reproche que l'on fait à notre théorie est donc loin d'être justifié; nous pourrions même le retourner contre l'autre système, car il n'en est aucun qui concilie mieux que le nôtre, les articles 754 et 767. En adoptant la combinaison que nous avons repoussée, on donne, en effet, au conjoint survivant un droit de préférence injustifié. Et quelle raison allègue-t-on pour préférer cet époux à l'ascendant? On n'en peut donner d'autre que celle-ci : à savoir que la loi de 1891 étant venue remanier récemment l'article 767 du Code civil, l'ancien article 754 doit céder le pas à cette disposition nouvelle. On ne préfère, en un mot, le conjoint à l'ascendant que parce que l'article 767 a été promulgué postérieurement à l'article 754.

Le motif allégué serait peut-être valable, si la loi de 1891 constituait une œuvre particulière restée en dehors de la codification générale, mais nous venons de voir qu'il n'en est pas ainsi; la loi relative au conjoint survivant étant

une loi incorporée, l'article 767, depuis comme avant sa
revision, conserve uniquement son rang au milieu des
autres articles du Code, et doit, comme par le passé, se
combiner avec eux sans que cette transformation l'ait rendu
plus important qu'il n'était autrefois. On aboutirait souvent à des conséquences bien bizarres, si l'on posait en
principe — comme semblent le faire les défenseurs de
l'autre système — que tout article du Code, modifié par le
législateur, acquiert par ce seul fait un droit de préférence
sur tous les autres textes avec lesquels il est susceptible
de se concilier.

Une disposition législative aurait une autorité d'autant
plus grande qu'elle serait plus récente, sauf à se voir
ravir cette prééminence, par suite de la retouche d'un
article voisin.

On ne peut évidemment admettre un semblable principe.
L'article 767 n'a aujourd'hui ni plus, ni moins d'autorité
qu'il avait jadis; l'article 754 a la même force que lui, et
la date de leur promulgation ne saurait avoir d'influence
à ce sujet.

Il y a donc dans le Code deux articles qui confèrent l'un
et l'autre un droit de jouissance à deux personnes différentes. Le législateur ayant laissé subsister ces deux dispositions, et n'ayant pas fixé l'ordre dans lequel ces deux
droits doivent s'exercer lorsqu'ils se trouvent en concours,
on est en droit de conclure que l'un et l'autre doivent être
intégralement respectés. C'est pourquoi nous avons admis
cette combinaison, qui seule, croyons-nous, peut con-
duire à ce résultat.

En agissant de cette manière, nous ne donnons pas à
l'ascendant — comme on l'a prétendu à tort — un droit
de préférence injustifié, nous ne faisons que lui recon-

naitre les droits que la loi ordonne de lui attribuer. Les restreindre serait violer la loi, puisque ces droits ne sont nullement inconciliables avec ceux que le nouvel article 767 accorde au conjoint survivant.

Il est enfin une dernière objection que l'on fait d'ordinaire à notre système. Si, au lieu d'une loi assurant au conjoint le bénéfice de son usufruit, c'était par l'effet d'une donation entre vifs ou testamentaire faite par le *de cujus*, que l'époux survivant obtenait cet avantage, il est certain, disent les adversaires de notre théorie, que — la réserve de l'ascendant étant assurée — le droit de jouissance attribué au conjoint serait calculé avant celui que l'article 754 accorde à l'ascendant ; or, peu importe que cet usufruit dérive de la loi ou de la volonté du défunt, les règles, dans les deux cas, doivent être analogues.

Ce raisonnement est inexact, car les deux situations sont tout à fait différentes.

Le *de cujus* peut, en effet, à la condition de ne pas entamer la part des réservataires, disposer à son gré des biens qui composent son patrimoine, et l'expression de sa volonté fait loi à cet égard. Dans notre espèce, au contraire, il s'agit d'une loi qui est venue assurer au conjoint survivant, comme déjà l'avait précédemment obtenu l'ascendant privilégié (art. 754), un certain droit de jouissance. Ces deux usufruits sont légaux, il n'est donc plus de raisons d'agir de la même manière que si l'un d'eux n'avait pour cause que la volonté expresse du *de cujus*.

Ces différentes objections ne sauraient donc ébranler notre système. Nous en avons fait connaître les avantages et nous n'avons plus qu'un mot à ajouter sur ce point. Entre autres qualités, il a encore le mérite d'être entièrement conforme à l'esprit de la loi de 1891, dont la constante préoccupation est d'assurer en toute circonstance le maintien et le respect des droits des ascendants, en sacrifiant au besoin ceux des collatéraux.

Nous aurons occasion de le prouver quand nous étudierons les dispositions de cette loi relatives à la réserve.

Notre théorie est, enfin, la plus conforme à l'équité et à l'ordre des affections, car lorsqu'un collatéral éloigné est appelé par hasard à recueillir une succession, il n'est rien d'anormal ni de choquant à ce que le père ou la mère du *de cujus* recueille en sa présence une part plus importante de l'hérédité ; on ne peut même douter que ce fût la volonté du défunt lui-même (1).

Nous avons ainsi terminé l'exposé de notre système et la réfutation des objections qu'on lui oppose.

Il nous reste maintenant à rechercher quelle est sur ce point l'opinion de la jurisprudence.

Le tribunal de Montpellier est le seul qui ait eu jusqu'à présent à se prononcer sur la question. Ce fut le 19 mai 1894, dans l'hypothèse suivante (2) : un homme était mort, en laissant pour lui succéder outre sa veuve, d'une part, son père, et dans la ligne maternelle, deux tantes, mais après avoir, par un testament fait en minorité, légué à son père tout ce dont la loi lui permettait de disposer. Comment fallait-il répartir la succession du défunt ? Quels étaient en propriété, en nue propriété et en usufruit, les droits du

----

(1) En ce sens : Bouvier-Bangillon, *Revue générale de droit, de législation et de jurisprudence*, 1892, p. 152 ; Dalloz, *Supplément au Répertoire* ; Mesnard, *Lois nouvelles*, 1891, p. 505 ; Baudry et Walh, *Des Successions*, t. III ; *Revue du Notariat et de l'Enregistrement*, 1891, p. 304.

(2) Lamache, *Revue du Notariat et de l'Enregistrement*, n° 9330, p. 199.

père se trouvant tout à la fois réservataire et légataire uni
versel ? Quels étaient ceux des deux tantes ? Enfin quels
étaient les droits de la veuve en présence de ces deux
classes d'héritiers et des dispositions faites par le défunt ?

La question était délicate et soulevait plusieurs difficultés ; nous ne parlerons que de celles qui résultaient de
la loi de 1891, mais nous devons toutefois signaler, car
nous aurons besoin dans un instant de cette indication,
que le tribunal de Montpellier a d'abord décidé, conformément à l'opinion de la jurisprudence, que l'ascendant
avait droit à titre de légataire à la moitié de l'ensemble
des biens du testateur, et non pas seulement à la moitié
de la quotité disponible ; il obtenait de plus un quart de la
succession à titre de réservataire.

C'étaient donc les 3/4 ou les 36/48 de l'hérédité qui lui
étaient assurés. Sur les 12/48 qui revenaient aux collatéraux
maternels, le tribunal décida qu'il y avait lieu de prélever
l'usufruit de l'ascendant privilégié et celui du conjoint.
C'étaient là, en effet, les seuls biens disponibles, puisque
ce droit de jouissance ne peut porter, comme nous aurons
bientôt occasion de le voir, ni sur les biens légués à
l'ascendant avec clause de préciput, ni sur ceux qui composent la réserve. Mais comment doit-on faire en ce cas,
pour régler ce concours : la part héréditaire grevée n'est
que de 12/48 et le total des deux usufruits s'élève à 16/48 ;
l'ascendant, en effet, a droit au tiers de 12/48, c'est-à-dire
à 4/48, et le droit de jouissance du conjoint est de 12/48 ?
Le tribunal de Montpellier a décidé que ces deux usufruits
devaient subir une réduction proportionnelle aussi longtemps qu'ils coexisteraient ; l'ascendant obtint 3/48 et le
conjoint en reçut neuf.

La jurisprudence s'est donc, dans cette hypothèse,

prononcée en faveur du système que nous avons choisi. Elle met à la charge des collatéraux le double usufruit de l'ascendant et du conjoint.

Nous nous bornons à le faire remarquer, sans en vouloir tirer un argument en faveur de notre théorie, car cette solution est restée unique, les tribunaux n'ayant pas eu depuis lors l'occasion de se prononcer sur la question.

CHAPITRE III

FORMATION DE LA MASSE SUR LAQUELLE SE CALCULE ET S'EXERCE LE DROIT D'USUFRUIT DU CONJOINT

Nous venons de voir que le droit du conjoint survivant consistait dans l'usufruit, tantôt d'un quart, tantôt de la moitié de la succession ; mais quel est exactement le montant de cette succession ? Quels biens composent la masse sur laquelle il y a lieu de calculer la quotité de ce droit de jouissance ? Comprend-elle, outre les biens existants, c'est-à-dire outre les biens dont le *de cujus* était propriétaire au moment de son décès, ceux dont il a disposé de son vivant en faveur de ses héritiers par donation ou par legs, et qui sont soumis à l'obligation du rapport ? Comprend-elle ceux dont il a disposés en faveur d'étrangers, mais qui ont été ramenés à la succession parce que la réserve était entamée ? Faut-il y comprendre les biens soumis au droit de retour ? Enfin le conjoint peut-il exiger le rapport à la masse, des libéralités faites aux autres héritiers et à l'inverse est-il tenu lui-même envers eux des dons et legs qu'il a pu recevoir de son époux ?

Ce sont là autant de questions dont il nous faut maintenant rechercher la solution.

Toutefois avant d'en commencer l'étude, nous devons faire remarquer que l'usufruit du conjoint survivant *ne s'exerce pas* sur tous les biens compris dans la masse sur laquelle *on en calcule* le montant. Nous verrons bientôt combien sont importantes les conséquences de cette distinction.

La masse sur laquelle se calcule la quotité de l'usufruit attribué au conjoint comprend d'abord :

I. Tous les biens que le défunt possède au moment de son décès *(biens existants)*, soit qu'ils lui appartiennent à titre de propres, soit qu'il les ait recueillis par l'effet du régime matrimonial adopté. Cela est évident et il n'est besoin d'aucun commentaire à ce sujet.

II. Quant aux biens qui sont sortis du patrimoine du *de cujus*, il y a lieu de distinguer :

1° Ceux qui ont été donnés ou légués à des étrangers.

2° Ceux qui ont été l'objet de libéralités faites aux successibles.

3° Et ceux enfin dont l'époux prédécédé a nanti son conjoint par acte entre vifs ou testamentaire.

A. — Biens que le « de cujus » a donnés ou légués à des étrangers.

Les biens que le *de cujus* a donnés ou légués à des étrangers doivent être considérés comme sortis définitivement de son patrimoine, et ne sauraient être compris dans la masse sur laquelle doit se calculer l'usufruit du conjoint survivant. Ce mot *étrangers* ne comprend pas seulement les personnes qui ne font point partie de la famille du *de cujus ;* il a ici un sens beaucoup plus général, et sert aussi à désigner les parents qui ne viennent pas à la succession en qualité d'héritiers, soit parce qu'ils n'ont aucun droit héréditaire, soit parce qu'ils y ont renoncé.

Lors donc que le prédécédé a disposé au profit d'un non-successible d'une partie de ses biens, la quotité de l'usufruit attribué à l'époux qui survit ne doit être calculée que sur les biens restants dans la succession. C'est ainsi par exemple, que si une personne meurt en laissant un enfant né de son mariage avec son conjoint, mais après avoir fait à son frère une libéralité par acte entre vifs ou testamentaire, les biens ainsi donnés ou légués ne devront pas être comptés dans la masse sur laquelle sera calculé l'usufruit du survivant, car par suite de l'existence de l'enfant du défunt, le frère n'est pas un successible, mais un étranger. C'est ce qu'a décidé le 23 novembre 1893, le tribunal civil de Montpellier (1).

B. — Libéralités faites par le « de cujus » à ses successibles.

Ces libéralités doivent-elles être comprises dans la masse sur laquelle on calcule l'usufruit du conjoint. Sont-elles, en un mot, soumises à l'obligation du rapport?

Il est d'abord hors de doute que les biens donnés ou légués par le *de cujus* à ses successibles avec clause de préciput ne sont pas rapportables.

Ces biens, comme ceux qui ont été l'objet des donations faites à des étrangers, sont définitivement sortis de la succession à l'égard du conjoint survivant.

Pour qu'il pût les y faire rentrer, il lui faudrait avoir

(1) Trib. civ. de Montpellier, 23 novembre 1893. D. 94. 2.105.

la qualité de réservataire ; or, nous verrons bientôt que la
loi la lui refuse. La solution admise sur ce point par le
législateur était donc commandée par les principes. Mais
il n'en était pas de même et la question présentait plus de
difficultés, relativement aux biens dont le *de cujus* avait
disposé au profit de ses successibles par acte entre vifs
ou testamentaire, mais sans dispense de rapport; aussi,
n'y a-t-il pas lieu de s'étonner que plusieurs combinaisons aient été successivement proposées et discutées
avant l'adoption du système que consacre la loi de 1891.

D'après le projet adopté par le Sénat en 1877, la masse
sur laquelle l'usufruit du conjoint devait être calculé *et
exercé*, se composait uniquement des biens existants dans
la succession du *de cujus*, c'est-à-dire de ceux dont il
n'avait disposés, ni par acte entre vifs, ni par acte testamentaire, soit au profit d'étrangers, soit au profit de ses
successibles, sans distinguer d'ailleurs dans ce dernier
cas, s'ils avaient été ou non donnés avec dispense de rapport.

Voici d'ailleurs en quels termes cette idée était exprimée
dans la rédaction du projet (1) « Parg. 6 : L'époux survivant n'a droit que sur les biens dont le prédécédé n'aura
disposé, ni par acte entre vifs, ni par acte testamentaire,
et sans préjudice des droits des héritiers auxquels une
quotité de biens est réservée et des droits de retour déterminés par la loi... » Ainsi en supposant qu'un père de
famille, riche de 150.000 francs, ait laissé en mourant une
veuve et deux enfants, s'il a donné à ceux-ci 100.000 fr.
en avancement d'hoirie, l'usufruit de son épouse, qui
est, en ce cas, d'un quart de la succession, ne pouvant

(1) Séance du 9 mars 1877, *Journ. Off.* du 10 mars.

être calculé et exercé que sur les biens libres, c'est-à-dire sur 50.000 francs, n'aurait été que de 12.000 francs.

Pour justifier ce système, on prétendait qu'il était naturel de supposer, que si le *de cujus* avait, de son vivant, disposé au profit de certaines personnes d'une partie de sa fortune, c'est qu'il avait entendu soustraire à leur profit à l'usufruit du conjoint, les biens qui avaient été l'objet de ces dispositions. Les faire rentrer dans la succession pour les comprendre dans la masse sur laquelle devait être calculé l'usufruit de son époux survivant, serait aller, disait-on, contre la volonté du *de cujus*, puisqu'il avait nettement manifesté, en faisant ces libéralités, qu'il entendait en réserver le montant à ses donataires ou légataires.

Ce système méritait plusieurs critiques. Il avait d'abord le grave défaut, de ne pas distinguer les biens qui doivent entrer dans la masse sur laquelle se calcule la quotité de l'usufruit attribué au conjoint, de ceux sur lesquels cet usufruit s'exerce ; or, nous verrons bientôt que c'est là une distinction essentielle.

La raison alléguée pour exclure de la masse les biens dont le *de cujus* avait disposé de son vivant, était d'ailleurs évidemment mauvaise. Il n'est guère raisonnable en effet de supposer que l'époux prédécédé ait eu pour but, chaque fois qu'il faisait une libéralité nouvelle, de restreindre d'autant l'usufruit de son conjoint. Son intention ne saurait être le plus souvent interprétée de cette manière. On doit plutôt présumer qu'il n'a fait à son héritier qu'un avancement d'hoirie, qu'il n'a voulu lui assurer que pour un temps le bénéfice de la donation.

Un autre reproche que l'on peut faire à ce système, c'est de restreindre au point de les rendre souvent illusoires, les droits de l'époux survivant, et d'avoir même parfois pour résultat de lui enlever totalement le bénéfice de son usufruit. Une personne jouissant d'une belle situation éprouve, après avoir doté largement ses enfants, des revers de fortune qui la privent tout à coup de tout son avoir ; si l'on adopte ce système, le droit de jouissance de son conjoint est anéanti, et cependant il est certain qu'elle ne l'en a pas privé intentionnellement.

Cette combinaison peut aussi aboutir à de criantes injustices. Supposons, en effet, que le père de famille n'a doté que quelques-uns de ses enfants, et qu'il ne laisse à son décès que la part des non-dotés ; si le conjoint ne peut exercer son usufruit que sur cette dernière portion de la fortune, cela amènera entre les descendants du *de cujus* une inégalité choquante.

Il n'y a donc pas lieu de nous étonner que lorsqu'en 1889 le projet fut renvoyé à la Chambre des députés, la Commission, chargée de l'examiner, ne lui ménagea pas les critiques sur ce point. « Le système proposé par le Sénat et qui procède de cette pensée que l'époux survivant ne peut, comme successeur irrégulier, exiger de rapport, le rapport n'étant dû que de cohéritier à cohéritier, aurait d'abord pour effet dans une foule de cas, disait M. Piou (1), le rapporteur, de réduire à néant les droits de l'époux. » Il suffisait pour cela, en effet, que le défunt eût fait des libéralités entre vifs ou testamentaires assez étendues pour épuiser les biens composant son patrimoine. Le but de la loi, qui est de relever la condition du conjoint et d'assurer sa situation pour l'avenir, pouvait

______

(1) *Journ. Off.* du 16 octobre 1890. Annexe à la séance du 27 janvier 1890, n° 305, p. 153.

donc ne pas être atteint. Cette manière de procéder était encore en opposition avec le titre héréditaire que notre Code civil reconnaît à l'époux survivant. Sans doute, c'est un successeur irrégulier, mais ce n'en est pas moins un cohéritier dans le sens de l'article 843 du Code civil, c'est-à-dire un successeur *ab intestat*. A ce titre, il a les mêmes droits et les mêmes obligations que les autres. Comme tout autre, il doit le rapport, mais en retour le rapport lui est dû. Il faut, en un mot, lui appliquer tous les principes ordinaires qui régissent la matière des successions. « Personne ne conteste plus aujourd'hui, disait M. Piou, que l'enfant naturel en concours avec des héritiers légitimes, n'ait le droit d'exiger le rapport ; or, l'enfant naturel est un successeur irrégulier comme le conjoint survivant. Personne ne conteste davantage que les règles ordinaires du rapport, telles qu'elles sont écrites dans les articles 843 et suivants, ne s'appliquent à la succession recueillie par des enfants naturels qui sont cependant des successeurs irréguliers. Pourquoi les choses ne se passeraient-elles pas entre le conjoint survivant et les héritiers légitimes comme elles se passent entre ces derniers et les enfants naturels, ou entre les enfants naturels entre eux (1) ».

En conséquence, la Commission, par la voix de son rapporteur, proposait à la Chambre des députés l'adoption d'un système dont le point de départ était tout opposé de celui du Sénat. D'après cette combinaison qui constituait un simple retour au droit commun, la masse, sur laquelle l'usufruit du conjoint devait être calculé et exercé,

___

(1) Ce raisonnement qui était excellent à l'époque où il fut écrit ne pourrait plus être tenu aujourd'hui, depuis que la loi du 25 mars 1896 est venue donner aux enfants naturels le titre d'héritiers.

comprenait, outre les biens existant au jour du décès, tous ceux qui avaient été donnés ou légués à un ou plusieurs successibles sans dispense de rapport. Seules en étaient exclues les libéralités préciputaires et celles que le prédécédé avait faites au profit d'étrangers. La succession était donc rétablie dans l'état où elle eût été, si le défunt n'avait fait aucune donation par avancement d'hoirie. La Chambre des députés admit les conclusions de ce rapport et les consacra par son vote dans la séance du 22 mars 1890.

Ce système était beaucoup plus favorable au conjoint que celui du Sénat. Il est facile de s'en convaincre en reprenant l'exemple que nous citions plus haut : nous voyons, en effet, que si la fortune du *de cujus* était de 150.000 francs et qu'il meurt après avoir disposé de 100.000 francs au profit de ses deux enfants, sans toutefois les avoir dispensés du rapport, la veuve survivante pourra exiger que l'on ajoute aux 50.000 francs disponibles, pour calculer la quotité de son droit de jouissance, les 100.000 francs que les donataires ont reçus en avancement d'hoirie et qu'ils seront tenus de rapporter réellement dans la masse.

Elle obtiendra donc l'usufruit de 37.500 francs et non plus seulement celui de 12.500 francs.

Ce système avait le grand avantage de fixer les droits du conjoint, suivant les mêmes principes et de la même manière que tous les autres droits successoraux, mais il fut néanmoins vivement combattu au Sénat. S'il était juste, disait-on, d'assurer pour l'avenir la situation de l'époux survivant, il ne fallait pas que ce fût au trop grand préjudice des héritiers du *de cujus*, surtout de ses enfants.

Les libéralités que le *de cujus* leur a faites sont le plus souvent des constitutions de dot. Si on oblige ces donataires à rapporter en tout ou en partie les biens qui leur avaient été attribués et sur lesquels ils comptaient pour élever leur famille et équilibrer leur budget domestique, non seulement on leur fait éprouver une perte sensible, mais on les met pour l'avenir aux prises avec des difficultés sans nombre. Il n'est pas logique, d'ailleurs, que la mort d'une personne soit pour son conjoint une cause d'enrichissement, alors qu'elle diminue les ressources des autres héritiers.

Admettre ce système, c'était aussi apporter un grand obstacle à la circulation des biens, car l'application du rapport eût entraîné la révocation de toutes les servitudes, de toutes les hypothèques, de tous les droits réels en un mot, nés du chef des donataires sur les biens rapportés. C'était frapper d'une indisponibilité partielle une grande quantité de biens. C'était enfin nuire à la solidité des conventions matrimoniales et par suite au mariage lui-même.

Ces considérations amenèrent la commission du Sénat, à proposer une combinaison mixte destinée à donner satisfaction aux partisans des deux systèmes opposés, qui reçut l'approbation de l'une et l'autre assemblées.

Comme dans le projet voté par la Chambre, les biens que le *de cujus* a donnés ou légués à ses successibles sans clause de préciput, doivent être réunis aux biens existants, pour composer la masse sur laquelle sera calculé l'usufruit du conjoint. Toutefois ce rapport n'est que fictif. Les biens ainsi ramenés servent à fixer la quotité du droit de l'époux survivant, et à en *calculer* le maximum possible, mais ils ne peuvent être affectés à son exercice. Le rapport ne profite donc au conjoint qu'autant que les biens existants dans la succession suffisent à eux seuls pour supporter la charge de l'usufruit ainsi étendu.

Voici d'ailleurs en quels termes M. Delsol (1), le rapporteur de la Commission d'examen, présentait au Sénat ce système dû à l'initiative de M. Lacombe : « Votre Commission croit devoir vous proposer une solution intermédiaire ou plutôt mixte qui emprunte au projet de la Chambre cette idée, que les biens donnés ou légués par le *de cujus* à un ou plusieurs de ses successibles sans la clause du préciput, doivent entrer en compte pour le calcul de l'usufruit du conjoint survivant, et au projet du Sénat, cette autre idée que cet usufruit ne pourra, en fait, s'exercer que sur les biens existants dans la succession. En d'autres termes, l'usufruit doit, d'après elle, être calculé comme dans le projet de la Chambre et appliqué comme dans celui du Sénat.

« De la combinaison de ces deux idées, il résulte que, à l'égard des époux, le rapport ne sera que fictif puisque cet époux ne prendra point part aux biens rapportés.

« Ceux-ci seront exclusivement partagés entre les divers autres successibles. Mais, par une juste réciprocité, ces successibles ne pourront pas exercer leurs droits sur les biens existants dans la succession, tant que l'époux n'aura pas prélevé son droit d'usufruit.

« Si ces biens sont suffisants pour couvrir le montant de l'usufruit, le résultat sera le même que si le projet de la Chambre avait prévalu. S'ils ne suffisent pas, l'époux

(1) Annexe à la séance du 11 novembre 1890, n° 7. *Journ. Off.* du 11 février 1891, p. 10.

survivant supportera le déficit, puisqu'il ne peut pas exercer son droit sur les biens rapportés, ainsi que le Sénat l'avait déjà décidé. »

Un exemple fera ressortir les conséquences qui résultent de l'application de ces principes : le *de cujus* meurt en laissant au moment de son décès 30.000 francs de biens disponibles. De son vivant, il avait disposé en faveur de ses enfants, mais sans toutefois les dispenser du rapport, d'une somme de 120.000 francs. La masse sur laquelle on calculera l'usufruit du quart que la loi donne au conjoint, sera donc de 150.000 francs, et par suite son droit de jouissance sera, en principe, de 37.500 francs ; toutefois, comme il ne peut l'exercer sur les biens rapportés, il ne portera en réalité que sur les 30.000 francs laissés par le défunt au moment de sa mort.

Ce serait toutefois une erreur de croire que le rapport lui a été inutile ; il a servi, en effet, à élever la quotité de son droit, car d'après le projet primitif du Sénat, son usufruit n'eût été que du quart de la valeur des biens laissés par le *de cujus*, c'est-à-dire de 7.500 francs. Celui de la Chambre des députés, au contraire, lui assurait la jouissance des 37.500 francs qui constituaient le maximum possible de son droit.

Tel est le système consacré par la loi de 1891. Comme l'a fait remarquer M. Delsol, le rapport fictif n'est pas une innovation en matière successorale. L'article 922 du Code civil prescrit, en effet, ce mode de procéder dans le cas où il s'agit de former la masse sur laquelle doivent se calculer la quotité disponible et la réserve. Il existe cependant entre les deux hypothèses une différence importante. Quand il s'agit de composer la masse sur laquelle doit être calculé l'usufruit de l'époux, le rapport fictif ne comprend, en effet, que les biens donnés à des successibles sans dispense de rapport. Dans le cas de l'article 922, au contraire, on réunit aux biens existants tous ceux dont le *de cujus* a disposés, sans aucune exception, même ceux qu'il a donnés ou légués à des étrangers ou à l'un ou l'autre de ses successibles avec clause de préciput.

Le législateur a-t-il eu raison d'adopter pour ces deux cas de rapport des règles différentes? C'est là une question sur la solution de laquelle les jurisconsultes sont loin d'être d'accord.

Juridiquement parlant, nous croyons que dans le cas de l'article 767, il eût été préférable de soumettre au rapport fictif, sans en excepter aucune, toutes les libéralités faites par le *de cujus*.

Puisque le conjoint vient à la succession dans les mêmes conditions qu'un successible ordinaire, il n'était aucune raison de ne pas lui appliquer le droit commun. On nous objectera, peut-être, que d'après un principe certain, les biens donnés à des étrangers et ceux qui ont été l'objet de donations préciputaires faites à des successibles doivent être considérés comme définitivement sortis du patrimoine du *de cujus*, et ne peuvent en conséquence faire partie de la masse héréditaire au regard de quiconque n'est pas héritier réservataire. Le conjoint, dira-t-on, n'a pas cette qualité, donc il n'y a pas lieu de comprendre ces biens dans la masse sur laquelle on calculera son usufruit, et il faut louer le législateur d'avoir fait la distinction entre le cas de l'article 767 et celui de l'article 922.

Il est très vrai — nous aurons bientôt occasion de le voir — que le conjoint survivant n'est pas un héritier réservataire, aussi l'objection que l'on fait à notre système serait irréfutable s'il s'agissait d'un rapport réel. Mais le rapport que prévoit la loi de 1891 est un rapport fictif. Ce n'est qu'un procédé de calcul imposé par le législateur et qui ne peut en aucune façon nuire aux bénéficiaires des libéralités faites par le *de cujus*. Il n'était donc, au point de vue juridique, aucune raison de distinguer entre les deux hypothèses. Est-ce que dans le cas de l'article 922, l'obligation du rapport ne porte pas sur les biens donnés à des successibles avec clause de préciput ou attribués à des étrangers, aussi bien que sur tous autres? Est-ce que ce droit d'exiger ce rapport n'est pas un droit réciproque, que peuvent exercer, non seulement les héritiers du défunt pour se faire remplir de leur réserve, mais aussi les étrangers simples donataires ou légataires du *de cujus*, pour faire fixer à leur profit la quotité disponible? Pourquoi donc n'a-t-on pas adopté les mêmes règles dans le cas de l'article 767? Il n'y avait aucune impossibilité à le faire, et cette méthode eût été plus conforme aux principes.

Il est cependant heureux, pratiquement, que le législateur ait dérogé aux règles ordinaires, relativement aux donations préciputaires et aux libéralités faites aux étrangers. Le système proposé par la Chambre des députés était plus juridique, sans doute, mais il serait devenu facilement excessif.

Obliger les enfants du *de cujus* à rapporter effectivement dans sa succession les biens qu'ils en avaient reçus, longtemps auparavant peut-être, et sur lesquels ils croyaient pouvoir compter, était une mesure grave de nature à jeter le trouble dans un grand nombre de fortunes, et dont il fallait craindre les conséquences. L'excès contraire était de même à éviter, et comme le disait en substance M. Delsol (1), « il n'était pas possible de calculer l'usufruit du conjoint d'une manière tellement étroite et mesquine qu'il se fût réduit à rien, en présence d'une succession qui aurait été importante par les biens donnés, sinon par les biens existants ».

C'est pourquoi nous approuvons le législateur de ne pas avoir dépassé le système du rapport fictif, qui semble mieux que tout autre concilier les intérêts des parties.

Mais à quel moment faut-il se placer pour apprécier la valeur des biens que les cohéritiers sont tenus de rapporter ?

Le législateur ne le dit pas expressément mais il n'est pas impossible de découvrir sa pensée sur ce point. Nous venons de voir, que lorsque M. Delsol présentait au Sénat le système imaginé par M. Lacombe pour la composition de la masse, il faisait remarquer que ce rapport fictif n'était pas une innovation en matière successorale, mais qu'il avait été emprunté à l'article 922 du Code civil. Il est logique de supposer que c'est aussi à la lumière de ce texte qu'il y a lieu d'examiner et de résoudre la question qui nous occupe. Les biens soumis au rapport devraient donc être estimés « d'après leur état à l'époque des donations et leur valeur au temps du décès du donateur ».

On ferait abstraction des améliorations que le donataire y aurait apportées, et on estimerait ces biens au moment du décès, en tenant compte de ce qu'ils valaient lors de la donation.

Si l'on s'en réfère aux termes du rapport, on est même en droit de conclure que cette règle doit être générale, s'appliquant sans distinction aux meubles et aux im-

(1) Séance du 18 novembre 1890. *Journ. Off.* du 19, p. 1035.

meubles. « Nous nous sommes absolument conformés, disait en effet le rapporteur, aux règles et aux procédés indiqués par le Code lui-même, pour le calcul de la quotité disponible et de la réserve »; or, une de ces règles est celle d'après laquelle c'est au moment du décès qu'il faut se placer pour apprécier la valeur des biens donnés, sans qu'il y ait lieu de distinguer entre les meubles et les immeubles.

Nous savons donc que le droit de jouissance de l'époux qui survit, doit être calculé sur une masse composée de tous les biens existants au décès du *de cujus* auxquels seront réunis fictivement ceux dont il aurait disposés, soit par acte entre vifs, soit par acte testamentaire, au profit de ses successibles et sans dispense de rapport; *mais devra-t-on aussi comprendre dans la masse sur laquelle ce calcul s'effectue, les biens soumis au droit de retour de l'ascendant donateur?* — Il faut bien remarquer qu'il s'agit encore ici du calcul et non de l'exercice de l'usufruit.

La solution de cette question est différente selon que l'on admet ou non, que la succession ordinaire et la succession anomale — droit de retour de l'ascendant — constituent deux successions absolument distinctes, qui n'ont entre elles aucun lien, ni aucun point de contact.

Il y a donc naturellement deux opinions en présence.

Les auteurs qui considèrent le droit de retour de l'ascendant donateur comme une succession tout à fait spéciale, ne comprennent pas les biens qui y sont soumis, dans la masse sur laquelle l'usufruit du conjoint doit être calculé. Ils les considèrent comme étant vis-à-vis de cet époux, en dehors de la succession, et ils ne tiennent pas compte de leur valeur pour déterminer le *quantum* de son droit de jouissance.

Cette opinion s'appuie tout d'abord sur un argument d'analogie.

On admet généralement aujourd'hui, tant en doctrine qu'en jurisprudence, que les biens donnés par l'ascendant ne doivent pas être compris dans la masse servant à déterminer la réserve ; il est logique, dit-on (1), d'appliquer le même principe lorsqu'il s'agit de composer la masse sur laquelle on doit calculer l'usufruit du conjoint. Les biens soumis au droit de retour forment, en effet, une succession distincte sur laquelle, ni les héritiers du sang, ni l'époux survivant n'ont rien à prétendre. Or, l'idée du législateur est de faire peser le droit de jouissance de ce conjoint sur une quote-part de l'hérédité réellement disponible ; pour connaître le montant de cette portion disponible, il faut donc déduire de l'actif laissé par le défunt les biens qui composent la succession anomale, sinon le conjoint bénéficierait de leur présence dans la masse héréditaire, puisqu'ils serviraient à augmenter le *quantum* de son droit, alors qu'ils ne pourraient en être l'objet. Ce serait là un résultat contraire à l'équité, car on diminuerait ainsi d'une façon trop sensible les droits des successibles, et il pourrait même arriver qu'il ne restât rien en jouissance aux héritiers ordinaires ; c'est ce qui se produirait, par exemple, lorsque les biens donnés par l'ascendant atteindraient la moitié de la succession.

Si l'on suppose, en effet, que la donation faite par l'ascendant au *de cujus* était de 30.000 francs et que celui-ci

(1) En ce sens : Huc, *Commentaire théorique et pratique du Code civil*, t. V ; Mesnard, *Lois nouvelles*, 1891.

est mort sans enfants, en laissant une succession de 60.000 francs, les 30.000 francs donnés faisant retour au donateur, si l'on compte dans la masse, sur laquelle se calcule le droit d'usufruit du conjoint, la somme soumise au droit de retour, il ne restera aux héritiers que de la nue propriété, puisqu'en cette hypothèse, le droit de jouissance de l'époux survivant est de 30.000 francs.

Ce sont là, dit-on, des conséquences inacceptables et elles suffisent pour faire décider que les biens qui composent la succession anomale ne doivent pas être réunis aux autres biens du défunt pour calculer le *quantum* de l'usufruit attribué à l'époux survivant (1).

Ces raisons, malgré leur valeur, ne nous ont pas paru décisives. et au système qui vient d'être exposé, nous préférons celui qui réunit à la masse les libéralités sur lesquelles l'ascendant donateur peut faire valoir son droit de retour.

Il est plus conforme, en effet, au texte et à l'esprit de la loi de 1891.

Au texte tout d'abord, car l'article 767 nous dit expressément que « le calcul sera opéré sur une masse faite de tous les biens existant au décès du *de cujus* ». Les expressions, dont le législateur s'est servi, sont absolument générales, et on ne peut en distraire, sans méconnaître sa pensée, les biens sujets au droit de retour, pourvu toutefois qu'ils se retrouvent en nature dans la succession du donataire, ou qu'il existe, s'ils ont été aliénés, des actions en reprise au moyen desquelles on peut les y faire rentrer.

(1) Huc, *Commentaire théorique et pratique du Code civil*, t. V, nº 131 ; Mesnard, *Lois nouvelles*, 1891, p. 510 ; Félix Bonnet, *Journal du Notariat*, 1891, p. 721.

Cette explication permet de comprendre la portée des mots « sans préjudicier aux droits de réserve, ni aux droits de retour » qui figurent dans le texte du paragraphe suivant. Ils signifient simplement que, si les biens sujets au droit de retour, doivent entrer dans la masse sur laquelle on calcule l'usufruit du conjoint, ce droit de jouissance ne pourra porter atteinte aux droits de réserve, ni s'exercer sur les biens qui sont l'objet du droit de retour. Ainsi sera respecté le principe — que nous aurons l'occasion d'exposer un peu plus loin — d'après lequel l'usufruit de l'époux ne peut faire échec au droit de réserve, et la règle aujourd'hui admise tant en doctrine qu'en jurisprudence, qui considère le droit de retour légal comme une succession particulière, distincte de la succession ordinaire.

Le reproche que l'on fait à notre système de ne pas respecter cette distinction tombe donc à faux ; nous admettons que ces deux successions sont distinctes, mais ce dont nous ne pouvons convenir, c'est qu'elles n'ont entre elles aucun point de contact et que chacune d'elles doit être liquidée selon des règles différentes. C'est un des avantages de notre théorie de ne point tomber dans cette exagération, car ce qui prouve péremptoirement que cette dualité n'est pas absolue, c'est que les biens qui composent la succession anomale doivent contribuer pour leur part et portion au payement des dettes héréditaires.

Notre système a encore le mérite d'être en conformité avec l'idée qui a présidé à la confection de la loi de 1891. Quelle était, en effet, l'intention du législateur lorsqu'il votait le nouvel article 767 ? Assurer au conjoint le maintien de la situation dont il jouissait avant la mort du *de cujus :* n'est-il pas logique, en conséquence, de calculer son usufruit en comprenant dans la masse les biens soumis au droit de retour? Du vivant de son époux, il en jouissait avec lui, ce serait donc l'obliger à restreindre son genre de vie que de fixer, sans en tenir compte, la quotité de son droit de jouissance.

Il est vrai que ce mode de calcul pourra parfois priver les héritiers du *de cujus* de toute jouissance immédiate des biens héréditaires et ne leur laisser que des droits de nue propriété, mais les hypothèses de ce genre seront très rares et ne se pourront présenter, que dans le cas où le défunt ne laisse ni descendants, ni ascendants. Quelque regrettable, d'ailleurs, que puisse parfois paraître ce résultat, il n'en faut pas moins appliquer la loi, puisque sur ce point la pensée du législateur paraît certaine.

Mais pourquoi, nous objectent encore les adversaires de notre système, ne pas appliquer en cette hypothèse, par analogie aux principes admis en matière de réserve, la règle suivant laquelle on exclut de la masse qui sert à la calculer, les biens soumis au droit de retour? Cette objection serait sérieuse, si le législateur n'avait dans cette même question de la composition de la masse sur laquelle se calcule l'usufruit du conjoint, dérogé formellement au sujet du rapport aux règles qu'il consacre en matière de réserve. Peut-on raisonnablement supposer qu'il a voulu appliquer deux principes différents dans le cours de la même question? Nous ne nions pas qu'il existe sur certains points entre ces deux matières, une analogie voulue par le législateur, mais elle n'est pas de nature à infirmer en ce cas le texte et l'esprit de la loi auxquels il convient de s'en tenir.

La jurisprudence a d'ailleurs consacré récemment l'opinion que nous avons adoptée. Le 20 juillet 1895, la Cour de Nancy a décidé (1), en effet, « que tous les biens existant au décès du prémourant des époux, y compris les biens qui lui avaient été donnés par un ascendant et qui sont soumis au droit de retour, doivent être confondus dans une seule masse sur laquelle est calculé le montant du droit d'usufruit qui appartient au conjoint survivant ».

C — Libéralités faites par le prémourant au conjoint survivant lui-même. Imputation de ces libéralités.

Le conjoint survivant est tenu d'imputer sur sa part d'usufruit toutes les libéralités qu'il a reçues du *de cujus*. C'est l'article 767 qui édicte cette obligation, et il le fait dans les termes suivants. « Il (le conjoint) cessera d'exercer son droit dans le cas où il aurait reçu du défunt des libéralités, même faites par préciput et hors part, dont le montant atteindrait celui des droits que la présente loi lui attribue, et, si ce montant était inférieur, il ne pourrait réclamer que le complément de son usufruit. »

Pure application du droit commun, qui soumet au rapport tout successible qui se présente à la succession du disposant, cette obligation est, du reste, tout à fait rationnelle. Si l'on permettait au conjoint d'exiger le rapport fictif des dons et legs que le défunt avait faits à ses héritiers, il fallait, pour être logique et pour maintenir entre eux et l'époux survivant l'égalité nécessaire, obliger ce dernier à imputer sur la part qui lui était destinée, les avantages qu'il avait reçus du prémourant par acte entre vifs ou testamentaire. La raison est la même pour exiger

(1) 20 juillet 1895, Arrêt Paroche c. Paroche. Sirey, 95. 2.293.

l'imputation et le rapport ; cette raison, c'est **la volonté**
présumée du défunt.

Il est, en effet, de principe dans notre droit, que **toute**
libéralité faite à un successible, est présumée faite **en**
avancement d'hoirie (1) ; le conjoint n'est pas **héritier**,
c'est vrai, mais on ne peut lui refuser ce titre de **succes-**
sible, puisque la loi l'appelle à recueillir l'usufruit d'une
partie de l'hérédité ; il était donc logique de le soumettre à
la nécessité de l'imputation.

Ce n'est pas cependant sans discussion, ni du premier
coup que l'on est arrivé sur ce point à la rédaction
actuelle de l'article 767. Le premier projet voté **par le**
Sénat en 1877 s'était montré en cette matière d'une
extrême rigueur pour le conjoint survivant. Il le dépouil-
lait, en effet, de tout droit successoral, si le *de cujus* lui
avait fait pendant le cours de sa vie quelque libéralité par
contrat de mariage, donation ou testament.

Cette disposition sévère n'était pas l'œuvre de M. Delsol.
Elle était le résultat d'un amendement présenté lors de
la discussion du projet par M. le sénateur Bernard, et
dont la rédaction modifiée sur la demande de M. Bour-
beau, président de la commission, fut enfin conçue en ces
termes : « Les dispositions qui précèdent, en ce qui
concerne l'usufruit, cesseront de recevoir leur application
toutes les fois que les droits du conjoint auront été réglés
soit par contrat de mariage, soit par donation entre
époux, soit par testament » (2).

(1) La loi du 24 mars 1898 est venue modifier ce principe, en ce
qui concerne les libéralités testamentaires. En vertu de cette loi, les
legs faits à un héritier sont désormais réputés faits par préciput et
hors part, à moins que le testateur n'ait exprimé une volonté
contraire.

(2) Séance du 9 mars 1877, *Journ. Off.* du 10 mars, p. 1812.

Pour expliquer et défendre la modification qu'il apportait au projet, M. Bernard prétendait que le législateur
n'avait plus à intervenir chaque fois que le prémourant
avait fait à son époux, pendant le cours de sa vie, quelque
libéralité par acte entre vifs ou testamentaire, car il avait
ainsi indiqué la limite des droits qu'il voulait voir prendre
à son conjoint dans sa succession. « La loi, ajoutait-il,
n'est que la conséquence d'une présomption de volonté
attribuée au prédécédé et devant une volonté exprimée, il
n'y a plus place à la présomption. » Donner au survivant quelque chose de plus que ce que le *de cujus* lui a
attribué, serait outrepasser la volonté de ce dernier et
lui substituer celle du législateur.

Le rapporteur fit remarquer qu'un semblable amendement était inutile et dangereux.

Inutile, puisqu'il ne faisait que reproduire une pensée
qu'exprimaient déjà plusieurs dispositions du projet.
D'une part, en effet, le conjoint n'étant pas réservataire, n'a droit que sur les biens dont le prédécédé
n'aura disposé, ni par acte vifs, ni par acte testamentaire; d'autre part, le cumul, que semblait craindre
M. Bernard, entre les avantages reçus par le survivant et
sa part dans la succession, ne pouvait se produire, puisque
les libéralités à lui faites sont imputables sur son droit
d'usufruit.

Cette disposition additionnelle était de plus *dangereuse*.
« Si, en effet, disait le rapporteur [1], le seul fait qu'il y a
eu, de la part du défunt, une donation ou un legs fait à
l'époux survivant, est un obstacle à l'exercice d'un droit
d'usufruit à son profit, cela constitue une véritable injus-

____

[1] Même séance.

tice et on arrive ainsi à méconnaître la volonté du disposant, car de ce que ce dernier a fait au survivant, une donation ou un legs peut-être insignifiant, sans disposer, d'ailleurs, des autres parties de la succession, cela n'implique pas nécessairement de sa part l'intention de réduire la quotité d'usufruit accordé par la loi à l'époux survivant. Ces libéralités que le *de cujus* a faites à son conjoint peuvent d'ailleurs remonter à une époque où la fortune était modeste ; depuis lors cette fortune a pu augmenter considérablement. Ce serait aller contre la pensée du défunt que de vouloir faire résulter du seul fait de cette donation ou de ce legs l'intention de réduire à presque rien l'usufruit du conjoint. » ·

Ce langage si raisonnable n'eut cependant pas le bonheur de convaincre le Sénat, car l'amendement Bernard fut adopté.

La Chambre des députés ne commit pas la même erreur, et lorsque le projet lui eut été transmis, elle en retrancha sans hésiter cette disposition déraisonnable. C'est dans le travail de M. Jacques Piou, rapporteur de la commission d'examen, que nous trouvons exposés les motifs de ce rejet. Ce sont, tout d'abord, ceux que M. Delsol alléguait au Sénat, mais il en complétait l'exposé en ces termes (1) : « Bien des années ont pu s'écouler depuis la confection de ces actes — contrat de mariage, donation, testament. — L'époux s'est peut-être créé des titres nouveaux à l'affection de son conjoint. Qui ne comprend d'ailleurs qu'il suffit d'attacher une semblable déchéance à un contrat de mariage pour la provoquer

____

(1) Annexe à la séance du 20 mars 1886, n° 565. *Journ. Off.* du 9 novembre 1886, p. 1292.

presque fatalement ? Une libéralité insignifiante destinée à
régler par avance les droits des époux, deviendra une
clause de style dans des actes où les familles apportent
souvent, avec des préoccupations exclusives, le désir de
protéger leurs enfants contre eux-mêmes ».

D'ailleurs, ce fait que le *de cujus* a voulu, de son
vivant, avantager son conjoint, n'est-il pas de sa part une
preuve évidente d'affection, et s'il en est ainsi, peut-on
croire qu'il n'a fait cette donation à son époux que dans le
but de restreindre les droits que la loi lui accorde ? Évidemment non !

Le Sénat le comprit, et lorsque le projet ainsi modifié
lui fit retour, M. Delsol, après avoir approuvé la Chambre
des députés d'avoir supprimé le paragraphe résultant de
l'amendement Bernard, obtint facilement que cette suppression fût définitivement consacrée.

La loi de 1891 interdit donc à l'époux survivant de
cumuler avec les avantages qu'il a reçus du *de cujus*,
le droit d'usufruit qu'elle lui accorde.

En elle-même, cette nécessité de l'imputation est une
bonne chose et il est certain que le législateur a fait
œuvre d'équité en y soumettant le conjoint. C'était —
nous l'avons du reste déjà fait remarquer — la conséquence
rigoureuse de l'obligation du rapport imposée aux héritiers et de la qualité de successible reconnue au conjoint.
Mais pour être tout à fait équitables, il fallait cependant
que les prescriptions de cette règle fussent comprises
dans certaines limites que les auteurs de la loi ont malheureusement dépassées.

S'il était juste, en effet, d'obliger l'époux survivant à
imputer sur sa part héréditaire les dons et legs, que le
de cujus lui avait faits sans dispense de rapport, il n'était

pas légitime de le soumettre à la même obligation, relativement aux libéralités préciputaires, que le défunt lui
avait attribuées.

Cette disposition a cependant trouvé des défenseurs.

Le seul but de la loi de 1891 a été, dit-on, d'assurer
pour l'avenir la situation de l'époux survivant, en lui
donnant des moyens d'existence en rapport avec sa situation sociale; mais elle n'a pas eu pour objet et ne doit
point avoir pour effet de l'enrichir aux dépens des héritiers
du prédécédé. Il faut donc, mais il suffit, qu'après le décès
du *de cujus*, son conjoint puisse vivre honorablement.

Ce but est atteint et la loi n'a plus à intervenir lorsqu'il a recueilli d'une manière quelconque, les ressources
qui lui sont nécessaires. Ce serait dépasser les limites
assignées par les auteurs de ce paragraphe 8, que de lui
assurer quelque chose de plus, que de lui permettre de
cumuler avec les avantages qu'il a reçus du défunt, même
s'ils lui ont été attribués par préciput et hors part, l'usufruit légal que lui accorde la loi.

Ces explications ne sauraient excuser le législateur
d'avoir inséré dans son texte une disposition aussi injuste,
aussi contraire au droit commun, et à tous les principes
de notre droit successoral.

Cette prescription tout d'abord est injuste. Pourquoi
méconnaître, en effet, la volonté formelle du *de cujus* et
rendre inutile sa dispense d'imputation? En attribuant à
son conjoint un objet héréditaire avec clause de préciput,
n'a-t-il pas exprimé assez clairement son intention de lui
donner en plus de la part que la loi lui assure, la valeur
de cette donation? La volonté du défunt étant certaine,
elle devait s'exécuter dans les limites de la quotité dispo-

nible, et il faut blâmer le législateur de n'en avoir pas tenu compte.

Que serait-il arrivé si une donation de ce genre au lieu d'être faite au conjoint avait été attribuée à un héritier? On eût décidé sans hésiter, que les biens ainsi donnés ne devaient pas être imputés sur sa part héréditaire. C'est, en effet, une règle de droit commun qu'un successible peut toujours garder, avec son droit de succession, les dons par préciput que lui a faits le défunt? Mais le conjoint n'est-il pas un successible comme un autre. Évidemment oui. En le soumettant cependant à cette imputation rigoureuse, on le place dans une situation beaucoup plus défavorable que les autres successibles. Tandis que ceux-ci ne lui devront aucun compte des libéralités préciputaires qui leur auront été faites; le conjoint, au contraire, sera tenu d'imputer les donations de même nature qui lui auront été attribuées. Pourquoi le leur sacrifier? Rien ne justifie cette grave dérogation que le système légal apporte au droit commun.

Ce paragraphe 8 de l'article 767 est enfin en contradiction évidente avec les principes les mieux établis de notre droit civil, et spécialement de notre droit successoral.

En dérogeant au droit commun, il viole d'abord — nous venons de le voir à l'instant — les principes exposés relativement au rapport et à l'imputation, dans les articles 843 et 844 du Code civil.

En refusant de tenir compte de la volonté expresse du *de cujus*, il dénie volontairement un des principes les plus importants de notre droit successoral, celui d'après lequel il faut suivre la volonté présumée du défunt.

En annulant enfin la clause de préciput que le prémourant avait consenti en faveur de son conjoint, il repousse, sans en tenir compte, les articles 1094 et 1098 qui règlent la quotité disponible entre époux. Il est certain, cependant, que les dispositions de ces deux textes n'ont été abrogées, ni expressément, ni tacitement, par la loi de 1891, car ce qui prouve bien que le législateur voulait les laisser en vigueur, c'est qu'il les invoquait au cours des travaux préparatoires, pour fixer le montant de l'usufruit du conjoint, lorsqu'il se trouvait en présence d'enfants nés d'un précédent mariage ; or, on n'invoque pas des articles qu'on a l'intention d'abroger. Pourquoi donc, si ces deux textes sont encore en vigueur, ne pas permettre au *de cujus* d'avantager son époux dans les limites de la quotité disponible qu'ils fixent ?

Ne pas respecter sa volonté quand les actes qu'il accomplit sont formellement autorisés par des textes du Code, c'est mettre en contradiction deux dispositions légales.

C'est donc un système fàcheux que celui qu'a admis le législateur. Les quelques remarques que nous venons de faire suffisent à le prouver ; mais avant de clore cette critique, nous citerons cependant un passage du travail de M. Lamache qui nous semble donner la note exacte sur ce point (1). « La disposition dont il s'agit (imputation des libéralités préciputaires) serait rationnelle dans un système législatif qui se préoccuperait seulement d'assurer au conjoint des moyens d'existence, comme dans l'ancienne quarte du conjoint pauvre, mais la loi de 1891 n'a pas ce caractère ; elle a voulu, comblant une lacune du Code, donner à l'époux survivant un rang héréditaire

____

(1) Lamache, *Revue du Notariat et de l'Enregistrement.* Année 1891, nᵒ 8555, p. 743.

conforme à la place qu'il occupait dans l'affection du *de cujus*, sans toutefois faire sortir les biens de la famille de celui-ci ; c'est pour cela qu'elle attribue le même droit à l'époux riche qu'à l'époux indigent : or, cette idée qui est aussi la base de la dévolution des successions au profit des autres héritiers, n'est pas un obstacle à ce que l'époux cumule ses droits de succession *ab intestat* avec ceux de donataire ou de légataire, lorsque le défunt a autorisé ce cumul par une disposition formelle. La nullité des clauses préciputaires ne se comprend que lorsqu'il s'agit de protéger les droits d'un réservataire ; elle n'a pas de raison d'être quand elle ne peut servir qu'à favoriser des héritiers dépourvus de cette qualité. »

Quoi qu'il en soit, la loi est formelle, et l'époux survivant doit imputer sur sa part héréditaire toutes les libéralités que le *de cujus* lui a faites de son vivant, sans aucune exception.

Pour se soustraire à cette obligation, le conjoint a le droit de renoncer à son usufruit légal pour s'en tenir au don ou au legs qui lui a été fait. Il le conservera, en ce cas, conformément à l'article 843, dans les limites de la quotité disponible. S'il use de ce moyen et renonce à la succession, la libéralité qui lui a été faite ne sera même pas réduite, si sa valeur dépasse celle de sa part héréditaire, pourvu toutefois qu'elle n'excède pas la quotité disponible que les articles 1094 et 1098 assignent aux donations entre époux. La loi de 1891 n'ayant pas — comme nous l'avons vu — modifié ces deux textes, on en peut conclure que c'est dans les limites qu'ils fixent, que le *de cujus* peut avantager son conjoint.

Mais le prémourant ne peut-il pas remédier à l'imper-

fection de la loi en dispensant son époux par une déclara
tion expresse de la nécessité de l'imputation?

A première vue, il semble qu'il y a lieu d'adopter sans
hésitation l'affirmative. Le *de cujus*, étant le maître de
son patrimoine, peut, à la condition de respecter les droits
des réservataires, disposer comme il l'entend des biens
qui composent sa quotité disponible; c'est l'application
toute simple de l'article 919 du Code civil.

Mais ce qui peut faire douter un instant de l'exactitude
de cette solution, c'est que la clause de préciput dont la
loi refuse de tenir compte au survivant, constitue déjà par
elle-même une dispense formelle d'imputation.

Il nous semble pourtant difficile à admettre que lorsque
le prédécédé, connaissant la prescription de la loi qui
oblige son conjoint à imputer sans exception sur sa part
héréditaire toutes les libéralités qu'il lui a faites, l'a dispensé expressément de satisfaire à cette obligation,
celui-ci soit néanmoins tenu de s'y soumettre. Ce serait
sacrifier d'une façon trop vexatoire les droits que toute
personne doit avoir sur son patrimoine.

Cette disposition de la loi de 1891 n'a d'ailleurs rien
d'essentiel. Ni de loin, ni de près, elle ne touche à l'ordre
public; il n'est donc aucun obstacle à ce qu'on puisse y
déroger par un acte formel de volonté. La règle que
consacre le paragraphe 8 de l'article 767 est exceptionnelle,
il faut donc l'interpréter restrictivement.

Comme le fait, du reste, remarquer un auteur (1),
serait-il rationnel que le conjoint, qui peut recevoir comme
donataire toute la quotité disponible, ne pût la conserver,
en partie comme donataire, et en partie comme héritier,
lorsque telle est la volonté formelle du *de cujus*?

____

(1) Dalloz, *Supplément au répertoire*, t. XVII, p. 56.

Le disposant peut donc, selon nous, dispenser à son
gré son époux donataire de l'imputation que la loi lui
impose; mais nous croyons, au contraire, qu'il ne faut
pas appliquer ici la jurisprudence, cependant constante,
qui considère comme dispensées du rapport les libéralités
déguisées et les donations manuelles. Cette opinion nous
est inspirée par la même disposition de l'article 767
(parag. 8). Si ce texte, en effet, considère comme non
avenue la clause de préciput, que le *de cujus* a annexée à
la donation qu'il a faite à son conjoint, elle ne peut résulter à plus forte raison d'une simple manière d'agir du
donateur, du moyen dont il s'est servi pour faire parvenir
au donataire le bénéfice de sa libéralité, car on ne peut
donner à une dispense tacite plus d'effets qu'à une dispense expresse.

Souvent, dans le langage juridique courant, les mots
« rapport et imputation » sont employés l'un pour l'autre.
Ces deux expressions ne doivent cependant pas être con-
fondues, car elles ne sont pas synonymes.

L'imputation diffère du rapport en ce que l'époux survivant n'est pas tenu de remettre effectivement dans la
masse indivise et de livrer aux hasards du partage, les
biens que le prémourant lui a donnés ou légués. Il est
autorisé à les conserver à charge d'en précompter la
valeur sur sa part héréditaire. L'imputation n'est, en un
mot, qu'un rapport en moins prenant. Le texte de l'article 767 ne peut laisser de doute à ce sujet. « Si ce montant était inférieur (à celui que la loi attribue au conjoint)
dit, en effet, le paragraphe 8, il ne pourrait réclamer que le
complément de son usufruit . »

Cela indique bien qu'il ne remet pas réellement dans la
succession les biens qu'il a reçus. Cette solution est, d'ail-

leurs, tout à fait conforme à l'esprit de la loi de 1891. Elle affranchit, en effet, les héritiers du rapport en nature, pour ne leur imposer qu'un rapport fictif. En l'absence de disposition contraire, il est logique de supposer qu'elle entend traiter de la même manière le conjoint survivant.

De cette solution se dégage tout naturellement cette conclusion, que c'est d'après les règles du rapport en moins prenant qu'il y a lieu d'apprécier, dans le silence de la loi, la valeur des biens soumis à l'imputation. Ces règles nous sont indiquées par les articles 860 et 868 du Code civil. Quand le rapport des immeubles a lieu en moins prenant, il s'effectue, nous dit le premier de ces textes, d'après leur valeur au moment de l'ouverture de la succession. Quant à celui des meubles, il se fait, au contraire, sur le pied de leur valeur à l'époque de la donation (art. 868). Il y a donc lieu de faire ici la même distinction et d'appliquer pour ces deux catégories de biens des règles différentes.

Telle n'est pas cependant l'opinion que préconise M. Josserand dans son travail sur les « Successions entre époux ».

D'après lui, le système que nous adoptons pour apprécier la valeur des biens soumis à l'imputation, est absolument défectueux, et il soutient la nécessité de suivre pour les meubles et pour les immeubles une règle commune, c'est-à-dire d'apprécier sans distinction la valeur de tous les biens au moment du décès du *de cujus*, au moment de l'ouverture de la succession.

Le but du législateur de 1891, en attribuant à l'époux survivant un droit héréditaire, a été, dit cet auteur, de lui conserver la position sociale et la situation de fortune qu'il possédait du vivant du *de cujus,* or « pour opérer exactement ce calcul, il faut se reporter au moment du décès et non de la donation, car autrement on arriverait à considérer comme suffisamment riche, un époux qui, par suite de la dépréciation des biens donnés, serait réduit à la misère ».

A cette première objection, on peut répondre que l'époux survivant étant un successible comme un autre, il y a lieu de lui appliquer, sauf disposition contraire de la loi, les principes ordinaires du Code civil ; or d'après ces principes, le rapport des meubles ne se fait qu'en moins prenant (article 868) et d'après leur valeur au moment de la donation. Le législateur n'ayant pas dérogé à cette règle, on ne peut se dispenser de l'appliquer.

Mais les biens donnés au conjoint peuvent être, dit-on, tellement dépréciés au moment de l'ouverture de la succession, qu'il sera, en certains cas, réduit à la misère.

C'est une erreur, car si l'usufruit héréditaire ne suffit pas à lui assurer une situation de fortune conforme à sa position, l'époux pourra demander une pension alimentaire. Mais alors le but de la loi ne sera pas atteint ! Pourquoi non ? Cette situation est loin d'être anormale dans la loi de 1891, et le conjoint survivant qui, après avoir reçu une donation de meubles, en voit diminuer considérablement la valeur, ne sera pas plus à plaindre que celui qui, par suite des libéralités que le *de cujus* a faites et qui ont épuisé sa quotité disponible, ne peut exercer son usufruit légal, faute de biens sur lesquels il puisse porter. — Nous verrons, en effet, que ce droit de jouissance ne peut porter sur la réserve. —

Il faut bien le remarquer d'ailleurs, comme le chiffre de la pension alimentaire, que l'époux survivant sera admis à réclamer en ce cas, sera calculé d'après l'importance de la succession, le changement apporté dans sa situation antérieure ne sera pas aussi important qu'on se plaît à le dire.

Il est une autre raison, dit M. Josserand, pour apprécier la valeur de tous les biens héréditaires en se plaçant au moment du décès du *de cujus* ; c'est que c'est également à ce moment que l'on se place pour estimer la valeur des objets soumis au rapport fictif, dont sont tenus les cohéritiers du conjoint.

Il est logique, pour maintenir entre ces différents successibles l'égalité nécessaire, de se placer à la même époque pour apprécier la valeur des biens qu'ils rapportent.

Si l'on estime les biens soumis au rapport fictif d'après leur valeur au moment de l'ouverture de la succession, c'est que le législateur, ayant emprunté cette fiction à l'article 922 du Code civil, il était logique de suivre à ce sujet toutes les dispositions de ce texte, mais ce serait une erreur de prétendre qu'il a voulu appliquer à l'imputation les règles posées par cet article. La seule disposition relative à l'imputation que contient la loi de 1891 a précisément pour but, en effet, de consacrer une différence essentielle entre elle et le rapport. Tandis que le conjoint est tenu d'imputer sur sa part héréditaire les libéralités même préciputaires qu'il a reçues du *de cujus*, les héritiers sont dispensés d'effectuer le rapport des donations de cette nature. Il est donc inexact de prétendre que l'imputation et le rapport fictif doivent être régis par les mêmes dispositions de lois. Non seulement l'article 767 est muet sur ce point, mais toutes les présomptions vont à l'encontre de cette assimilation.

Dans le silence de la loi, il est logique d'appliquer les

règles ordinaires, et comme l'imputation nous a apparu
avec tous les caractères d'un rapport en moins prenant,
voici de quelle manière nous apprécierons la valeur des
biens soumis à l'imputation. Si l'époux survivant a reçu
du *de cujus* une donation immobilière, il sera tenu d'imputer sur sa part héréditaire les immeubles qui lui ont
été donnés, d'après la valeur de chacun d'eux à l'époque
de l'ouverture de la succession ; si, au contraire, la libéralité que le défunt lui a faite n'a eu pour objet que des
meubles, il en fera l'imputation d'après leur valeur au
moment où il les a reçus.

Comment s'opère l'imputation ?

L'imputation ne présente aucune difficulté lorsque les
libéralités que l'époux survivant a reçues de son conjoint
consistent en usufruit ; il suffit alors, en effet, de comparer
la valeur de l'usufruit donné ou légué à celle de l'usufruit
légal. Ce rapprochement permettra de déterminer aisément le plus important de ces deux droits ; si c'est l'usufruit légal, l'époux donataire pourra réclamer le complément de celui qu'il a reçu de son conjoint ; si, au contraire,
le droit d'usufruit qui a fait l'objet de la donation ou du
legs est supérieur à celui que le survivant eût pu obtenir légalement, on le réduira aux proportions tolérées
par la loi. Enfin, si ces deux droits de jouissance sont
égaux, on respectera simplement la volonté du défunt.

Mais la question est beaucoup moins facile à résoudre,
dans l'hypothèse plus fréquente où les libéralités reçues
par l'époux survivant lui ont été faites par le *de cujus* en
pleine propriété. Comment, en ce cas, faut-il faire l'imputation, lorsque les revenus des biens donnés ou légués à
ce conjoint sont inférieurs à l'usufruit qu'il peut réclamer
en vertu de la loi de 1891 ?

L'article 767 ne nous donne pas expressément la solution de cette difficulté, mais on peut en dégager un principe qui nous servira de base dans l'examen que nous allons en faire. « L'époux, dit ce texte, cessera d'exercer son droit d'usufruit dans les cas où il aurait reçu du défunt des libéralités, même faites par préciput et hors part, *dont le montant* atteindrait *celui des droits* que la loi lui attribue », or, quels sont les droits « que la loi attribue au conjoint? » Ce sont des droits d'usufruit : il ne doit donc entrer que de l'usufruit dans le calcul de la valeur imputable.

Ce principe est certain, mais la loi de 1891 ne nous dit malheureusement pas de quelle manière il y a lieu de l'appliquer. Théoriquement, deux combinaisons sont possibles ; on peut, en effet, défalquer uniquement de l'usufruit héréditaire, l'usufruit de la valeur que le donataire a reçue en pleine propriété et lui laisser en sus la nue propriété du bien qui lui a été attribué ; ou retrancher de cet usufruit héréditaire la valeur intégrale de la donation, après avoir transformé par le calcul la propriété en usufruit.

Le problème, en un mot, peut se poser de deux façons différentes. L'époux survivant ne doit-il imputer sur sa part que l'usufruit de la libéralité qu'il a reçue, ou est-il obligé de transporter fictivement en usufruit la valeur réelle et totale de la donation, pour la déduire de la part successorale que la loi lui accorde? Un exemple fera comprendre l'intérêt de la question.

Une personne meurt, en laissant une succession d'une valeur de 60.000 francs, sur laquelle il faut prélever une somme de 20.000 francs, montant d'un legs qu'elle a fait en toute propriété à son conjoint. Ses seuls héritiers sont des collatéraux. L'époux survivant, qui se trouve en concours avec eux, ayant droit, aux termes de la loi de 1891, à l'usufruit de moitié des biens héréditaires, c'est-à-dire à la jouissance de 30.000 francs, pourra-t-il, en faisant abstraction de la nue propriété de son legs, réclamer à ses co-successibles l'usufruit de 10.000 francs ; ou ceux-ci seront-ils en droit de soutenir qu'il a reçu largement, grâce à la libéralité que le défunt lui a faite, tout ce à quoi il était en droit de prétendre, et que, par conséquent, il n'a plus rien à réclamer ?

Ces deux systèmes ont leurs défenseurs.

Les partisans de la première combinaison considèrent que le conjoint n'est rempli de ses droits, que lorsque *les revenus* des biens qui lui sont attribués en pleine propriété sont égaux à ceux que l'article 767 lui attribue comme usufruitier légal, et ils l'autorisent, en conséquence, à réclamer à la succession la différence qui pourrait exister entre ces deux valeurs; ce sera, dans notre hypothèse l'usufruit des 10.000 francs qui lui manquent, pour qu'il ait véritablement la jouissance de la moitié des biens héréditaires.

A l'appui de ce système, voici les arguments qu'ils invoquent :

Le but du législateur de 1891, en attribuant à l'époux survivant un droit de succession, a été surtout de lui assurer des revenus suffisants pour lui garantir dans l'avenir la continuation de son genre de vie, et il a voulu pour cela qu'il eût la jouissance du quart ou de la moitié de l'hérédité.

L'autre système ne répond pas, dit-on, à ce vœu de la loi, car il ne peut conserver au conjoint sa situation antérieure. En transformant, comme il le fait, la donation que cet époux a reçue en pleine propriété, en un droit d'usufruit, il n'aboutit qu'à une équivalence fictive entre le revenu annuel que ce survivant touchera réellement, et le revenu que lui accorde le nouvel article 767. Pour que cette équivalence soit réelle, il faudrait que ce donataire consente à une liquidation des libéralités qu'il a reçues, et en place le montant en rente viagère sur sa propre tête ; or, on ne peut supposer que le législateur ait voulu, sans le dire expressément, forcer ce conjoint à procéder à des opérations aussi compliquées, aussi aléatoires et aussi onéreuses, que celles que nécessiterait le placement en fonds perdus, en rente viagère, des biens qu'il a reçus du disposant.

Obliger cet époux à transformer en usufruit la valeur totale des biens qui lui ont été donnés ou légués serait aussi lui enlever tout le bénéfice de ces libéralités pour toute leur valeur en nue propriété. N'est-il pas juste pourtant qu'il tire quelque avantage des intentions bienveillantes du défunt à son égard ?

Il est vrai que l'article 767 parle de l'imputation sur l'usufruit du *montant des libéralités* reçues par le survivant, mais il résulte évidemment de l'esprit de ce texte que cette expression ne doit s'entendre que de leur montant *en revenus, en usufruit;* ce qui le prouve d'ailleurs, c'est que ce membre de phrase est placé au milieu de paragraphes dans lesquels il n'est question que de revenus.

Une des conséquences de ce système est de donner à l'époux survivant plus que sa part héréditaire. Non seulement, en effet, il recueille sans aucune retenue l'usufruit légal tout entier, mais en outre, il conserve une part de la succession en nue propriété.

Ses partisans ne font aucune difficulté pour le reconnaître, mais ils n'admettent pas que cela constitue une dérogation au texte de l'article 767.

Il est vrai, disent-ils, que dans notre système, le conjoint qui survit recueille en sus de sa part la valeur de la nue propriété des biens qui lui ont été donnés ou légués, mais le texte de la loi n'en est pas moins respecté, nous ne lui attribuons légalement que la portion permise; s'il possède quelque chose de plus, il le tient uniquement de la volonté du défunt.

Admettons même pour un instant que ce soit une imperfection de notre système, l'autre combinaison aurait, ajoutent-ils, un défaut opposé beaucoup plus grave : ce serait de restreindre fréquemment et d'une manière très importante les droits que la loi de 1891 accorde au survivant : « Le plus souvent, en effet, l'époux survivant se trouve déjà dans un âge avancé, et des libéralités relativement minimes évaluées en capital, et transformées fictivement en rente viagère pour leur imputation, donneront des arrérages d'un chiffre élevé. Ce mode de calcul le privera souvent pour une forte part, et parfois pour la totalité du droit d'usufruit établi par la loi (1) »

Enfin, disent ces auteurs, l'opinion contraire nécessiterait au moment de la liquidation, des évaluations difficiles, auxquelles le Code est, en principe, absolument opposé.

Il est donc vraisemblable de supposer que si le législateur de 1891 avait voulu adopter un système capable d'entraîner des estimations de cette nature, il n'eût pas manqué de le dire dans le texte de l'article 767 (2).

(1) Marcel Planiol, *Commentaire d'un arrêt* cité dans Dalloz, 1894. 2.105 et 106.

(2) Mesnard, *Lois Nouvelles,* 1891, p. 514; Souchon, *Revue cri-*

A ce premier système que nous venons d'exposer, nous préférons, sans hésiter, celui qui impose au conjoint survivant l'obligation d'imputer sur sa part héréditaire la valeur intégrale de la donation ou du legs que lui a fait le *de cujus*.

Lors donc que l'époux qui se présente à la succession de son conjoint prédécédé, aura reçu de ce dernier une libéralité par acte entre vifs ou testamentaire, on en cherchera d'abord l'usufruit, puis on estimera ce que vaut en jouissance la nue propriété du bien donné, et on n'attribuera au donataire quelque droit sur les biens héréditaires qu'autant que le total de ces deux droits d'usufruits, sera inférieur à celui que l'article 767 lui confère.

Pratiquement, on convertit en une rente viagère le capital, auquel ces libéralités ont été évaluées et on en opère l'imputation sur l'usufruit légal.

C'est ainsi que dans l'espèce que nous citions plus haut, l'époux survivant ayant reçu 20.000 francs en pleine propriété, et étant appelé par la loi à recueillir l'usufruit de 30.000 francs, les héritiers avec lesquels il concourt, seront en droit de soutenir que le montant de la donation qu'il a reçue du *de cujus* est, eu égard à son âge, certainement supérieur au droit de jouissance qu'il eût pu réclamer, si son conjoint était mort sans l'avantager, et que, par conséquent, il n'a plus rien à prétendre sur les biens héréditaires. Les collatéraux successibles garderont donc en pleine propriété les 40.000 francs dont le défunt n'a pas disposés, et ils n'auront pas à prélever, sur cette valeur, l'usufruit de 10.000 francs, comme ils eussent dû

tique de législation et de jurisprudence, 1891, p. **234**; **M. Planiol**, *Répertoire de Dalloz*, 1894, 2. 105 et 106.

le faire pour compléter celui du conjoint survivant, s'il
n'avait reçu ni dons, ni legs.

Cette solution, qu'adoptent aujourd'hui la plupart des
auteurs, est la seule équitable, la seule aussi qui soit conforme au texte et à l'esprit de la loi.

Il est juste tout d'abord que l'époux qui survit ne
puisse, en prenant plus que sa part, léser les héritiers
avec lesquels il concourt. S'ils ont des devoirs, ils ont
aussi des droits que le conjoint est tenu de respecter, et
il les violerait s'il n'observait intégralement l'imputation
que la loi lui impose. Notre système est donc le seul qui
soit conforme à l'équité.

C'est également le seul qui observe rigoureusement le
texte de la loi.

Que nous dit, en effet, l'article 767 ? Il nous dit que le
conjoint survivant doit imputer sur sa part héréditaire, le
montant des libéralités qu'il a reçues du *de cujus*. Cette
expression n'est rien moins que restrictive ; elle signifie
évidemment que c'est la valeur totale de la donation ou
du legs qu'il faut estimer pour la comparer à celle de
l'usufruit légal ; et l'on s'explique difficilement que l'opinion contraire ait pu être soutenue.

La loi de 1891 semble plutôt, nous dit-on, avoir en vue
une donation en usufruit, qu'une libéralité en pleine propriété. Sans doute, mais c'est précisément pour cela
qu'elle n'admet qu'une comparaison entre deux droits de
même nature, entre deux droits d'usufruit. C'est dans ce
sens qu'elle ne permet au conjoint « que de réclamer le
complément de son usufruit » et comme la règle qu'elle
consacre relativement à l'imputation est générale, il faut
de toute nécessité, pour se conformer à son texte et pour
qu'il y ait deux droits d'usufruit susceptibles d'être com-

parés l'un à l'autre et complétés l'un par l'autre, **convertir** fictivement la propriété en usufruit (1).

Cette solution est enfin la plus conforme à l'esprit de la loi. Le législateur est tout à fait opposé, en effet, à ce que le conjoint puisse obtenir, en cumulant avec l'usufruit légal, la donation ou le legs qu'il a reçu du *de cujus*, une part héréditaire supérieure à celle que lui attribue l'article 767. Il peut choisir entre l'un et l'autre, mais il ne peut profiter de ce double avantage. S'il croit plus avantageux de conserver la donation, il lui suffit d'aller au greffe faire sa renonciation à l'usufruit héréditaire ; s'il opte, au contraire, pour ce dernier, il ne conservera le bénéfice de la libéralité qui lui a été faite que dans la mesure où elle n'excède pas le droit de jouissance légal, or, pour être certain que cette valeur ne sera pas dépassée, il faut nécessairement estimer celle que le bien donné en propriété représente en usufruit. Agir autrement serait violer l'esprit de la loi.

Pour procéder à cette évaluation, on ne se contentera pas ici de ce calcul grossier, employé d'ordinaire par l'administration de l'enregistrement et qui consiste à estimer l'usufruit à la moitié de la propriété. Le calcul ainsi fait manquerait d'exactitude ; aussi l'on admet généralement qu'il vaut mieux adopter, en ce cas, le système qui a prévalu en jurisprudence (2) relativement à l'article 1094 du Code civil. Cette manière d'agir n'aura d'ailleurs rien d'arbitraire, car l'hypothèse prévue par ce texte présente

____

(1) Bonnet, *Journal du Notariat*, 1891, p. 769.

(2) Cour d'Agen, 16 décembre 1864. *Rev. du Notariat*, 1865, n° 1266, p. 810 ; Cour de Cassation (ch. civile), 28 mars 1866, *Rev. du Notariat*, 1866, n° 1607, p. 875.

une grande analogie avec celle qui nous occupe, puisqu'il s'agit, dans les deux cas, de libéralités faites par une personne à son conjoint.

On fera donc cette évaluation « en tenant compte de l'âge et de la santé de l'usufruitier et des autres circonstances de fait qui peuvent influer sur la durée probable de ce droit de jouissance ».

Pratiquement, on s'en réfère surtout aux tables dressées par les Compagnies d'assurances sur la vie.

La solution que nous avons adoptée, a été consacrée par un jugement du Tribunal de la Seine le 11 juillet 1893 (1). Aux termes de cette décision, si le conjoint survivant a reçu du défunt des libéralités, il y a lieu d'en évaluer le montant total en capital, et de convertir celui-ci en une rente viagère, eu égard à l'âge du conjoint, afin d'en opérer l'imputation sur la rente qui représente ses droits successifs. — On suppose ici que les héritiers ont usé du droit que la loi leur accorde de convertir l'usufruit en une rente viagère. —

Le même système devrait être admis dans le cas où l'objet de la donation ou du legs fait par le *de cujus* à son conjoint consisterait en une nue propriété (2).

Nous venons donc de voir que l'époux survivant devait imputer sur son usufruit héréditaire la valeur intégrale

(1) Trib. civil de la Seine, 11 juillet 1893. Aff., veuve Tourseiller, dame Lelièvre, c. consorts Tourseiller. Dalloz, 94. 2. 105.

(2) En ce sens : Zeglicki, *Revue critique de législation et de jurisprudence*, 1892, p. 183; Lamache, *Revue du Notariat et de l'Enregistrement*, 1891, n° 8555, p. 744, et 1893, n° 8932, p. 410; Bonnet, *Journal du Notariat*, 1891, p. 769; De Vareilles, *Cours de droit civil*; Dalloz, *Supplément au Répertoire*, p. 56 ; Huc, *Commentaire théorique et pratique du Code civil*, t. V. p. 165.

des donations ou des legs qu'il avait reçus du défunt, mais cette imputation ne s'applique qu'aux libéralités proprement dites, elle ne s'étend pas aux avantages qui peuvent résulter au profit du conjoint des conventions matrimoniales.

Les avantages, dont il est ici question, sont ceux qui sont fréquemment stipulés dans les contrats de mariage, au profit de l'un des époux, du survivant d'ordinaire : telles sont les clauses de préciput et les attributions inégales de communauté (articles 1520-1525 du Code civil). Ce sont là, à proprement parler, de véritables libéralités, mais le législateur, dans le but de favoriser les conventions faites en vue du mariage, n'a pas voulu y voir, comme le dit l'article 1525, « un avantage sujet aux règles relatives aux donations, soit quant au fond, soit quant à la forme, mais simplement une convention de mariage et entre associés ». Il a voulu, en un mot, considérer ces donations indirectes comme le produit de conventions à titre onéreux.

Ces avantages peuvent cependant être parfois considérables. Non seulement il peut être convenu, en effet, que l'époux survivant prendra une part plus importante de la communauté, mais « il est même permis aux époux de stipuler dans leur contrat qu'il la prendra tout entière, sauf aux héritiers du prémourant à faire la reprise des apports et capitaux tombés dans la communauté du chef de leur auteur ». Cette stipulation constituerait, en effet, même aux regards du Code, une véritable libéralité si elle s'étendait aux biens propres du *de cujus*.

Ce cas excepté, le législateur considérant ces clauses du contrat de mariage passé entre les époux comme des conventions à titre onéreux, il était logique de dispenser le survivant d'en faire l'imputation sur sa part héréditaire, et de lui permettre d'en cumuler le bénéfice avec son usufruit légal.

Mais les conséquences de ce cumul peuvent être, en certains cas, si préjudiciables aux héritiers que, lors de la discussion de la loi de 1891, elles furent difficilement acceptées par certains membres du Sénat. « Comprenez-vous, s'écriait M. Humbert (1), ce conjoint survivant, souvent plus riche que le conjoint prédécédé (la loi ne distingue pas !) qui viendra d'abord prendre toute la communauté, plus tous les dons par préciput qui lui auront été attribués, plus le droit d'usufruit de la loi nouvelle ? A mes yeux, cela est tout à fait inacceptable. Quand on a édicté les règles du contrat de mariage, les rédacteurs du Code civil ne voulaient pas établir un droit de succession au profit du conjoint survivant, autrement ils ne lui auraient pas autorisé ces avantages énormes comme simples conventions de mariage. »

M. Delsol répondit à ces objections en faisant remarquer que les conventions par lesquelles les époux stipulent que la totalité de la communauté appartiendra au survivant, sont extrêmement rares, mais qu'en supposant même qu'elles se présentent parfois, elles ne font aucunement obstacle à l'exercice du droit d'usufruit. Si l'un des époux semble recevoir au détriment des héritiers une part trop considérable de l'hérédité, c'est la conséquence d'une convention particulière que les parties ont substituée au fonctionnement ordinaire du droit commun, et non le fait de la loi. Ce qui est certain, c'est que les dispositions du contrat de mariage et le droit d'usufruit peuvent recevoir une application simultanée.

(1) Séance du 21 novembre 1890, *Journ. Off.* du 22.

Le projet ayant été voté à la suite de ces explications, on peut être assuré que l'intention du législateur a été de ne pas soumettre à la nécessité de l'imputation, les avantages résultant pour le conjoint survivant des conventions matrimoniales. Il peut donc les cumuler avec ses droits héréditaires.

Il y a cependant exception à cette règle, lorsque le défunt laisse des enfants d'un précédent mariage. L'article 1496 du Code civil leur donne, en effet, une action en retranchement, lorsque sous le régime de la communauté légale, « la confusion du mobilier et des dettes, opère au profit du survivant un avantage supérieur à celui qui est autorisé par l'article 1098 ». C'est une disposition analogue, mais au sujet de la communauté conventionnelle que reproduit l'article 1527, lorsqu'il décide que « dans le cas où il y aurait des enfants d'un précédent mariage, toute convention qui tendrait dans ses effets, à donner à l'un des époux au delà de la portion réglée par l'article 1098, sera sans effet pour tout l'excédent de cette portion ». Lors donc, que le *de cujus* laisse au moment de son décès des enfants d'une union précédente, on considère comme une donation réductible à la quotité disponible, et soumise à la nécessité de l'imputation, toute convention de mariage qui aurait pour effet d'attribuer à son conjoint survivant une portion de l'hérédité supérieure à celle que l'article 1098 permet de lui accorder; la moitié de la communauté, par exemple, ou même seulement la totalité des acquêts (1).

La loi cependant n'étend pas plus loin ses rigueurs et les simples bénéfices résultant des travaux communs des

____

(1) Ainsi jugé, Paris, 18 novembre 1834, Dalloz, 57. 2. 41.

deux époux et des économies faites sur leurs revenus respectifs, ne sont pas considérés, malgré leur inégalité, comme un avantage fait au préjudice des enfants du premier lit; l'époux qui survit n'est donc pas, en conséquence, tenu de les imputer sur sa part héréditaire. Le but de cette dernière disposition de l'article 1527 a été d'autoriser le partage égal des bénéfices de communautés dans lesquelles des mises inégales ont eu lieu.

Mais est-ce que les avantages qui sont réductibles sur la demande des enfants du premier lit, sont également imputables au regard de ceux-ci sur la quotité disponible, et par conséquent aussi sur la part héréditaire de l'époux survivant, puisque son usufruit ne peut préjudicier aux droits de réserve.

Est-ce que, en d'autres termes, cet avantage résultant pour le conjoint sous le régime de communauté légale, de la confusion du mobilier et des dettes, et qui est sujet à réduction, lorsqu'il y a des enfants d'un premier lit, doit être en ce cas traité à tous égards comme une libéralité? Cette action en retranchement que la loi accorde à ces enfants nés d'une union primitive est-elle, en un mot, une véritable action en réduction? Un exemple est nécessaire pour faire comprendre toute l'importance de cette question.

Un homme ayant des enfants d'un premier lit, et possédant une fortune mobilière de 100.000 francs, épouse en secondes noces une femme qui n'a que 20.000 francs de meubles. Conformément à l'article 1.401 du Code civil, ces valeurs mobilières entrent en communauté. Le mari meurt peu après en laissant trois enfants. Sa veuve a droit, d'après la loi de 1891, à l'usufruit du quart de la succession, mais il faut remarquer que, grâce à la confusion du mobilier, elle a réalisé un bénéfice de 40.000 francs. Est-elle ou non tenue d'imputer cet avantage sur son droit de jouissance ?

La solution de cette question dépend de celle qui est donnée sur le point de savoir, si les avantages résultant des conventions matrimoniales qui sont considérés, en principe, comme des dispositions à titre onéreux, doivent être traités, à l'égard des enfants issus d'une première union du défunt, comme de véritables libéralités.

Cette double difficulté s'est présentée pour la première fois le 25 février 1891, devant la Cour de Nancy (1) et elle a été résolue en ce sens que les avantages résultant pour l'un des époux de stipulations expresses insérées dans le contrat de mariage, ou même de l'adoption tacite du régime de la communauté légale, ne doivent pas être considérés comme des libéralités, même au cas de second mariage et à l'égard des enfants du premier lit.

En conséquence les biens demeurés à l'époux survivant après l'exercice de l'action en retranchement établie en faveur des enfants du premier lit par l'article 1496 du Code civil, ne doivent pas être regardés comme provenant d'une libéralité, mais comme les conséquences des conventions matrimoniales, c'est-à-dire d'un acte à titre onéreux. Par suite, ils ne sauraient être imputés sur la quotité disponible.

Voici en quelles circonstances fut rendu cet arrêt :

Un sieur Firino était mort en laissant après lui, sa seconde femme commune en biens à défaut de contrat de mariage, deux enfants du premier lit, ses seuls héritiers, chacun pour moitié ; enfin des petits-enfants qu'il avait

(1) Cour de Nancy, 25 février 1891. Aff. Balthazar c. Firino et consorts, Sirey, 92. 2. 65 ; Dalloz, 91. 2. 353.

institués légataires universels. La veuve eut à subir de la part des enfants, l'action en retranchement de l'article 1496, et par suite elle ne fut plus lotie que du quart que lui accordait ce texte, combiné avec l'article 1098. En calculant la quotité disponible, le notaire liquidateur ne tint aucun compte du quart accordé à la veuve et il attribua aux légataires le tiers des autres biens laissés par le défunt. L'un des réservataires se plaignit que ce mode de calcul grevait la succession de deux quotités disponibles qui se cumulaient : l'une du quart au profit du conjoint, l'autre du tiers du surplus de l'actif au profit des légataires, « attendu que l'avantage, qui était résulté pour la veuve de l'adoption du régime de la communauté légale, avait constitué à son profit une libéralité imputable pour le tout sur la quotité disponible de l'article 913 du Code civil » ; les légataires n'avaient donc droit qu'à la différence entre la part dont la veuve avait été lotie, en sa qualité de commune en biens et le montant de cette quotité disponible, car le cumul de la quotité disponible fixée par les articles 1094 et 1098 du Code civil et de celle de l'article 913 est depuis longtemps condamné par la doctrine et la jurisprudence.

La Cour de Nancy ne tint aucun compte de ces raisons et approuva le mode de calcul employé par le notaire.

Pour soutenir son opinion, voici les raisons qu'elle alléguait :

La seule question à examiner était, disait-elle, de rechercher et de définir la véritable nature des avantages qui résultent au profit de l'un des époux de l'adoption du régime de la communauté légale, à défaut de contrat de mariage, lorsque son conjoint a des enfants d'un lit précédent.

En principe, la loi considère toutes les conventions matrimoniales comme constituant dans leur ensemble un contrat à titre onéreux ; elle en concluait que les héritiers réservataires de l'époux qui a consenti cet avantage, n'ont aucun droit d'en demander la réduction, quelque considérable qu'il puisse être.

Il est vrai, disait la Cour, que les articles 1496 et 1527 du Code civil dérogent à cette dernière règle, lorsque l'époux prédécédé a des enfants d'un premier lit, mais ce droit qui leur est accordé, de faire réduire par voie de retranchement, l'avantage que leur auteur a procuré à son nouveau conjoint, « n'implique pas forcément la preuve que le législateur ait voulu assimiler un tel avantage à une véritable donation ». Le renvoi, que ces deux textes font à l'article 1098, n'est qu'un mode employé par le législateur pour fixer la quotité de biens, que le second conjoint pourra recueillir, en sa qualité de commun en biens, lorsqu'il sera en présence d'enfants nés du premier mariage. Il a voulu montrer sa sollicitude à leur égard, mais cela n'implique pas qu'il ait voulu changer la nature des avantages matrimoniaux, et les considérer comme des libéralités. Ce changement serait d'ailleurs illogique, puisque le caractère de ces avantages changerait, par suite d'une circonstance fortuite, l'existence ou le défaut d'enfants nés d'un mariage antérieur. Dans les deux cas, cette attribution que la loi fait elle-même au conjoint survivant — puisque c'est elle qui, a défaut de contrat de mariage ou de stipulations particulières entre les époux, dispose pour eux et détermine leurs droits réciproques sur les biens de la communauté — doit conserver son caractère de contrat à titre onéreux.

Ce qui ne permet pas, d'ailleurs, l'équivoque sur le

sens et la portée à donner au texte des articles 1496 et 1527, c'est que le législateur a évité intentionnellement d'employer dans leur rédaction les expressions « libéralités, donation et réduction », pour ne parler que « d'avantages et de retranchements »; or, on ne retranche qu'à celui qui possède en vertu d'un droit antérieur. Quant au mot « avantage », il n'est pas synonyme de libéralité, il désigne plus spécialement le résultat profitable d'un contrat à titre onéreux.

Cette interprétation de la Cour de Nancy nous semble tout à fait inexacte : aussi nous n'hésitons pas à la repousser, car nous croyons, d'accord en cela avec la majorité des auteurs, que dans le cas où il existe des enfants d'un premier lit, les avantages résultant pour le second conjoint de la confusion du mobilier et des dettes sous le régime de communauté légale, constituent de véritables libéralités imputables comme telles sur la quotité disponible et par conséquent aussi sur la part héréditaire de l'époux survivant.

Il est très vrai, comme le disent les partisans de la première opinion, que les avantages qui résultent pour un conjoint de ses conventions matrimoniales sont considérés, en principe, comme le résultat de conventions à titre onéreux, qu'ils ne doivent pas s'imputer sur la quotité disponible et qu'ils ne sont pas soumis à réduction. Mais cette règle doit être écartée en cas de second mariage, lorsque celui qui se remarie avait des enfants de la précédente union.

C'est ce qu'il est facile d'établir :

Le caractère onéreux attribué par la loi aux conventions de mariage, rentre dans ce qu'on appelle les fictions légales, exactement comme le caractère déclaratif assigné au partage par l'article 883 du Code civil, ou comme la clause d'ameublissement destinée à faire entrer dans la communauté tout ou partie des immeubles de l'un des époux. C'est une fiction, en effet, car si l'un des conjoints acquiert, par suite des apports considérables que l'autre a effectués à la communauté, une valeur importante sans rien débourser en échange, on ne peut nier que c'est par le seul effet d'une fiction que l'on y voit à son avantage une acquisition à titre onéreux. En vérité, il a acquis à titre gratuit. Mais pourquoi le législateur a-t-il imaginé cette fiction plutôt que de se conformer à la réalité ?

C'est parce que l'inégalité qui se manifeste entre les apports du début, peut au cours du mariage, diminuer ou même disparaître. Le seul intérêt qu'il y aurait eu, d'ailleurs, à reconnaître aux avantages résultant de ces conventions ce caractère réel de gratuité, était l'intérêt des enfants, la crainte de les voir dépouiller par un époux au profit de son conjoint, mais ce danger n'était pas à craindre, car les enfants sont sûrs de retrouver, dans la succession du bénéficiaire de cet avantage, les biens qu'ils ne recueillent pas dans celle du donateur.

Mais la situation devient tout autre, au cas de second mariage, lorsqu'il y a des descendants d'un premier lit. Ceux-ci, en effet, ne retrouveront pas dans la succession du donataire, les biens qui sont sortis des mains du disposant, et il y a tout lieu de redouter en ce cas des donations qui auront certainement pour résultat, quand elles n'auront pas eu pour but, de les priver pour jamais d'une partie du patrimoine du *de cujus*. Il fallait donc mettre un frein aux entraînements irréfléchis de celui qui se remarie, pour le second conjoint, ou aux agissements intéressés de ce dernier. Le faire, en conservant aux avantages résultant des conventions matrimoniales leur caractère onéreux, était chose impossible. La situation devait donc changer radicalement, et puisque la fiction devenait sans raison, la logique ordonnait de faire retour à la réalité. Voilà pourquoi il faut décider, lorsque l'époux qui convole a des enfants de sa précédente union, que les avantages résultant pour son conjoint sous le régime de communauté, de la confusion du mobilier et des dettes, constituent de véritables libéralités sujettes à réduction dans les limites de l'article 1098.

Qu'y a-t-il d'étonnant, du reste, à ce que ces avantages soient traités de deux manières différentes? Il en était déjà ainsi dans l'ancien droit. Tantôt, en effet, — c'était même alors le droit commun — les avantages matrimoniaux étaient regardés comme des conventions à titre onéreux. Tantôt, au contraire, on les considérait comme des libéralités, et ils tombaient sous le coup de l'édit des secondes noces de 1560.

Sur ce dernier point, voici d'ailleurs ce que nous dit Pothier (1) : « Non seulement, les donations formelles sont sujettes à la réduction de l'édit, mais *encore les avantages qui se trouvent renfermés dans des conventions ordinaires de mariage y sont sujets* ».

Et l'édit, étendu sur ce point par la jurisprudence, frappait spécialement les avantages qui pouvaient résulter pour le second époux de l'adoption du régime de communauté légale, quand les apports des conjoints étaient inégaux.

La tradition était donc bien fixée en ce sens et elle a

____

(1) Pothier, *Traité des donations entre vifs*, n° 256.

été confirmée par le Code civil. Nos législateurs se sont toujours donné pour mission, en effet, d'entourer d'une protection toute spéciale les enfants d'un premier lit, et le moyen le plus efficace qu'ils ont employé pour la réaliser, a été de limiter les libéralités que l'époux qui se remarie peut faire à son conjoint. Peu importe, d'ailleurs, la manière dont il l'avantage. Il est de même conforme à la tradition, et les rédacteurs du Code n'ont pas eu l'intention de s'en écarter, que la réduction s'impose dès que l'époux qui a des enfants de son premier mariage, a donné à son nouveau conjoint, de quelque façon que ce soit, directement ou indirectement, plus que la loi ne l'y autorise. Mais nous venons de voir également qu'il était de principe, dans l'ancien droit, de considérer dans le même cas, les avantages matrimoniaux comme des libéralités indirectes. Loin de déroger à cette règle, nos législateurs ont témoigné au contraire leur intention de la consacrer, par la mention formelle qu'ils ont faite de l'article 1098 dans la rédaction des articles 1496 et 1527.

La Cour de Nancy avait prévu ce dernier argument et essayé par avance d'en détruire la portée.

« Le renvoi que les articles 1496 et 1527 font aux dispositions de l'article 1098 n'est, disait-elle, qu'un mode employé par le législateur, pour fixer la mesure de ce que le conjoint d'un veuf ou d'une veuve pourra recevoir en sa qualité de commun en biens, dans le cas particulier que ces deux premiers articles prévoient, et non une transformation quelconque de la nature même du titre de cet époux. » Voilà, certes, une explication bien étrange. L'article 1098 est relatif aux donations entre époux. Les articles 1496 et 1527 mentionnent formellement ce texte et renvoient à ses dispositions. Quelle serait la conclusion

logique ? C'est évidemment que les actes auxquels ces deux
derniers textes font allusion sont de la même nature que ceux
dont s'occupe le premier, c'est qu'il s'agit, en un mot,
dans les articles 1496 et 1527 comme dans l'article 1098,
de dispositions à titre gratuit, de libéralités. Ce n'est pas
cependant l'opinion de la Cour de Nancy. Si les deux
textes dont nous nous occupons renvoient l'un et l'autre à
l'article 1098, ce renvoi n'a pas d'autre but, suivant elle,
que d'indiquer la mesure dans laquelle le second conjoint
peut recueillir, au détriment des enfants du premier lit,
les bénéfices qu'il a réalisés en épousant leur auteur
survivant. Ainsi donc, ce serait dans une matière absolument étrangère à l'idée de donation, qu'on se référerait
constamment à un article dont elles constituent l'unique
objet ! Si cette affirmation est exacte, nous avouons ne
plus comprendre la raison de ce renvoi.

Cet article 1098 ne constitue, dit-on, qu'une simple
mesure, il n'est destiné à servir que de terme de comparaison. Vraiment ! mais en quel cas parle-t-on de mesure ?
Est-il d'usage dans notre droit de limiter la liberté des
parties dans les actes à titre onéreux qu'elles contractent ? Est-il permis de leur dire : « Dans la convention
que vous voulez faire, vous ne dépasserez, ni dans vos
négociations, ni dans vos bénéfices, les limites qu'il plaira
au législateur de vous assigner ». Evidemment non ! car
ce langage serait en contradiction avec le principe même
de la liberté des conventions.

Chacun contracte comme il veut et donne à ses dispositions toute l'étendue qu'il lui plaît ; s'il est question
de mesure, c'est qu'il s'agit de libéralités ; et la seule
conclusion que l'on puisse tirer du renvoi que les
articles 1496 et 1527 font à l'article 1098, c'est que les

avantages dont parlent ces deux textes constituent de véritables donations.

Tel est l'argument historique que nous voulions tout d'abord présenter. Nous le compléterons par quelques autres.

Les enfants d'un premier lit peuvent, — nous l'avons vu au début de cette discussion, — obtenir par voie de retranchement la réduction des avantages procurés par leur auteur à son nouveau conjoint, lorsqu'ils excèdent la quotité fixée par l'article 1098. Mais qu'est-ce que cette action en retranchement? C'est une action identique à l'action ordinaire des réservataires. C'est, en un mot, une action en réduction. Cette identité n'a jamais été contestée, pas plus par la doctrine que par la jurisprudence. Les jurisconsultes de l'ancien droit regardaient ces deux actions comme deux formes différentes du même moyen judiciaire; et c'est encore cette opinion qu'enseignent nos auteurs modernes (1).

Quant à la jurisprudence, tous les arrêts qu'elle a rendus sur la question ont consacré, d'une façon constante, l'identité de ces deux actions. Pour ne citer que les plus décisifs, nous signalerons tout d'abord un arrêt de la Chambre des Requêtes du 20 avril 1880 (2).

Voici en quels termes elle s'exprime à ce sujet : « Attendu que l'action ouverte dans ce cas (il s'agit de l'action en retranchement), est une action en réduction, soumise aux règles établies par les articles 920 et suivants du Code civil ». Cette déclaration formelle a été renou-

____

(1) En ce sens : MM. Laurent, Demante, Baudry-Lacantinerie, Rodière et Pont. Dalloz, etc.

(2) Chambre des Requêtes, 20 avril 1880. Dalloz, 80. 1.428.

velée quelques années plus tard le 21 mars 1894 par la
Cour de Besançon (1), qui déclara ne voir, dans cette
action en retranchement « qu'une forme de l'action en
réduction spécialisée aux avantages excessifs provenant
de la société de biens entre époux ».

Mais s'il est vrai, comme on est en droit de le conclure,
en présence de cette uniformité d'opinions, que l'action
en retranchement n'est véritablement qu'une forme de
l'action en réduction, nous sommes en droit de tirer
comme conséquence de l'existence de cette action, le
caractère gratuit des avantages qui résultent pour un
époux marié sous le régime de communauté, de la confusion du mobilier et des dettes. On ne peut réduire, en
effet, que des libéralités, et toute convention onéreuse
échappe à l'action du législateur. Mais nous savons déjà,
que tout ce qui constitue une disposition à titre gratuit,
diminue d'autant la quotité disponible et ne peut s'imputer que sur elle ; nous arrivons donc, en dernière analyse, à la même conclusion que précédemment, c'est-à-dire
que les avantages dont parlent les articles 1496 et 1527,
constituent, en cas d'existence d'enfants d'un premier lit,
de véritables libéralités imputables sur la portion disponible du patrimoine du *de cujus*, et par conséquent aussi
sur la part héréditaire de l'époux survivant.

A ce raisonnement, les adversaires de notre système
opposent une objection tirée des expressions employées
par le législateur dans la rédaction des articles qui nous
occupent. A voir avec quel soin, les auteurs de la loi ont
évité d'insérer dans ces deux textes, les mots « libéralités,
quotité disponible et réduction », usités d'ordinaire

______

(1) Besançon, 21 mars 1894. *Pandectes Françaises*, 94. 2. 340.

lorsqu'il s'agit d'actes à titre gratuit pour ne parler que
« d'avantages et de retranchements », on ne peut douter,
dit-on, qu'ils aient eu l'intention de considérer les avantages dont il s'agit, comme le produit de conventions à
titre onéreux, et non comme le résultat de dispositions
gratuites.

C'est bien à tort que la Cour de Nancy attache quelque
importance aux expressions « avantages et retranchements » que le législateur a employées dans les articles 1496
et 1527. Elles sont absolument classiques dans notre
droit. On les trouve dans l'édit des secondes noces ; on peut
les lire plus tard dans le traité des donations de Pothier (1),
et c'est ainsi que d'âge en âge, de jurisconsultes en jurisconsultes, elles sont devenues traditionnelles dans notre
droit. Cela est si vrai, que plusieurs articles de notre Code
civil, notamment l'article 853, emploient le mot avantage comme synonyme de donation. D'accord avec la
doctrine et l'ancienne jurisprudence, la Cour de Cassation
assimile également les expressions « avantage » et
« donation », « retranchement » et « réduction ». Elle
décide même que les articles 920 et suivants du Code civil,
relatifs à la réduction des libéralités, s'appliquent à l'action
en retranchement ouverte aux enfants du premier lit. Il
n'y a donc aucun argument à tirer à l'encontre de notre
système, des expressions dont le législateur s'est servi.

Mais admettons, pour un instant, que c'est intentionnellement qu'il a évité l'emploi des mots « libéralités » et
« réduction », et que les avantages réalisés par l'un des
époux, par suite de l'adoption du régime de communauté,
soient considérés comme un simple bénéfice provenant

____

(1) Pothier. *Traité des donations entre vifs*, nᵒˢ 256 et 257.

de conventions à titre onéreux. De quel droit permet-on
le retranchement à propos d'un contrat de ce genre ?
Autoriser le retranchement à propos d'un acte à titre
onéreux, serait d'abord une action injuste. Qu'est-ce, en
effet, qu'un acte à titre onéreux ? C'est celui dont les deux
parties retirent un avantage ou une utilité ; mais si on
permet à l'une d'elles de faire diminuer le profit que l'autre espérait en retirer, on modifie ainsi à son seul
avantage les conditions premières de la convention.
Quelle raison le législateur pourrait-il donner de son
intervention ? On comprend aisément la surveillance qu'il
exerce, lorsque l'un des contractants pourrait être victime
de sa faiblesse ou de son incapacité, mais il commettrait
un abus de pouvoir, s'il prétendait faire acte d'autorité
dans une convention librement consentie par deux personnes capables et agissant en connaissance de cause. Son
intervention en ce cas serait injuste, car il doit à chacun
le respect de ses engagements.

Ce retranchement opéré avec garantie de la loi serait
encore, s'il s'agissait d'un acte onéreux, absolument anti-
juridique, contraire à tous les principes de notre droit. Si
l'on parcourt, en effet, les nombreux articles du Code, on
ne rencontre qu'un seul texte qui permette la réduction
des conventions à titre onéreux. C'est le paragraphe 2 de
l'article 484. Il est relatif aux obligations contractées par
un mineur émancipé par voie d'achats ou autrement, et
permet de les réduire en cas d'excès. Sauf cette exception
unique qui s'explique, d'ailleurs, par la protection toute
spéciale dont le législateur veut entourer ce mineur, les
actes à titre onéreux ne sont jamais réductibles. La
règle est générale et toute dérogation qui y serait apportée, serait absolument contraire à l'esprit de notre droit.

Peut-on supposer dans ces conditions que les rédacteurs du Code, dans les articles 1496 et 1527, ont voulu rompre avec ces principes et consacrer une injustice? Évidemment non ! Et puisque, d'une part, les conventions onéreuses ne sont jamais réductibles ; et que d'autre part, la possibilité de la réduction est d'ordinaire le signe certain du caractère gratuit de la convention, il n'est aucune raison de ne pas conclure que cette action en retranchement accordée par le législateur, est une preuve nouvelle qu'il a voulu considérer comme une donation, l'avantage qui en est l'objet.

Les arguments que nous venons de signaler et de réfuter ne sont pas les seuls que la Cour de Nancy ait invoqués à l'appui de son système.

Ce qui prouve, dit-elle encore, qu'on ne doit pas substituer, chez le conjoint survivant, la qualité de donataire à celle d'époux commun en biens, et par suite qu'il ne faut pas imputer sur la quotité disponible comme des libéralités, les avantages résultant des conventions matrimoniales, c'est que si on raisonnait de cette manière, on serait obligé pour être logique « d'appliquer à ces avantages toutes les règles qui régissent les donations entre époux, et de décider notamment, qu'en cas de divorce, ils seront atteints par la déchéance de l'article 299 du Code civil, qu'ils seront révocables pour cause d'ingratitude, ou encore qu'ils sont affranchis de toute obligation aux dettes, ce qui cependant n'est jamais venu et ne saurait jamais venir à l'idée de personne ».

En présence de ces conséquences inadmissibles, il est donc logique de conclure, que si on ne peut appliquer à ces avantages toutes les règles des donations, c'est qu'ils ne constituent pas de véritables libéralités.

Tel est, en résumé, l'ensemble de ces objections. Leur réfutation ne nous semble pas difficile.

Est-il vrai, tout d'abord, que si l'on considère comme un donataire au regard des enfants du premier lit, le conjoint, pour qui les conventions matrimoniales ont été une occasion de profits, on est obligé de lui dénier la qualité d'époux commun en biens et de transformer la nature de son titre d'acquisition ?

Cette conclusion ne nous semble nullement commandée par les principes. A quoi se réduit, en somme, cette objection de la Cour de Nancy ? Uniquement à cette affirmation, qu'un individu ne peut être à la fois relativement aux mêmes objets, donataire et commun en biens. Or, c'est là ce que nous ne pouvons admettre.

Nous ne voyons pas, en effet, ce que ces deux qualités peuvent avoir d'incompatible, et quelles raisons pourraient s'opposer à ce qu'elles soient réunies sur la même tête. Nous sommes certains, au contraire, que cette réunion est possible, et bien que nous prétendions que l'époux survivant soit un véritable donataire, relativement aux avantages qu'il a retirés de son remariage avec un veuf ou une veuve ayant des enfants de son premier lit, nous lui conservons néanmoins la qualité d'époux commun en biens. C'est même là le seul titre qui lui permette de réaliser et de recueillir un bénéfice de son union avec le *de cujus*, car tout autre qu'un époux commun n'aurait rien eu à prétendre. Cette vérité a besoin d'être éclairée par un exemple.

Si nous supposons qu'au moment de son mariage, l'époux aujourd'hui survivant avait versé dans la masse commune une valeur de 20.000 francs, tandis que l'apport de son conjoint s'était élevé à 80.000 francs, la somme de 100.000 francs, produit de ces deux versements, assure au survivant un bénéfice de 30.000 francs sur la moitié de communauté qu'il est appelé à recueillir.

D'après notre système, nous le considérons comme donataire de cette somme, et ce n'est cependant qu'à titre d'époux commun qu'il en a recueilli le profit ; il n'eût en effet, retiré aucun avantage de l'inégalité de ces apports s'il avait été marié sous un autre régime que celui de communauté, par exemple sous le régime dotal.

Tout en donnant à ce conjoint le titre de donataire, nous lui conservons donc sa qualité de commun en biens. Il en résulte naturellement qu'il est tenu à ce titre des dettes de la communauté et l'objection que l'on nous fait relativement à cette contribution, tombe d'elle-même, puisqu'elle n'est que la conséquence de la première que nous venons de repousser.

Mais si vous considérez cet époux comme donataire, il faudra, dit la Cour de Nancy, appliquer aux avantages qu'il réalise, toutes les règles qui régissent les donations entre époux.

Exprimée en ces termes, cette déduction est, à notre avis, au moins exagérée. Il ne faut pas perdre de vue, en effet, le but que le législateur s'est proposé d'atteindre.

S'il considère comme de véritables libéralités, dans le cas des articles 1496 et 1527, les avantages résultant des conventions matrimoniales, il ne le fait que dans le seul intérêt des enfants issus d'un précédent mariage. Lorsque leur intérêt n'est pas en jeu, il faut revenir à la règle ordinaire, c'est-à-dire traiter ces avantages matrimoniaux comme des bénéfices réalisés à la suite de conventions à titre onéreux. Il n'est donc aucune raison de faire intervenir, en notre hypothèse, des règles, qui, comme la révocation pour ingratitude, ou comme la déchéance de l'article 299 du Code civil, régissent uniquement les rapports des époux entre eux et ne concernent en aucune manière les rapports du second conjoint avec les enfants du premier lit de son époux. Exiger, en notre cas, l'application de ces règles, serait tirer des articles 1496 et 1527 des conséquences qui dépasseraient la volonté du législateur.

Ce serait contraire également à l'opinion de la jurisprudence, car il a été décidé le 20 février 1897, par un arrêt de la Cour de Rouen que l'avantage résultant de l'inégalité des apports ne constituait pas une donation révocable en cas de divorce, conformément à l'article 299 du Code civil. Elle en a donné pour raison, qu'entre les époux, cet avantage devait être traité comme une convention à titre onéreux.

Nous croyons avoir ainsi réfuté toutes les objections que l'on a pu faire à notre système, mais nous n'avons pas encore épuisé la série de griefs, que nous opposons à celui de la Cour de Nancy. Il nous reste à en signaler deux défauts qui, au point de vue pratique, suffiraient seuls à le faire condamner.

Dans l'espèce particulière sur laquelle ce tribunal avait eu à se prononcer, il n'y avait rien de choquant à voir le second conjoint retenir intégralement son quart de la succession, puisque le *de cujus* avait assuré à d'autres personnes le bénéfice de la quotité disponible ; mais il pouvait arriver qu'il fût également appelé à recueillir le profit de ce dernier legs. Il eut donc, en ce cas, d'après le système consacré par l'arrêt du 25 février 1891, recueilli en même temps le bénéfice exclusif de deux quotités disponibles, l'une du quart qu'il eût conservé après l'exercice de l'action en retranchement, comme époux avantagé par le contrat de mariage, l'autre d'un quart également, comme légataire du *de cujus*. Ce cumul est la conséquence forcée du système que consacre cet arrêt, puisqu'il considère les deux articles 1496 et 1098 comme indépendants l'un de l'autre, et applicables à deux catégories différentes de dispositions.

Mais ce cumul de deux quotités disponibles est absolument interdit. Tout le monde l'admet, et la Cour de Nancy, en prenant soin de rappeler ce principe, a elle-même condamné le système qu'elle adoptait.

L'article 1098 n'a donc pas uniquement pour but, comme elle l'a prétendu à tort, « de fixer la mesure de ce que le conjoint d'un veuf ou d'une veuve pourra recevoir en sa qualité de commun en biens, dans le cas particulier prévu par les articles 1496 et 1527 ». Ces deux textes ne créent pas pour les avantages résultant des conventions matrimoniales, un système spécial, indépendant des autres dispositions de la loi. Ils se bornent à déclarer que l'article 1098 leur sera applicable dans le cas d'existence d'enfants d'un précédent mariage. La quotité disponible fixée par cet article, servira tout à la fois de mesure aux avantages matrimoniaux et aux libéralités faites par le *de cujus*. En ouvrant contre les premiers l'action en retranchement, la loi, selon l'expression de M. Planiol (1), « les jette dans le même sac que tout ce qui est réductible. On ne voit se former qu'une seule masse disponible où tout vient se confondre. Par l'effet du renvoi fait par les articles 1496 et

____

(1) Marcel Planiol, *Revue critique de législation et de jurisprudence*, 1892, p. 524.

1527 à l'article 1098, c'est ce dernier article qui fonctionne seul, et naturellement il ne peut servir de mesure à deux quotités disponibles distinctes ».

La dernière objection que nous ferons, enfin, au système de la Cour de Nancy, c'est que le mode de calcul qu'elle a adopté est absolument inacceptable. Aux termes de son arrêt, voici dans quel ordre devraient se faire les opérations de la liquidation, lorsque le défunt laisse des enfants d'un précédent mariage. Il faudrait, tout d'abord, procéder à la formation de la masse ; puis calculer le montant d'une part d'enfant et permettre au conjoint survivant de prélever une valeur égale ; enfin partager le surplus entre les enfants, après avoir toutefois calculé le montant de la quotité disponible ordinaire. Ce mode de calcul ne soulève aucune observation particulière, lorsque le *de cujus* ne laisse au plus que trois enfants, mais il devient absolument contraire à la loi, lorsque leur nombre est plus élevé, car la portion de biens attribuée au conjoint dépassera nécessairement en ce cas une part d'enfant le moins prenant. Un exemple le fera comprendre : Le *de cujus* meurt, en laissant outre son conjoint, quatre enfants dont trois sont issus d'une union précédente. Sa fortune est de 100.000 francs. Suivant les prescriptions de l'arrêt de Nancy, on en prélève le montant d'une part d'enfant, c'est-à-dire 20.000 francs qu'on attribue au conjoint. Sur les 80.000 francs qui restent, on calcule d'abord la quotité disponible ordinaire ; en ce cas elle est d'un quart, autrement dit de 20.000 francs ; puis on partage entre les quatre enfants les 60.000 francs qui constituent la réserve : chacun d'eux n'obtiendra donc que 15.000 fr., et le second conjoint recueillera ainsi contrairement à la volonté formelle du législateur, une portion des biens héréditaires supérieure à une part d'enfant le moins prenant. Pour éviter ce résultat inadmissible, il faudrait intervertir l'ordre des opérations et déduire la quotité disponible ordinaire sur la masse, avant de fixer la part d'enfant revenant au conjoint, mais on aboutit alors à une proportion toute différente de celle adoptée par la Cour de Nancy ; de plus on est contraint de réunir fictivement à la masse, l'avantage résultant du régime matrimonial, pour le calcul de la quotité disponible ordinaire, sinon la part du conjoint serait encore plus forte que celle de chacun des enfants, mais alors n'est-ce pas traiter cet avantage comme une véritable donation ? Si l'on adopte cette manière de calculer, on aboutit donc forcément à la même conclusion que nous, c'est-à-dire que les avantages matrimoniaux constituent de véritables libéralités. Peut-on, d'ailleurs, raisonnablement accepter un mode de calcul qu'on est obligé de modifier selon le nombre des enfants laissés par le défunt ? Évidemment non ! Il faut donc chercher un procédé unique, capable de satisfaire dans tous les cas au vœu de la loi ; et on ne peut le trouver qu'en adoptant la solution contraire à celle de la Cour de Nancy.

Il y a donc toute raison de rejeter sans hésiter le système qu'elle nous propose. Diffus, souvent contradictoire, de peu de valeur juridique, il ne peut être que le résultat d'une erreur de jurisconsulte, ou comme le croyait M. Lamache (1), l'application opportune d'une combinai-

____

(1) Voici en effet ce que M. Lamache disait à ce sujet, *Revue du Notariat*, année 1891, p. 748. « Il n'est peut-être pas inutile de remarquer d'ailleurs que l'opinion de la Cour de Nancy, au lieu d'être préjudiciable aux enfants du premier lit, leur était au contraire très favorable dans le cas particulier de l'espèce. Les enfants du premier

son qui, dans le cas particulier soumis à l'appréciation de
la Cour, devait être très favorable aux enfants du premier
lit, loin de leur être préjudiciable.

La solution que nous proposons est, au contraire,
simple et juridique. Comme on a pu la perdre de vue au
milieu de ces longues discussions, nous la rappellerons
en quelques mots.

Par l'effet d'une fiction, la loi, disons-nous, regarde
d'ordinaire comme des actes à titre onéreux les conventions matrimoniales, et considère comme de simples bénéfices les avantages qui en résultent pour l'un des époux ;
mais comme les conséquences de ce système seraient
très préjudiciables aux enfants d'un premier lit, lorsqu'on
se trouve en leur présence, on en revient à la réalité, et
conformément à la tradition historique et à la pensée du
législateur qui se dégage clairement de la combinaison
des articles 1496, 1527 et 1098, nous considérons ces
avantages comme des libéralités indirectes, qui doivent
être à ce titre imputées sur la quotité disponible et par
conséquent aussi sur la part héréditaire du conjoint survivant.

C'est ce système que les derniers arrêts de jurisprudence ont unanimement consacré.

La première décision qui fut rendue en ce sens porte
la date du 28 décembre 1891. Elle émanait de la Cour de
Bourges (1). Partisan convaincu de l'opinion que nous

lit avaient, en effet, été institués par l'époux remarié, légataires de la
quotité disponible. Assimiler à une donation les avantages que le
conjoint survivant puisait dans les conventions matrimoniales et par
suite les imputer sur la quotité disponible, eût été diminuer celle-ci
d'autant au préjudice des légataires. »

(1) Bourges, 28 décembre 1891. Sirey, 92. 2. 69.

avons adoptée, voici les arguments qu'elle employait pour
la soutenir : « considérant qu'il s'agit de rechercher, si
dans l'hypothèse de l'article 1496, la loi a regardé et traité
comme une libéralité véritable, l'avantage résultant des
conventions de mariage ; qu'il est difficile de le nier alors
que l'article 1496 ordonne le retranchement ; que ce terme
est contradictoire avec le fait d'une acquisition à titre
onéreux ; que la libéralité seule est sujette à retranchement, lorsqu'elle excède la quotité disponible fixée par
l'article 1098 du Code civil ; que la distinction entre
l'avantage et la libéralité est arbitraire et inadmissible ;
qu'il s'agit réellement d'une libéralité, puisque par le
hasard du régime matrimonial, l'époux avantagé s'enri-
chit sans compensation aux dépens de son conjoint ; qu'il
y a donc libéralité en droit aux termes de l'article 1496 ;
que toute libéralité est soumise au rapport fictif en vertu
de l'article 922 du Code civil ; qu'on ne comprendrait pas
que la quotité disponible spéciale à l'époux fût fixée sans
tenir compte de l'avantage qu'il a reçu ; qu'au surplus
toute la doctrine, soit les commentateurs du Code civil,
soit ceux des coutumes ou de l'édit de 1560, ont toujours
considéré les avantages indirects de cette nature comme
de véritables libéralités, lesquelles étaient sujettes à réduction ».

Nous n'avons pas hésité à faire cette longue citation
parce qu'elle constitue, à la fin de cette étude, un résumé
excellent des objections que l'on peut opposer au système
de la Cour de Nancy.

Peu de temps après cette décision de la Cour de Bourges,
le 29 janvier 1892, celle de Rouen (1) donna à ce système

____

(1) Rouen, 29 janvier 1892. Sirey, 92. 2. 166.

une nouvelle consécration, en s'appuyant pour le soutenir
sur des arguments analogues (1).

L'étude de cette longue question a interrompu l'énumération que nous avions commencée des avantages que le
conjoint survivant n'est pas tenu d'imputer sur sa part
héréditaire.

Ce sont, d'abord, avons-nous dit, ceux qui résultent des
conventions matrimoniales.

Il faut, en second lieu, appliquer la même règle aux
avantages que des lois spéciales accordent à cet époux,
quelle que soit leur importance.

Nous nous bornons pour le moment à signaler cette
règle, car nous aurons l'occasion de l'examiner en détail,
lorsque nous étudierons la manière dont ces différentes
lois se combinent avec celle du 9 mars 1891.

Enfin sont dispensés de la nécessité de l'imputation, les
différents privilèges que les articles 1465 et 1481 du Code
civil accordent à la veuve, relativement au logement, à la
nourriture, et aux frais de deuil.

D'après le premier de ces textes, la femme survivante,
qu'elle accepte la succession de son époux ou qu'elle y
renonce « a droit, pendant les trois mois et quarante jours
qui lui sont accordés pour faire inventaire et délibérer,

(1) En ce sens : Bourcart, dans Sirey. 1892. 2. 65. Baudry-Lacantinerie et Courtois, 1898, t. II. Appendice. Planiol, *Revue critique de
législation et jurisprudence*, 1892, p. 521, et dans Dalloz. 1891. 2. 353 ;
Lamache, *Commentaire de la loi du 9 mars 1891*, p. 21, et *Revue
du Notariat*, 1891, p. 747 ; *Revue du Notariat*, 1891, p. 599 ; Foiret,
Revue du Notariat, 1891, p. 561 ; De Vareilles, *Cours de droit civil*,
Journal des Notaires, 1891, p. 420 ; *Contrà*, Amiaud, *Journal du
Notariat*, 1891, p. 311 ; Defrénois, *Répertoire général du Notariat*, 1892, p. 211.

de prendre sa nourriture et celle de ses domestiques sur les provisions existantes, et, à défaut, par emprunt au compte de la masse commune, à charge d'en user modérément.

« Elle ne doit aucun loyer à raison de l'habitation qu'elle a pu faire, pendant ces délais, dans une maison dépendante de la communauté, ou appartenant aux héritiers du mari, et si la maison qu'habitaient les époux à l'époque de la dissolution de la communauté, était tenue par eux à titre de loyer, la femme ne contribuera point pendant les mêmes délais au payement dudit loyer, lequel sera pris sur la masse ».

L'article 1481 complète ces dispositions en ces termes : « Le deuil de la femme est aux frais des héritiers du mari prédécédé. — La valeur de ce deuil est réglée selon la fortune du mari. — Il est du même à la femme qui renonce à la communauté ».

Ces droits de veuvage ont été, surtout depuis 1891, de la part de certains auteurs, l'objet de nombreuses critiques qu'ils formulent à peu près en ces termes : grâce au nouvel article 767, la veuve jouit désormais d'un droit héréditaire important ; il n'y a donc plus de raisons de faire peser sur les héritiers des charges que ses propres ressources lui permettent de supporter, et il faut blâmer le législateur de n'en avoir pas prononcé l'abolition.

Cette objection ne nous semble guère justifiée.

Nous avons vu en effet, — et nous le reverrons bientôt avec plus de détails — que l'usufruit de l'époux survivant ne peut porter atteinte au droit de réserve de certains héritiers. Il ne peut donc s'exercer que sur la quotité disponible ; mais le *de cujus* a pu l'épuiser par ses libéralités. Mal disposé à l'égard de son conjoint, il peut aussi l'avoir exhérédé; ce sont là autant d'hypothèses dans lesquelles les dispositions des articles 1465 et 1481 auront encore leur raison d'être, puisque la veuve ne recueillera aucun droit héréditaire.

La vérité de cette observation n'est pas contestable, mais il était très facile, dit-on, d'obvier à cet inconvénient.

Pour concilier tous les intérêts, il suffisait de n'accorder à la femme le bénéfice de ces droits de veuvage, que dans le seul cas, où l'usufruit qu'elle aurait recueilli dans la succession de son époux, n'aurait pas suffi à l'acquittement des dépenses que la mort de son mari lui aurait occasionnées. Si le législateur voulait conserver ces deux textes dans le Code, il devait, pour être juste envers les héritiers, obliger la veuve à imputer sur sa part héréditaire, le bénéfice qu'elle aurait retiré de l'exercice de ces privilèges légaux.

Nous ne croyons pas qu'il y ait lieu de regretter que la loi de 1891 n'ait pas prévu une semblable imputation. Pour une succession importante, l'application des articles 1465 et 1481 ne constituera pas une charge fort onéreuse. Si le défunt n'a laissé, au contraire, que quelques biens peu importants, la situation de la veuve est d'autant plus digne d'intérêt, et ce n'est certes pas le moment de la laisser les mains vides, réduite à la misère, privée des ressources suffisantes pour porter le deuil de son époux et de la chasser de cette maison qui, hier encore, était la sienne. Quelle raison, d'ailleurs, a déterminé le législateur à accorder ces droits de veuvage à la femme survivante? Le véritable motif de ces avantages — ceux qui en demandent la suppression semblent l'avoir oublié — c'est un motif d'humanité. La loi a voulu que pendant les premiers temps qui suivent la mort de son époux, la femme fût le plus possible débarrassée de toute préoccupation matérielle. Il eût été trop dur de la forcer en ce moment de pourvoir elle-même à son logement et à sa subsistance.

Il n'y avait donc aucune raison de supprimer les dispositions des articles 1465 et 1481 par suite de la transformation de l'article 767.

Avant de terminer cette étude de l'imputation, il nous reste à résoudre une question difficile : *c'est celle de savoir, ce qui doit imputer le conjoint survivant, lorsque le « de cujus » avait contracté à son profit une assurance sur la vie.*

Lorsqu'une personne conclut au profit de son conjoint, pour le cas où il lui survivrait, un contrat d'assurances sur la vie, cette convention est, à n'en pas douter, pour le bénéficiaire, un acte à titre gratuit, une véritable libéralité.

On n'y peut voir, en effet, une disposition à titre onéreux, puisqu'il fait une acquisition sans bourse délier (1). L'époux survivant qui recueille le bénéfice de cette donation, est donc tenu de se soumettre, à titre de donataire, à l'obligation du rapport, et son titre de conjoint lui fait également un devoir de l'imputer comme tout autre avantage sur sa part héréditaire. Le paragraphe 8 de l'article 767 est formel en ce sens. Mais quel doit être l'objet de ce rapport et de cette imputation? Est-ce le capital de l'assurance ou seulement le montant des primes payées par le disposant?

______

(1) Certains auteurs considèrent cependant le contrat d'assurances sur la vie comme une convention à titre onéreux, mais l'opinion contraire est plus souvent et plus justement soutenue.

Cette question, après avoir été longtemps résolue d'une manière contradictoire par les Cours d'Appel et la Cour de Cassation, est aujourd'hui enfin définitivement tranchée en ce sens, que c'est au seul montant des primes qu'il faut s'attacher pour calculer la quotité disponible de l'assuré. Ce n'est donc que leur valeur qu'il sera tenu de rapporter et d'imputer sur sa part héréditaire.

Cette solution, que consacraient depuis longtemps toutes les Cours d'Appel et la grande majorité des jurisconsultes, est d'ailleurs la seule logique, la seule qui, comme nous le verrons, puisse résulter d'une exacte interprétation des principes.

La Cour de Cassation n'avait jamais fait de difficultés pour admettre, que lorsqu'une personne avait stipulé au profit d'une autre, qu'elle désignait expressément, une assurance sur la vie, cette dernière acquérait en vertu d'un droit propre, *jure proprio,* dès l'instant même du contrat, un droit de créance contre la Compagnie débitrice du capital promis. Le bénéfice de cette assurance est réputé, en effet, n'avoir jamais fait partie du patrimoine du stipulant. Elle avait consacré sa jurisprudence dans de nombreux arrêts (1) et les Cours d'Appel avaient adopté sans hésiter cette opinion si juridique (2).

De ce que le capital assuré devait être considéré comme ayant toujours appartenu à la personne gratifiée, et comme n'ayant jamais fait partie du patrimoine du dis-

______

(1) Cassation, 2 juillet 1884. Sirey, 85. 1. 5. Dalloz, 85. 1. 150. *Pandectes Françaises,* 86. 1. 21. Cassation, 6 février 1888, Sirey, 88. 1. 121. Dalloz, 88. 1. 193. *Pandectes Françaises,* 88. 1. 124.

(2) Paris, 30 avril 1891. Dalloz, 92. 2. 153 : Paris, 19 mai 1890. Dalloz, 93. 2. 185.

posant, il semblait logique de conclure que la somme provenant de l'assurance, ne devait pas être prise en considération, lorsqu'il s'agissait de calculer après le décès de l'assuré, la quotité disponible ; qu'il ne fallait la soumettre ni aux règles du rapport, ni à celles de la réduction, car on ne saurait comprendre qu'une personne bénéficiaire d'un contrat d'assurances *jure proprio*, et non *jure hereditario* fût soumise à des règles qui ne régissent que l'exercice du droit héréditaire.

C'est cette conséquence logique que la Cour de Cassation refusait d'adopter : elle admettait les prémisses et rejetait la conclusion. Il en était plusieurs raisons. Elle craignait tout d'abord, que l'attribution par une personne à l'un de ses successibles du bénéfice d'une assurance sur la vie, ne devînt un moyen facile de violer le principe de l'égalité des partages. C'était aussi, disait-elle, parce que la stipulation d'une assurance au profit d'une personne, constitue une libéralité indirecte. Elle décidait, en conséquence, dans un arrêt du 8 février 1888 (1), qu'il y avait lieu d'appliquer en ce cas les règles relatives aux rapports « qu'il s'agisse, soit d'assurer l'égalité des partages entre cohéritiers, soit de déterminer à l'égard des réservataires, légataires ou donataires, le montant de la réserve ou de la portion disponible ». Elle exigeait, d'ailleurs, pour la réduction comme pour le rapport, qu'on prît pour base le capital de l'assurance, et non pas seulement le montant des primes payées par le disposant, car c'est ce stipulant lui-même qui a, disait-elle, acquis ce capital et le conjoint survivant n'en a obtenu le bénéfice que par l'effet d'une donation.

(1) Cassation, 8 février 1888, Dalloz, 88. 1. 193. Sirey, 88. 1. 121. *Pandectes Françaises*, 88. 1. 124.

C'était une contradiction évidente avec ce principe certain, qu'elle-même admettait, que le contrat d'assurances stipulé au profit d'un tiers, constitue pour ce gratifié un avantage exclusif, et que le capital assuré n'a jamais fait partie du patrimoine du stipulant.

Plus logiques avec elles-mêmes, toutes les Cours d'Appel tiraient de ce principe une conclusion opposée. Elles décidaient, en effet, que le bénéfice réalisé par l'époux survivant, par suite du contrat d'assurances conclu en sa faveur, ne devait faire de sa part l'objet d'aucun rapport, pour le calcul de la quotité disponible de l'assuré. Toutefois si les prélèvements opérés par celui-ci sur son patrimoine pour payer la prime annuelle, avaient dépassé la somme dont il pouvait légalement disposer, elles soumettaient simplement le bénéficiaire de l'assurance à l'obligation de rapporter à la succession du disposant, le montant des primes que celui-ci avait payées. Elles seules, en effet, devaient entrer en ligne de compte pour le calcul de la quotité disponible du stipulant, car elles constituaient la seule valeur qui fût sortie de son patrimoine.

Après avoir persévéré longtemps dans son opposition au système des Cours d'Appel, la Cour de Cassation s'est enfin ralliée formellement à leur opinion dans un arrêt du 29 juin 1896 (1).

Au cours de cette décision, elle a enfin reconnu que le droit du bénéficiaire d'un contrat d'assurances sur la vie ne constitue pas une valeur successorale, qu'il ne doit pas entrer en compte pour le calcul de la réserve puisqu'il n'a jamais fait partie du patrimoine du stipulant, et que dans

____

(1) Cassation, 29 juin 1896, *Pandectes Françaises*, 1897. 1. 113.

le cas où un rapport devrait avoir lieu, c'est exclusivement celui de la somme qui représente le montant des primes.

C'est en appliquant ces principes à l'époux survivant bénéficiaire d'un contrat d'assurances sur la vie, stipulé à son profit par son conjoint, que l'on est en droit de décider, que c'est uniquement la somme représentative de la valeur des primes, qu'il sera tenu de rapporter à la masse sur laquelle son usufruit sera calculé, et d'imputer sur sa part héréditaire.

Le paragraphe 6 du nouvel articte 767 nous dit, en effet, que pour composer cette masse, il faut réunir aux biens existants lors du décès du *de cujus*, « ceux dont il aurait disposés, soit par acte entre vifs, soit par acte testamentaire, au profit de successibles, sans dispense de rapport ». Le conjoint survivant étant un successible, s'il doit à la générosité du *de cujus* à son égard le bénéfice d'une assurance sur la vie, il faudra ajouter aux biens existants la libéralité qui lui a été faite, c'est-à-dire le montant des primes que le défunt a dû payer pour nourrir l'assurance. C'est la seule valeur qui est sortie du patrimoine du *de cujus*, elle doit donc être seule l'objet de ce rapport.

Il est même une hypothèse dans laquelle l'époux qui survit ne devra pas rapporter à la succession du *de cujus*, le montant intégral des primes que celui-ci a payées. C'est lorsque les deux époux étaient mariés sous le régime de communauté et que l'assurance a été nourrie au moyen de deniers communs. Le survivant ne devra rapporter, en ce cas, que la moitié des primes — pourvu toutefois, s'il s'agit de la femme, qu'elle accepte la communauté — car la valeur de la donation que le défunt lui a faite, n'est égale en ce cas qu'à la moitié des primes. En sa qualité de commun en biens, l'époux bénéficiaire était, en effet, copropriétaire des biens de la communauté; les primes ont donc été payées pour moitié de son propre argent, et c'est l'excédent seul qui constitue à son égard une libéralité.

Lorsque la masse sur laquelle le conjoint survivant doit calculer son usufruit est formée, il doit imputer sur sa part héréditaire la donation qu'il a reçue, c'est-à-dire le montant des primes ou de la moitié des primes.

Ainsi seront observées les prescriptions de la loi de 1891.

Nous avons ainsi achevé, au point de vue du Droit français, la question de l'imputation; il nous faut maintenant jeter un coup d'œil sur les législations étrangères, et nous demander quelles règles président dans ces différents pays à la composition de la masse sur laquelle le conjoint survivant doit calculer et exercer son droit, et quels principes ils adoptent relativement à l'imputation.

Composition de la masse sur laquelle se calcule et s'exerce, dans les pays étrangers, le droit attribué au conjoint survivant et dispositions de leurs Codes relatives à l'imputation.

Le *Code civil italien* de 1865 (1) fait une obligation à l'époux qui survit, lorsqu'il concourt avec d'autres héritiers, d'imputer sur sa part héréditaire « ce qu'il a acquis en vertu des conventions matrimoniales et des gains dotaux » (art. 756). Il est donc moins sévère que notre loi de 1891.

____

(1) Huc, *Traduction du Code civil italien*, Ollivier Beauregard, *la Législation italienne*.

Non seulement, en effet, le conjoint français est tenu d'imputer sur la succession du *de cujus* les avantages précités, mais il doit précompter, sur sa part héréditaire, toutes les libéralités, même préciputaires, que le défunt lui a faites.

Cette nécessité de l'imputation se comprend mieux, d'ailleurs, dans la législation italienne que dans la nôtre, car elle constitue un tempérament utile aux droits très étendus, trop étendus peut-être, que nous avons vu attribuer au conjoint survivant par le Code de ce pays.

En Espagne (1) le Code civil du 24 juillet 1889 ne soumet l'époux qui survit, ni au rapport, ni à l'imputation. Il en est de même du *Code portugais* (2) de 1867.

Le nouveau *Code civil allemand* (3) dispense le conjoint survivant comme tout autre réservataire — car nous verrons qu'il lui donne cette qualité — de l'obligation d'effectuer le rapport et de la nécessité de l'imputation. Ce n'est que dans le cas où le défunt en aurait exprimé le désir, que cet époux serait tenu d'imputer sur le montant de sa réserve, la libéralité qu'il en aurait reçue. Le droit commun est en sens contraire.

La *loi belge* du 20 novembre 1896 (4) « portant modification aux droits successoraux du conjoint survivant », contient relativement à la formation de la masse sur laquelle se calcule et s'exerce le droit d'usufruit de cet époux, une disposition copiée littéralement sur notre nouvel article 767. C'est également la loi du 9 mars 1891,

____

(1) A. Levé, *Traduction du Code civil espagnol.*
(2) Fernand Lepelletier, *Code civil portugais.*
(3) O. de Meulenacre, *Code civil allemand,* traduit et annoté.
(4) *Moniteur Belge* du 27 novembre 1896.

qui lui a servi de modèle en ce qui concerne l'imputation,
mais il faut reconnaître que la rédaction adoptée par le
législateur belge est supérieure à la nôtre. Elle a le mérite
d'une plus grande clarté, et l'avantage de contenir une
clause qui n'a malheureusement pas été inscrite dans
notre loi ; c'est celle qui permet au *de cujus* d'accorder à
son conjoint une dispense formelle d'imputation. « Le
conjoint survivant, dit le paragraphe 4 de cet article 767,
devra imputer sur son usufruit successoral, les libéralités
qu'il aurait reçues du défunt, sauf disposition contraire de
la part de celui-ci. »

Suisse. — Le canton de *Genève*, après avoir suivi
jusqu'en 1874 les dispositions du Droit civil français, a
promulgué le 5 septembre (1) de cette année, une loi modificative des droits de l'époux survivant.

Aux termes du nouvel article 773 du Code, il est tenu
d'imputer sur sa part héréditaire, tout ce que le défunt lui
a attribué, par l'effet de ses conventions matrimoniales
ou depuis le mariage. Dans le cas, cependant, où la loi
ne lui accorde qu'un simple droit de jouissance, — c'est
lorsqu'il est en présence d'enfants du prédécédé —
l'époux qui survit peut librement choisir entre cet usufruit et la donation en toute propriété que le *de cujus* lui
a faite.

Dans le canton de *Bâle* (2), la loi du 10 mars 1884
« concernant le régime matrimonial quant aux biens, les
successions et les donations » après avoir fixé au profit
du conjoint survivant la quotité du droit héréditaire légal,

(1) *Annuaire de législations étrangères*, 1875, p. 495.
(2) *Annuaire de législations étrangères*, 1885, p. 345.

autorise les parties à modifier ce mode de partage dans leur contrat de mariage. Elles n'ont pas cependant toute liberté à ce sujet, car ce texte permet aux descendants du défunt lors de la dissolution du mariage, de faire réduire les dispositions matrimoniales qui excèdent en faveur du survivant les limites fixées par la loi. Il est aussi à signaler dans la législation de ce pays une disposition bizarre. Lorsque le prédécédé avait conclu, au profit de son époux, un contrat d'assurances sur la vie, le produit en doit nécessairement tomber dans la masse commune (article 21).

On ne conçoit guère la raison qui a pu déterminer le législateur bâlois à méconnaître aussi complètement la volonté du *de cujus*.

Dans le canton de *Glaris* (1), le Code de 1874 soumet le conjoint survivant à un rapport — ou, pour parler plus exactement — à un apport tout à fait spécial. S'il veut recueillir une partie de la succession du prédécédé, il doit en faire la déclaration écrite à la direction des Orphelins de son domicile dans les deux mois du décès et verser dans la masse à partager toute sa fortune personnelle.

Enfin dans le canton des *Grisons* (2) l'époux survivant, qui a été gratifié de quelque legs par son conjoint, n'est pas soumis à l'obligation d'en imputer la valeur sur sa part héréditaire, mais il est tenu d'opter entre l'usufruit que la loi lui accorde et la libéralité qui lui a été faite.

____

(1) Ernest Lehr, *Traduction du Code du canton de Glaris. Annuaire de législation étrangère*, 1875, p. 501.

(2) Raoul de la Grasserie, *Code du canton des Grisons*.

Quant à l'*Angleterre* (1) et à l'*Ecosse* (2), à la *Russie* (3) et aux principaux *États de l'Amérique* (2), on ne trouve pas dans leurs lois des règles analogues à celles que notre article 767 consacre au sujet du rapport et de l'imputation. On en peut donc conclure que d'après la législation de ces pays, le conjoint survivant est autorisé à cumuler avec sa part héréditaire légale, le bénéfice des libéralités que lui a faites le *de cujus*.

(1) Ernest Lehr, *Éléments du droit civil anglais.* Lois du 25 juillet 1890 sur les droits successoraux des veuves. *Annuaire de législation étrangère,* 1891, p. 37.

(2) Emile Stocquart, *Le droit de succession du conjoint survivant en Angleterre, en Écosse et aux États-Unis. Revue de droit international et de législation comparée.*

(3) Ernest Lehr, *Éléments de droit civil russe.*

CHAPITRE IV

RESTRICTIONS QUE LA LOI DU 9 MARS 1891 APPORTE A L'EXERCICE DE L'USUFRUIT DU CONJOINT SURVIVANT

L'exercice du droit d'usufruit accordé au conjoint survivant est soumis à plusieurs restrictions importantes.

Outre l'obligation que la loi lui impose, d'imputer sur sa part héréditaire toutes les libéralités que lui a faites le *de cujus*, il en est deux autres que le paragraphe 7 de l'article 767 résume en ces mots : « L'époux survivant ne pourra exercer son droit que....... sans préjudicier aux droits de réserve, ni aux droits de retour ».

Voici à quelle occasion ces deux restrictions furent admises :

Lorsque le projet de M. Delsol, modifié par la Chambre des députés eût fait retour au Sénat, deux membres de cette Assemblée, MM. Griffe (1) et Humbert (2), firent remarquer, au cours de la première délibération sur le projet remanié par la Commission sénatoriale, que le texte qu'elle présentait, restait muet sur le point de savoir, si l'usufruit de cet époux pouvait porter atteinte aux droits des héritiers à réserve, et qu'il fallait craindre qu'il se

______

(1) Séance du 18 novembre 1890, *Journ. Off.* du 19, p. 1046.
(2) Séance du 21 novembre 1890, *Journ. Off.* du 22, p. 1054.

crût autorisé à exercer son droit, même au détriment de ces derniers. Le rapporteur répondit à cette objection, en faisant très justement remarquer, que « du moment où le projet de loi ne disait pas que les droits de réserve et les droits de retour ne pourraient être atteints par l'usufruit du conjoint, la conclusion évidente était que ces droits étaient intégralement maintenus. Mais il a suffi, disait-il, que des doutes puissent s'élever dans quelques esprits et qu'un certain nombre de nos collègues aient exprimé le désir que ce maintien fût expressément visé dans le projet pour que votre Commission leur donne satisfaction, ce qu'elle fait en ajoutant simplement ces mots « sans préjudicier aux droits de réserve ni aux droits de retour » (1).

Section I. — Droits de réserve

L'usufruit de l'époux survivant ne peut donc porter atteinte au droit des héritiers réservataires, c'est-à-dire qu'ils continueront, malgré la présence de ce conjoint, à recueillir la *pleine propriété* de la part que le Code leur attribue à titre de réserve.

Telle est la portée exacte de cette restriction de la loi. A première vue, on serait tenté de croire qu'elle ne constitue de la part du législateur qu'une précaution inutile, puisque le droit de jouissance accordé à l'époux survivant par l'article 767, est toujours inférieur à la pleine propriété de la quotité disponible, qu'il s'agisse de la quotité disponible ordinaire ou de celle que fixent les articles 1094 et 1098 du Code civil. Nous savons, en effet, que si le *de*

(1) **Séance** du **2** décembre 1890, *Journ. Off.* du 3 décembre.

cujus laisse en mourant des enfants issus de son mariage, son conjoint ne recueille que le quart de la succession en usufruit, tandis que dans le même cas, la quotité disponible minima est d'un quart du patrimoine en toute propriété. S'il laisse, au moment de son décès, des descendants d'un premier lit, le droit de jouissance de son époux est limité à une part d'enfant ; c'est aussi ce qui détermine, en ce cas, le montant de la quotité disponible, mais cette part est alors en toute propriété. Enfin, en présence d'ascendants, leur réserve, s'il en est dans les deux lignes, ne peut dépasser la moitié de la succession, et l'usufruit du conjoint qui ne peut s'exercer que sur l'autre moitié, est encore inférieur à la valeur de la quotité disponible.

Pour trouver une hypothèse dans laquelle l'époux survivant peut avoir l'occasion d'entamer la réserve de certains héritiers, il faut supposer que le *de cujus* a donné ou légué tout ou partie de sa quotité disponible. Nous allons, en effet, montrer par un exemple, qu'il ne pourrait en ce cas exercer intégralement ses droits successoraux qu'au détriment des réservataires avec lesquels il concourt.

Une personne meurt en laissant quatre enfants et une fortune de 500.000 francs. En ce cas, sa quotité disponible est d'un quart, c'est-à-dire 125.000 francs, et la réserve des enfants de 375.000 francs. Supposons que, de son vivant, elle ait fait à un étranger ou à un de ses héritiers avec clause de préciput une donation de 100.000 francs. Si l'on calcule sur les biens existants, c'est-à-dire sur les 400.000 francs laissés par le *de cujus* au moment du décès, l'usufruit de son conjoint survivant, on voit qu'en théorie, il est de 100.000 francs, mais comme il y a 375.000 francs de réserve, le droit de jouissance de cet époux, qui aurait pu s'élever à 125.000 francs, ne pourra s'exercer que sur les 25.000 francs disponibles.

Les conséquences de cette restriction seront parfois regrettables, mais il faut cependant louer les auteurs de la loi d'avoir su maintenir les droits des héritiers à réserve. Il le fallait dans l'intérêt même des familles.

Le législateur l'a si bien compris qu'il a étendu sa protection à tous les réservataires.

« Le projet que vous avez déjà adopté, disait M. Delsol au Sénat (1), a conservé parfaitement intacts tous les droits de réserve, c'est-à-dire que, ni les descendants qui sont les premiers héritiers à réserve, ni le père, ni la mère, n'ont vu leurs droits atteints en quoi que ce soit par la création d'un usufruit au profit de l'époux survivant. Sur tous ces points, le Code civil est complètement respecté ».

Tous les héritiers réservataires, sans exception, peuvent donc invoquer le bénéfice de cette restriction, non seulement les enfants et descendants légitimes, mais aussi les enfants légitimés puisqu'ils ont les mêmes droits que les enfants legitimes, les enfants naturels reconnus, dont la qualité d'héritiers à réserve ne peut plus être contestée depuis la loi du 25 mars 1896, et les enfants adoptifs, puisque l'article 350 du Code civil leur accorde, sur la succession de l'adoptant, les mêmes droits qu'à l'enfant issu du mariage.

Tous les ascendants peuvent également invoquer le bénéfice de cette restriction légale, qu'il s'agisse du père ou de la mère, ou de parents plus éloignés.

Il faut cependant, croyons-nous, refuser ce droit aux

(1) Séance du 14 novembre 1890, *Journ. Off.* du 15, p. 1031.

père et mère naturels, car la doctrine et la jurisprudence
s'accordent aujourd'hui à leur dénier le titre de réservataires.

En vertu de leur qualité d'héritiers à réserve, les
ascendants sont autorisés à conserver et à revendiquer
au besoin la pleine propriété des biens dont la loi défend
de les priver. Cette conclusion qui, d'ailleurs, est certaine,
ne soulèverait aucune difficulté si on ne trouvait dans
le Code civil un article 1094, qui permet au *de cujus*,
lorsqu'il ne laisse ni enfants, ni descendants, d'avantager
son époux, non seulement de tout ce dont il pourrait disposer en faveur d'un étranger, mais en outre « de l'usufruit de la totalité de la portion dont la loi prohibe la
disposition au préjudice des héritiers ».

Ainsi donc, tandis que la loi de 1891 fait défense au
conjoint survivant d'exercer son droit de jouissance au
détriment de la réserve des ascendants, un autre texte
permet au prédécédé de lui attribuer l'usufruit de la
succession tout entière. Comment concilier ces deux
dispositions contradictoires ?

Il n'y a pas lieu, selon nous, de chercher une conciliation, car les hypothèses qu'elles visent sont absolument
différentes. Le but de l'article 1094 est de permettre au
de cujus de diminuer au profit de son époux, par des libéralités entre vifs ou testamentaires, la réserve des ascendants avec lesquels celui-ci est appelé à concourir. Dans
l'article 767, au contraire, le législateur s'est contenté de
régler les droits de succession *ab intestat* du conjoint
survivant dans le patrimoine du prédécédé. Il a posé dans
ce texte une règle générale, en laissant à chacun la liberté
de la modifier, mais il n'a nullement présumé que le défunt
préférait son époux à ses ascendants. S'il désire réellement

les priver au profit de son conjoint de l'usufruit de leur
réserve, il faut que de son vivant il en témoigne le désir,
au moins d'une façon tacite, en faisant à cet époux, conformément à l'article 1094 du Code civil, une donation ou
un legs.

Cette disposition législative qui permet au *de cujus*
d'enlever à ses ascendants la jouissance de leur réserve,
pouvait être très utile à une époque où le législateur
n'avait pas encore modifié l'article 767, mais il faut reconnaître qu'elle n'a plus aujourd'hui aucune raison d'être.
Déjà critiquée avant la loi de 1891, elle avait été l'objet,
à la Chambre des députés, le 22 juillet 1890, de la part de
MM. Hervieu, Royer et autres, d'une proposition de loi
qui tendait à la supprimer (1).

Adoptée par cette Assemblée, le 20 février 1893, elle a
deux fois déjà été transmise au Sénat, mais elle n'en a
pas encore reçu sa consécration définitive.

Le conjoint survivant ne peut donc exercer son droit
de jouissance au préjudice des héritiers à réserve.

Les effets de cette restriction ne sont pas seulement
importants pour l'époux qui en est l'objet ; elle peut avoir

(1) Cette proposition de loi est ainsi conçue :

Article premier. — Le premier paragraphe de l'article 1094 du Code
est ainsi modifié : « L'époux pourra, soit par contrat de mariage, soit
pendant le mariage pour le cas où il ne laisserait ni enfants, ni
descendants, disposer en faveur de l'autre époux, en propriété, de
tout ce dont il pourrait disposer au profit d'un étranger ».

Art. 2. — « Conservent leur plein et entier effet, les dispositions
constatées par contrats de mariage antérieurs à la promulgation de
la présente loi, contenant donation de l'usufruit de la totalité ou de
partie de la portion dont la loi prohibe la disposition au préjudice des
ascendants ».

en certains cas des conséquences très préjudiciables pour certains parents du *de cujus*, car elle peut les priver parfois de la jouissance de leur part héréditaire.

C'est notamment ce qui arrive lorsqu'au moment de son décès, le *de cujus* mort sans enfant, laisse pour recueillir sa succession, d'une part son père et sa mère survivants, et d'autre part, des frères et sœurs ou leurs descendants. Dans cette hypothèse, aux termes de l'article 748 du Code civil, chaque ascendant prend un quart du patrimoine du défunt, et l'autre moitié constitue la part des collatéraux; mais la présence du conjoint ne leur permet pas d'en jouir librement.

Le quart attribué au père et à la mère du *de cujus* constitue, en effet, pour chacun d'eux leur réserve héréditaire, l'époux survivant ne peut donc exercer sur cette portion l'usufruit de moitié de la succession que la loi de 1891 lui accorde en ce cas; le septième paragraphe de l'article 767 le lui défend expressément; il en sera réduit à le faire supporter intégralement par les collatéraux, qui ne recueilleront par suite dans le patrimoine du *de cujus* que des droits de nue propriété.

Toujours peu profitables, des droits de cette nature peuvent même devenir une charge onéreuse. Nous disons tout d'abord, qu'ils sont peu profitables, mais ils seront même absolument inefficaces, si l'époux survivant est encore dans toute la force et la santé de la jeunesse, car cette nue propriété n'aura en ce cas, aucune valeur vénale. Ces collatéraux pourront même ne jamais jouir des biens qui leur sont dévolus, si — comme il arrivera fréquemment — ils sont aussi âgés ou plus âgés que ce conjoint. Cette succession qui leur est offerte leur deviendra même parfois onéreuse. Le fisc, en effet, ne se bornera pas, en considération de la jouissance dont ils sont momentanément privés, à leur réclamer le montant des droits de mutation dont ils sont redevables, sur la seule valeur de la nue propriété. Ces droits seront calculés sur la valeur de la pleine propriété au jour du décès, et ils seront tenus d'en acquitter aussitôt le montant. La jurisprudence fiscale est formelle en ce sens, et cependant le chiffre des droits de mutation sera souvent supérieur en ce cas à la valeur de la nue propriété.

Ces conséquences du nouvel article 767 peuvent être regrettables, mais il était bien difficile au législateur de les éviter, sans retoucher en même temps plusieurs textes du Code civil, ou sans diminuer l'importance des droits de réserve accordés aux ascendants. C'est là une double réforme qu'il a bien fait de ne pas réaliser. Il faut, d'ailleurs, se garder de toute exagération : il est certainement fâcheux que les collatéraux soient privés en certains cas, par suite de la présence de l'époux survivant, de la jouissance de leur part héréditaire, mais ce qui est très regrettable, lorsqu'il s'agit des frères et sœurs du *de cujus*, l'est beaucoup moins et même ne l'est plus, lorsque les parents en cause ne sont que des cousins éloignés. A la mort du conjoint, eux-mêmes ou leurs héritiers retrouveront la pleine propriété des biens dont l'usufruit leur avait été enlevé. Quant à ceux dont les ascendants avaient pu, grâce à leur réserve, conserver la propriété, leur succession les ramènera aux mains de ces collatéraux. Au cas, fréquent du reste, où le père ou la mère du *de cujus* serait mort avant lui, ils auront aussitôt, malgré la présence du conjoint, la jouissance d'un quart du patrimoine héréditaire, et ces revenus leur permettront d'attendre, dans le cas où ils seraient en lutte avec les nécessités de la vie, le retour à la nue propriété de l'usufruit dont ils ont été privés.

Certains auteurs auraient souhaité que le législateur de 1891 eût assuré aux collatéraux, du moins aux frères et sœurs, une partie de la succession en toute propriété, sauf à restreindre au besoin le droit héréditaire de l'époux survivant. Ce système aurait eu, selon nous, plus d'inconvénients que d'avantages. Il eût introduit dans les partages de grandes complications, dont le règlement eût amené une foule de contestations, et eût été une nouvelle source de retards dans les liquidations. Ce défaut est assez grave pour qu'on sache gré au législateur de l'avoir évité.

Les effets de cette restriction relative à la réserve ne sont jamais d'ailleurs aussi préjudiciables aux collatéraux, qu'ils peuvent l'être pour le conjoint lui-même.

Ces conséquences se manifestent surtout lorsqu'il est en concours avec des descendants ou des ascendants du prédécédé, et que celui-ci a fait une donation ou un legs à un étranger ou à l'un de ses successibles avec dispense de rapport.

En présence de ces héritiers réservataires, l'époux survivant ne peut exercer, en effet, son droit de jouissance que sur la quotité disponible. Son usufruit pourra donc être considérablement réduit ou même porter complètement à faux, — si les libéralités du *de cujus* n'ont laissé dans la succession que le montant de la réserve, — par suite de l'absence de biens libres auxquels il puisse s'appliquer.

C'est ce qui arrivera, par exemple, si le défunt qui laisse une succession de 100.000 francs a constitué, de son vivant à chacun de ses trois enfants, une dot de 30.000 francs, et légué à un étranger les 10.000 francs qui restent ; son époux ne pourra, en ce cas, obtenir le droit de jouissance que la loi lui accorde, faute de biens sur lesquels il puisse l'exercer.

Lorsque les libéralités faites par le *de cujus* n'ont pas entamé la réserve, il peut arriver que l'usufruit attribué par la loi au conjoint survivant soit supérieur aux revenus des biens disponibles. Comment procédera-t-on, en ce cas, à la liquidation de ses droits ? Le *de cujus* laisse en mourant une fortune de 150.000 francs sur lesquels il a prélevé un legs de 60.000 francs au profit d'un étranger. Comme héritier, il n'a qu'un enfant avec lequel concourt son époux. Aux termes du nouvel article 767, celui-ci serait en droit de réclamer la jouissance du quart de la succession, c'est-à-dire de 37.500 francs, si le défunt avait conservé intact, au profit de ses successibles, son patrimoine héréditaire. La réserve de l'enfant est de 75.000 fr., il ne reste donc que 15.000 francs disponibles, et il semble à première vue, d'après les principes que nous avons déjà exposés, que le conjoint devra se contenter de l'usufruit de cette somme. C'est, d'ailleurs, ce que prétendent certains jurisconsultes (1).

Mais que deviendra la nue propriété de ces 15.000 francs ? Si l'usufruitier ne peut en jouir, ce sera évidemment l'héritier qui en aura le bénéfice ; on aboutira donc à ce résultat choquant de voir cet enfant obtenir plus que sa réserve, tandis que l'époux survivant ne sera pas rempli de ses droits !

---

(1) Huc, *Commentaire du Code civil*, t. V, n° 130 ; Baudry-Lacantinerie et Wahl, *Traité théorique et pratique de droit civil. (Des successions)*, t. I, n° 824 *bis*.

Pour résoudre cette difficulté, certains auteurs se sont demandés, si l'on ne pouvait étendre à cette hypothèse les dispositions de l'article 917 du Code civil qui fixent ainsi qu'il suit, dans une hypothèse analogue, les droits d'un donataire ou d'un légataire. « Si la disposition par acte entre vifs ou par testament est d'un usufruit ou d'une rente viagère dont la valeur excède la quotité disponible, les héritiers au profit desquels la loi fait une réserve, auront l'option, ou d'exécuter cette disposition, ou de faire l'abandon de la propriété de la quotité disponible ». Si ce texte pouvait être étendu au cas du conjoint usufruitier, il aurait le droit d'exiger au choix des héritiers, la pleine propriété des 15.000 francs qui constituent la quotité disponible, ou la jouissance intégrale de 37.500 francs.

Mais les meilleures raisons s'opposent à cette extension. C'est tout d'abord un argument de texte. L'option, dont parle l'article 917, est exigée des héritiers dans le cas où l'usufruit est le produit d'une disposition entre vifs ou testamentaire, et non lorsqu'il a sa source dans un droit successoral émanant de la loi elle-même ; il faut donc l'écarter lorsqu'il s'agit de déterminer les droits établis par la loi de 1891. Cet article constitue, d'ailleurs, une disposition absolument exceptionnelle, qu'il est d'usage aujourd'hui tant en doctrine qu'en jurisprudence d'interpréter restrictivement. Les tribunaux ont eu, en effet, l'occasion de décider plusieurs fois, qu'il n'y avait même pas lieu d'appliquer ce texte aux donations entre époux, « attendu que l'article 917 a eu pour but unique de prévenir les difficultés d'évaluation auxquelles donnerait lieu la recherche du rapport existant entre la valeur d'une libéralité en usufruit et le montant de la quotité disponible, laquelle n'est fixée par la loi qu'en pleine propriété ;

qu'il ne saurait donc trouver d'application et serait sans objet, dans le cas où, comme dans l'article 1094, le législateur a pris soin de déterminer lui-même la quotité disponible en usufruit » (1). On refuse également d'appliquer l'article 917 au cas de donations en usufruit faites par un mineur de seize ans (2). Or, si l'on n'applique pas la disposition de ce texte dans ces deux hypothèses, dans lesquelles il s'agit de fixer la quotité disponible au regard d'un donataire ou d'un légataire, à plus forte raison, ne l'appliquera-t-on pas, lorsqu'il s'agit, comme en notre cas, de fixer le droit d'un héritier *ab intestat.*

Enfin, il est tout à fait contraire à l'esprit de la loi de 1891, que les biens du *de cujus* soient attribués en pleine propriété au conjoint survivant.

Le but du législateur, en ne lui accordant qu'un simple droit d'usufruit, a été, en effet, d'éviter que les biens composant le patrimoine du défunt puissent, même pour partie, passer entre les mains d'une famille étrangère, et ce but serait manqué si l'époux qui survit pouvait recueillir même indirectement un droit de propriété.

L'article 917 ne peut donc être étendu au règlement du droit de succession du conjoint survivant. Il n'est pas juste, cependant, qu'il n'obtienne qu'une partie de son usufruit, alors que l'héritier recueille en plus que sa réserve, la nue propriété des biens sur lesquels il exerce son droit de jouissance.

Pour concilier tous les intérêts, on a proposé une autre

---

(1) Chambre des Requêtes, 30 juin 1885, veuve Sauron c consorts Sauron. Dalloz, 86. 1. 255.

(2) Cass. Req., 9 février 1880. Saunier c. Bourgerette, Sirey, 80. 1. 295.

combinaison exposée en 1891 par le *Journal de l'Enre-gistrement* (1) et qui a été adoptée depuis par plusieurs jurisconsultes (2).

Il s'agit d'évaluer ce que représente en capital, eu égard à l'âge du conjoint, l'usufruit des 37.500 francs que la loi lui accorde dans notre hypothèse. Si cette valeur n'excède pas les 15.000 francs disponibles, le droit successoral de l'époux ne subira aucune réduction; si elle les dépasse, son usufruit sera diminué de toute la somme, dont la valeur de l'usufruit ainsi calculé, excéderait les 15.000 fr. laissés dans la succession.

Le but de cette combinaison est de compenser la réduc-tion de jouissance que subit l'époux survivant par suite du prélèvement de la réserve de l'héritier; et comme ce der-nier acquiert en plus de sa part la nue propriété de la portion dont le conjoint a été réduit, on transforme par le calcul cette nue propriété en usufruit, pour lui donner le maximum possible de son droit de jouissance. En agissant ainsi, on ne lui donne pas, contrairement au but de la loi, un droit perpétuel au lieu d'un droit viager; car cette nue propriété ne lui parvient que convertie en usufruit, et comme le dit M. Lamache : « Le conjoint se payera en usufruit sur la nue propriété. »

Le moyen pratique de réaliser ce système serait de vendre la nue propriété des biens soumis au droit de jouissance de l'époux qui survit, et de lui donner l'usufruit du prix obtenu.

---

(1) *Journal de l'Enregistrement.* Année 1891, p. 287, art. 23.536: Commentaire de la loi du 9 mars 1891.

(2) Lamache, *Revue du Notariat et de l'Enregistrement*, 1891, p. 740 ; Dalloz, *Supplément au Répertoire,* p. 60.

Cette combinaison nous paraît équitable, mais nous croyons qu'il sera souvent difficile de faire avec exactitude les évaluations qu'elle exige.

Le conjoint survivant ne peut donc exercer son droit héréditaire que sur la quotité disponible, *mais quelle est cette quotité disponible ? Est-ce celle de l'article 913 du Code civil ou celle de l'article 1094 ?*

La question a son importance, car la quotité disponible que fixe ce dernier texte, est beaucoup plus favorable au conjoint que la quotité disponible ordinaire.

L'article 1094 décide, en effet, que « l'époux pourra, soit par contrat de mariage, soit pendant le mariage, pour le cas où il ne laisserait point d'enfants ni descendants, disposer en faveur de l'autre époux, en propriété, de tout ce dont il pourrait disposer en faveur d'un étranger, et, en outre, de l'usufruit de la totalité de la portion dont la loi prohibe la disposition au préjudice des héritiers.

Et pour le cas où l'époux donateur laisserait des enfants ou descendants, il pourra donner à l'autre époux, ou un quart en propriété et un autre quart en usufruit, ou la moitié de tous ses biens en usufruit seulement. »

Le conjoint survivant qui vient à la succession du *de cujus*, non comme donataire, mais en vertu du nouvel article 767 du Code civil, peut-il invoquer à son profit cette extension apportée par l'article 1094 à la quotité disponible ? Un exemple très simple fera comprendre l'intérêt de la question.

Une personne est décédée en laissant trois enfants avec lesquels concourt son époux. Celui-ci, d'après la loi de 1891, a droit à l'usufruit du quart de la succession, mais comme le *de cujus* avait fait à un de ses héritiers une

donation préciputaire du quart des biens qu'il laisserait à
son décès, la quotité disponible de l'article 913 est complètement épuisée. Le conjoint survivant pourra-t-il néanmoins réclamer à titre successoral l'usufruit de la portion,
dont la quotité disponible fixée par l'article 1094, excède
la quotité disponible ordinaire? Sera-t-il en droit, dans
notre hypothèse, d'exiger le quart en usufruit que l'article
767 lui attribue en présence d'enfants légitimes?

C'est en ce sens que l'administration de l'enregistrement
résout la question, mais les tribunaux et la doctrine sont,
au contraire, unanimes à reconnaître que la quotité disponible, à laquelle la loi de 1891 fait allusion, est celle
des articles 913 et 914 du Code civil.

C'est dans une solution du 16 février 1894 (1), que la
Régie eut l'occasion de formuler son opinion sur la question; elle a décidé, en effet, que lorsqu'un époux ayant
trois enfants, avait donné à l'un d'eux, à titre de préciput,
la pleine propriété du quart de la succession, le conjoint
survivant pouvait encore, sans préjudicier aux droits de
réserve, revendiquer l'usufruit d'un autre quart.

La pensée de cette administration à ce sujet se déga-
geait, d'ailleurs, de deux articles précédemment parus
dans le *Journal de l'Enregistrement*, le premier en
1891, constituant le commentaire de la loi du 9 mars; le
second, contenant ses observations sur un jugement rendu
en sens contraire, au cours de l'année 1893, par le tribunal d'Aubusson.

A l'appui de son interprétation, voici les arguments
qu'elle invoque :

La seule indication, que donne l'article 767 pour ré-

____

(1) *Journal de l'Enregistrement*, 1894, n° 24, 352, p. 365.

soudre la question, c'est la défense qu'il fait au conjoint survivant d'exercer ses droits successoraux au préjudice des héritiers à réserve. Comme il ne nous dit pas quelle est cette réserve que l'époux ne peut entamer, il n'y a aucune raison pour préférer *a priori* celle de l'article 913 à celle de l'article 1094. La réserve étant, en effet, un droit qui varie suivant la qualité des donataires à qui elle doit être opposée, il faudrait pour la déterminer se trouver en présence de libéralités accomplies, mais la loi de 1891 statue précisément pour le cas où le défunt n'a pas disposé au profit de son conjoint; il en résulte que le critérium nécessaire pour effectuer cette détermination fait ici complètement défaut.

Dans le silence du législateur, il est logique de supposer que cette réserve, à laquelle il a voulu faire allusion, est celle que l'on aurait pu invoquer contre le conjoint s'il avait reçu des libéralités du *de cujus*, c'est-à-dire celle de l'article 1094.

Qu'est-ce, en effet, qui constitue la quotité disponible ? C'est ce que la loi permet de donner; or, le Code permet au *de cujus*, lorsqu'il a des enfants, de donner à son époux un quart en propriété et un quart en usufruit: le survivant pourra donc, malgré la donation du quart des biens successoraux que le défunt a faite à l'un de ses successibles, réclamer son usufruit héréditaire du quart de la succession.

Pour déterminer la réserve qui doit rester intacte, lorsqu'il existe des enfants venant en concours avec l'époux survivant, il faut, dit encore l'Enregistrement, combiner les dispositions des articles 913 et 1094 du Code civil avec celles du nouvel article 767, et ne pas oublier que le disponible spécial de l'article 1094 peut concourir avec le disponible ordinaire de l'article 913 : ainsi, l'époux qui laisse trois enfants, peut donner à son conjoint l'usufruit du quart de ses biens, après avoir déjà disposé **du quart** en propriété au profit d'un de ses enfants ou d'un étranger ; on n'aperçoit pas de motifs pour ne pas appliquer les mêmes règles à l'usufruit créé par la loi de 1891.

A cette interprétation si rationnelle, on nous oppose, dit cette Administration, un autre système, dont le grave défaut est de considérer l'article 913 comme l'expression du droit commun et l'article 1094 comme une dérogation à la règle ordinaire ; or, ce raisonnement n'est pas exact. Ces deux textes instituent deux réserves différentes : l'une pour le cas où les héritiers réservataires se trouvent en présence de donataires autres que le conjoint ; l'autre pour le cas où le *de cujus* a disposé au profit de ce dernier. Chacun de ces articles constitue une règle spéciale et indépendante qui se suffit à elle-même, et la seule conclusion que l'on puisse tirer de leur rapprochement, c'est que l'étendue de la quotité disponible et par suite de la réserve, dépend uniquement de la personne de l'attributaire.

Sur ce dernier point l'Enregistrement a raison. Cette objection serait irréfutable si l'on ne pouvait soutenir le système contraire à celui qu'il propose, sans affirmer le caractère exceptionnel de l'article 1094 par rapport à l'article 913, mais nous verrons bientôt que cela n'est nullement nécessaire.

Enfin, en faveur de l'interprétation soutenue par la Régie, on invoque parfois l'argument suivant : le droit de succession du conjoint survivant est fondé sur l'intention présumée du défunt ; il a été institué, comme le témoigne le rapport de M. Delsol (1), dans le but d'éviter aux époux l'obligation d'assurer eux-mêmes, dans leur contrat de mariage ou pendant le cours du mariage, la situation du survivant, et de remplacer par conséquent les libéralités, qu'ils étaient, pour ce motif, obligés de se faire. L'époux qui survit a donc dû être traité par la loi de 1891 aussi favorablement qu'il l'était par ces donations qu'elle a pour but de remplacer; or, quelle est la quotité disponible entre époux? c'est celle de l'article 1094, et le législateur a voulu qu'elle fût plus large que celle dont les parties peuvent habituellement disposer, à cause de la qualité de l'attributaire, c'est-à-dire du conjoint.

Elle doit donc lui profiter aussi bien quand il se présente comme successeur *ab intestat*, appelé par la loi elle-même, que lorsqu'il vient à cette succession comme donataire, par l'effet de la volonté formelle de son époux prédécédé.

Ce premier système ne nous paraît pas exact et nous en préférons un autre que soutiennent d'ailleurs aujourd'hui la majorité des jurisconsultes et la jurisprudence, et que l'on peut résumer en ces termes :

Le droit de succession du conjoint survivant ne devant pas préjudicier aux héritiers réservataires, ne peut s'exercer que dans les limites de la quotité disponible fixée par les articles 913 et suivants du Code civil, et ne s'étend pas à celles de l'article 1094.

L'usufruit de cet époux sera donc réduit à néant, si comme cela se présente dans l'hypothèse que nous avons supposée, le défunt laisse trois enfants et a disposé par

____

(1) Rapport de M. Delsol, le 20 février 1877. *Journ. Off.* du 4 mars 1877, p. 1663. Annexe n° 36.

préciput du quart de ses biens au profit de l'un d'eux ou d'un étranger.

C'est en ce sens que la question a été résolue, le 21 mars 1893, par le tribunal d'Aubusson (1) devant qui elle s'est présentée pour la première fois.

En exposant l'interprétation soutenue par l'Administration de l'enregistrement, nous avons admis avec elle que l'étendue de la quotité disponible dépendait uniquement de la personne du donataire. C'est, eu égard à l'amitié particulière qui pouvait unir deux époux, que la loi leur a permis, dans l'article 1094, de se faire des libéralités au delà de la quotité disponible ordinaire. Toute personne peut donc faire à son conjoint des libéralités plus importantes qu'elle ne pourrait faire à un étranger, mais pour que cet époux profite de cette quotité disponible exceptionnelle, il ne suffit pas qu'elle ait pu lui être donnée, il faut que réellement elle lui ait été attribuée. On doit donc se garder de confondre deux ordres d'idées absolument distinctes, deux ordres de dispositions tout à fait différentes; d'une part, celles qui règlent la quotité disponible entre époux, c'est-à-dire celles qui déterminent les droits qui peuvent être conférés à un conjoint comme donataire ou légataire; d'autre part, celles qui fixent les droits héréditaires, l'usufruit successoral de l'époux survivant, C'est cette confusion que fait l'Administration de l'enregistrement, en prétendant qu'il faut attribuer à l'époux survivant qui se présente comme héritier *ab intestat*, toute la quotité disponible dont le *de cujus* ne l'aura pas formellement dépouillé.

(1) Trib. civ. d'Aubusson, 21 mars 1893 (affaire Decouteix c. Decouteix), Dalloz, 95. 2. 9.

Cela est absolument inexact, et c'est faire une fausse application des principes que de soumettre, comme elle le fait, l'usufruit créé par la loi de 1891 aux règles que le Code a spécialement édictées pour les donations. Il ne suffit pas, en effet, que le conjoint n'ait pas été formellement dépouillé de cette quotité disponible pour y avoir droit ; il ne suffit pas, nous le répétons, qu'elle *ait pu lui être donnée* pour qu'il soit admis à en réclamer le bénéfice ; il faut encore que le *de cujus* la lui ait attribuée par un acte de disposition, il faut, en un mot, qu'il *en ait réellement disposé à son profit*, et qu'il puisse invoquer un titre de libéralité. S'il en était autrement, l'usufruit du conjoint deviendrait une réserve, or, nous verrons bientôt que le législateur lui a refusé cette qualité.

Si donc, le prédécédé n'a pas voulu user de la faculté que la loi lui accorde dans l'article 1094 du Code civil, de restreindre, au profit de son époux, la réserve des enfants et des ascendants, celui-ci venant à la succession, non plus comme donataire, mais comme simple successeur *ab intestat*, les réservataires ont droit à leur réserve ordinaire telle que la fixent les articles 913 et suivants du Code civil.

En résumé, comme le dit très justement M. Lamache (1), « l'erreur des partisans de l'opinion contraire est d'interpréter la loi de 1891, comme si elle avait dit que le conjoint pourrait réclamer dans la succession de l'époux prédécédé ce que celui-ci aurait pu lui attribuer comme donataire ou légataire ».

Peut-être nous objectera-t-on que la conclusion obligée de notre système, est la reconnaissance de deux réserves

____

(1) Commentaire de la loi du 9 mars 1891. Paris, 1893, p. 16.

et de deux quotités disponibles différentes, qui seront l'une ou l'autre applicables, selon que le conjoint survivant se présentera comme donataire ou comme successeur *ab intestat* de l'époux prédécédé. Sans doute, mais pourquoi ferions-nous difficulté pour le reconnaître, alors que déjà nous trouvons dans le Code une quotité disponible et une réserve différentes, selon que les héritiers réservataires sont en concours avec le conjoint ou avec un étranger? Il n'est pas plus hardi d'admettre une différence analogue entre le cas où cet époux est donataire et celui où il invoque un simple droit d'hérédité.

Mais supposons pour un instant que l'interprétation proposée par l'administration de l'enregistrement soit exacte, il faudrait pour être logique, l'appliquer même dans le cas où les héritiers réservataires laissés par le défunt ne sont pas des descendants mais des ascendants; mais nous avons déjà en l'occasion de prouver que l'article 1094 est inapplicable en cette hypothèse, lorsque le conjoint ne se présente que comme successeur *ab instestat*.

Les conséquences qui résulteraient de l'application de ce texte seraient d'ailleurs, en ce cas, absolument contraires à l'esprit de la loi. Que le défunt ait laissé par exemple, outre ses ascendants et son conjoint, des collatéraux ordinaires : d'après l'article 784 du Code civil, les premiers ont le droit de prélever, outre leur part en propriété, le tiers en usufruit de celle des collatéraux. Quant à l'époux survivant, il recueille, en cette hypothèse, la jouissance de la moitié de la succession. D'après le système que nous avons précédemment admis, pour éviter à l'ascendant de voir son usufruit — dont il peut, vu son âge, avoir grand besoin — absorbé par celui d'un bénéficiaire plus jeune, on lui permet d'exercer son droit de jouissance avant celui du conjoint. Mais si, comme le prétend l'administration de l'enregistrement, ce dernier a le droit, lorsque la quotité disponible fixée par les articles 913 et 914 du Code civil est épuisée, d'exercer son usufruit héréditaire sur le surplus de la quotité disponible spéciale établie par l'article 1094, on pourra aboutir à un résultat absolument choquant.

Ce texte, en effet, permet au *de cujus* de donner à son époux les trois quarts ou la moitié de ses biens en toute propriété (selon qu'il laisse ou non des ascendants dans les deux lignes) et le reste en usufruit. S'il a usé de cette autorisation, l'ascendant, à qui le législateur a cependant voulu assurer en toute circonstance, par la disposition de l'article 574, la jouissance immédiate d'une partie des biens héréditaires, se verra réduit, si l'on adopte le système que nous repoussons, à un simple droit de nue propriété. Une conséquence aussi contraire à la volonté du législateur est absolument inadmissible et prouve bien que ce n'est pas dans les limites de la quotité disponible fixée par l'article 1094, que le conjoint survivant peut exercer son droit d'usufruit légal.

Nous en trouvons une dernière preuve dans les travaux préparatoires de la loi du 9 mars 1891. Il résulte, en effet, d'un passage de la discussion du projet au Sénat, que la défense faite au conjoint de « préjudicier aux droits de réserve », visait exclusivement les droits de réserve ordinaires, tels qu'ils sont fixés par les articles 913 et suivants du Code civil. Comme cette défense n'était pas exprimée dans la proposition qui fut soumise à cette Assemblée, M. Griffe (1), l'un de ses membres, fit à M. Delsol

(1) Séance du 18 novembre 1870. *Journ. Off.* du 19 novembre, p. 1046.

l'objection suivante : « Je prends une espèce, une succession de 80.000 francs ; biens existants 20.000 francs ; trois enfants dotés de 20.000 francs chacun, soit 60.000 francs. Voilà l'hypothèse posée par M. Delsol. Eh bien ! je ferai une hypothèse contraire. Supposez que le testateur ait disposé, en faveur d'un étranger, de la quotité disponible, c'est-à-dire d'un quart. Il a disposé de 20.000 francs en faveur d'un étranger. Que deviendra, dans ce cas, la réserve des enfants, si vous prenez sur cette réserve une portion de l'hérédité que vous accordez à la femme ? Faut-il permettre d'entamer la réserve ordinaire des descendants et des ascendants fixée par les articles 913 et suivants du Code civil ? » C'était là, à n'en pas douter, la question dont nous recherchons la solution. « Mais non, répondit M. Delsol, les enfants prennent tout ! Nous n'enlevons rien à la réserve des enfants. » On ne pouvait donner une réponse plus claire.

Et ce qui prouve bien que ce fut là l'opinion du législateur, et non pas seulement la pensée particulière du rapporteur, c'est que la question avait été résolue dans le même sens quelques années auparavant dans la loi du 14 juillet 1866 « sur les droits des héritiers et ayants cause des auteurs ». Après avoir accordé au conjoint survivant la jouissance des droits dont son époux prédécédé n'a pas disposé par acte entre vifs ou testamentaire, cette loi apporte à cette faveur une restriction conçue en ces termes : « Toutefois, si l'auteur laisse des héritiers à réserve, cette jouissance est réduite au profit de ces héritiers suivant les proportions et distinctions établies par les articles 913 et 915 (1) du Code civil » art. 1, § 3.

(1) Cet article 915 est aujourd'hui l'article 914, depuis que la loi du

Peut-on supposer que la même restriction reproduite par le législateur dans la loi de 1891 a une portée tout autre que dans celle de 1866, alors que ces deux lois ont été créées dans le même but, qui est d'améliorer le sort du conjoint survivant ? Evidemment non ! A défaut de dispositions contraires, et puisque ces deux lois procèdent de la même idée, il est logique de supposer que le législateur a persévéré dans sa manière primitive d'envisager la question ; nous en concluerons donc, que lorsque le *de cujus* a fait des libéralités qui épuisent la quotité disponible des articles 913 et suivants, le conjoint survivant n'a plus rien à prétendre et ne peut user de son droit de jouissance, faute de biens sur lesquels il puisse s'exercer.

Nous déciderons également, par application de ces principes, que lorsque le *de cujus* a institué dans son testament un légataire universel, l'époux qui survit ne peut plus exercer son droit de succession. Il n'a pas, en effet — nous le verrons bientôt, — la qualité de réservataire, et par suite il n'a rien à réclamer si le défunt l'a dépouillé de son droit, en disposant des biens sur lesquels son usufruit devait porter.

Il est un cas cependant dans lequel l'institution d'un légataire universel n'aura pas pour ce conjoint des effets aussi désastreux ; c'est lorsque le testament du *de cujus* ne produit que la moitié de son effet à raison de la minorité de son auteur. (Art. 904 du Code civil).

Ce testateur a pu avoir l'intention de priver son époux de tout droit héréditaire, mais comme il était mineur au moment où il a testé, il reste encore dans sa succession une certaine quantité de biens libres, puisque la loi ne

25 mars 1896 est venue modifier l'ordre de certains textes du Code.

permet à ce *de cujus* de disposer en ce cas que de la moitié de la quotité disponible qu'elle accorde au majeur. En outre, il est dans notre droit un principe certain, c'est que le pouvoir d'exhérédation d'une personne ne peut avoir plus d'étendue que son pouvoir de disposition.

Le conjoint survivant pourra donc exercer son droit de jouissance sur la portion qui demeure disponible dans la masse héréditaire. Mais quelle est cette fraction de biens disponibles ? C'est ce qu'il faut déterminer, et on peut le faire de deux manières.

Si le *de cujus* avait été majeur au moment où il a testé, la conséquence directe du legs universel qu'il a fait, aurait été l'exhérédation complète de son époux. Étant mineur, il n'a, avons-nous dit, qu'une quotité disponible restreinte à la moitié, et comme l'exhérédation ne peut produire d'effets que dans les limites de son droit de disposition, l'époux survivant ne recueillera que la moitié de son usufruit légal. L'effet de ce legs universel sera de le priver de la moitié de son droit de jouissance. Si donc il est en présence de descendants du *de cujus*, son droit de jouissance du quart de la succession sera réduit au huitième.

Voilà comme on pourrait tout d'abord raisonner. Ce n'est pourtant pas de cette manière que le tribunal de Montpellier a résolu cette question, lorsqu'elle s'est présentée devant lui le 23 novembre 1893 (1).

Une dame V... était morte en laissant pour lui succéder, son mari, une fille née de son mariage et son frère qu'elle avait institué légataire universel dans un testament fait avant sa majorité. Le légataire, par suite de la minorité de

____

(1) Montpellier, 23 novembre 1893, Dalloz, 94. 2. 105.

la testatrice, ne pouvait recueillir que la moitié de son legs, c'est-à-dire le quart de la succession, puisqu'une moitié constituait la réserve de l'enfant. La mère du légataire chargée de le représenter, prétendant que sa fille avait témoigné sa volonté de donner toute sa fortune à son frère et de ne rien laisser à son mari, déniait à celui-ci le droit de réclamer son usufruit successoral, même pour partie.

Après avoir reconnu que cette prétention n'était pas fondée, par suite de ce fait, que la testatrice étant mineure n'avait pu disposer que de la moitié de la quotité disponible et qu'il restait en conséquence dans la succession, des biens libres sur lesquels pouvait s'exercer l'usufruit du mari, voici comment le tribunal de Montpellier a déterminé les droits de ce conjoint. Partant de ce principe « que l'institution d'un légataire universel faite par un mineur de seize ans, ne modifie pas la quotité de l'usufruit qui appartient au conjoint en vertu de la loi de 1891, mais a seulement pour effet de soustraire à cet usufruit les biens dont le *de cujus* a pu légalement disposer », (Lamache) comme il ne pouvait disposer dans le cas qui lui était présenté, que du quart des biens, il a conclu que le droit héréditaire du conjoint devait être calculé sur les trois autres quarts de la succession, et comme l'usufruit du conjoint, d'après l'article 767, est en présence d'enfants du *de cujus*, du quart de l'hérédité, il sera, d'après ce système, du quart de ces trois quarts, c'est-à-dire de trois seizièmes ; de telle sorte que la succession sera ainsi répartie : 4/16 au légataire ; 3/16 en usufruit au conjoint et au réservataire 9/16 en toute propriété et 3/16 en nue propriété.

Cette manière de calculer le droit du conjoint est plus

juste et plus juridique que la précédente. D'une part, il
fallait, en effet, déduire de la masse, le quart que le *de
cujus* avait légué à son frère, car dans cette hypothèse, il
n'était pas successible (art. 767, § 6) ; d'autre part, il fallait donner au conjoint le droit de jouissance le plus important qu'il était possible, tout en laissant intacts les
droits de réserve de l'enfant. C'est ce que fait le tribunal
de Montpellier puisqu'il lui attribue 3/16 au lieu de
deux.

Son système, sans léser aucun droit, concilie donc
mieux que tout autre les intérêts des parties en cause : il
nous semble, en conséquence, qu'il y a lieu de l'adopter.

SECTION II. — DROIT DE RETOUR

La loi de 1891 a imposé au conjoint survivant, relativement aux droits de retour, une restriction analogue à celle
qu'elle avait apportée au sujet de la réserve.

L'époux qui survit, dit le paragraphe 7 de l'article 767,
ne peut exercer son usufruit héréditaire de manière à
« préjudicier aux droits de retour ». Ceux qui peuvent se
prévaloir d'un droit de cette nature, reprendront donc les
biens qui en sont l'objet, sans qu'ils puissent être atteints
par l'usufruit du conjoint. C'est là, à n'en pas douter, la
portée de cette restriction.

Nous avons vu à quelle occasion et sur l'initiative de
quels membres du Sénat, elle avait été formellement
exprimée dans le texte de la loi (1) ; mais cette défense

____

(1) Séance du 21 novembre 1890. *Journ. Off.* du 22, p. 1054.

est-elle générale ? S'étend-elle en même temps au droit de retour conventionnel dont parle l'article 951 du Code civil et aux trois droits de retour légaux, de l'ascendant donateur, prévu par l'article 747 du Code ; de l'adoptant et de ses descendants légitimes, que règlent les articles 351 et 352 ; et des frères et sœurs légitimes de l'enfant naturel qu'envisage l'article 766 ? Cette question doit certainement recevoir une réponse affirmative, car cette restriction de la loi de 1891 est tout à fait générale.

En tant qu'elle s'applique au droit de retour conventionnel, cette solution ne peut faire difficulté. Lors de l'ouverture de ce droit, en effet, les biens qui en sont l'objet rentrent rétroactivement, en vertu d'une condition résolutoire, dans le patrimoine du disposant dès l'instant du décès du donataire. Il est donc naturel que le conjoint ne puisse les soumettre à l'exercice de son usufruit, puisqu'il ne peut porter que sur les biens qui sont restés dans la succession du prédécédé.

Quant aux droits de retour légaux, il n'y avait pas les mêmes raisons de décider — surtout si l'on en excepte celui de l'article 747 — que le droit de l'époux survivant ne pourrait leur porter atteinte; car c'est à titre de succession que s'exercent ces droits de retour, et on aurait pu prétendre que les personnes appelées à en bénéficier, devaient supporter comme tous autres héritiers l'usufruit du conjoint sur les biens qu'elles recueillent; on ne peut cependant pour une double raison, douter que l'article 767 ne leur soit applicable.

C'est que d'abord il eût été absolument inutile de ne formuler cette restriction que pour le droit de retour conventionnel pour lequel, nous venons de le voir, elle était évidente. C'est aussi et surtout parce que M. Piou, le rapporteur de la proposition législative à la Chambre des députés, a déclaré formellement, au cours des travaux préparatoires, que « le projet de loi ne portait aucune atteinte aux droits de retour organisés par les articles 351, 352, 747 et 766 du Code civil, l'usufruit ne devant jamais s'exercer, ni sur le montant des réserves, ni sur les biens dépendant de la succession anomale » (1).

Les droit de jouissance de l'époux survivant ne pourra donc jamais s'exercer sur les biens soumis au droit de retour, *mais ces biens devront-ils être compris dans la masse pour calculer le maximum possible de cet usufruit? Devra-t-on les traiter comme ceux que le* de cujus *a donnés à ses héritiers sans clause de préciput?*

C'est une question sur laquelle deux opinions sont en présence.

La controverse ne s'étend pas cependant au droit de retour conventionnel, car tous les jurisconsultes sont d'accord pour admettre que les biens qui y sont soumis, ne doivent pas être compris dans la masse sur laquelle on calculera le droit héréditaire du conjoint. Donnés sous la condition qu'ils feront retour au disposant dans le cas où il survivrait au donataire, la mort de ce dernier les fait sortir aussitôt de son patrimoine, et comme il est censé n'en avoir jamais été propriétaire, ils ne peuvent faire partie de son actif successoral.

Mais en ce qui concerne les biens soumis au retour légal, la controverse demeure entière, car c'est *jure hereditario*, en vertu d'un véritable droit de succession, qu'ils rentrent dans le patrimoine du donateur. Il y a

______

(1) Rapport de M. J. Piou, le 20 mars 1886. *Journ. Off.* du 9 novembre 1886, p. 1293. Annexe n° 565.

donc lieu de rechercher s'il faut ou non tenir compte de leur valeur, pour déterminer le montant de l'usufruit attribué à l'époux survivant.

La manière dont les auteurs ont résolu cette difficulté, dépend de la solution qu'ils ont adoptée sur la question plus générale de savoir, si la succession anomale, à laquelle tout droit de retour légal donne ouverture, doit être considérée comme distincte de la succession ordinaire, ou comme ne constituant avec elle qu'une seule et même succession, dont on attribue certains biens à raison de leur origine à des héritiers déterminés.

La plupart des auteurs et la jurisprudence adoptaient jadis la première opinion. Les biens soumis au droit de retour constituent, disaient-ils, une succession particulière, aussi indépendante de la succession ordinaire que le seraient les successions de deux personnes différentes.

S'il y a deux hérédités distinctes, l'une comprenant les biens soumis au droit de retour, l'autre composée de biens réellement disponibles, il faut en conclure que c'est sur ces derniers seulement, et après en avoir déduit ceux qui composent la succession anomale, que l'on calculera l'usufruit du conjoint. Les biens grevés du droit de retour constituent, en effet, une portion tout à fait spéciale, sur laquelle ni les héritiers du sang, ni l'époux survivant n'ont rien à prétendre; car s'il en était autrement, celui-ci bénéficierait de cette circonstance absolument fortuite, que ces biens se trouvent dans le patrimoine du *de cujus*, et il s'en servirait pour augmenter son droit, alors qu'ils ne peuvent servir à son exercice. Ces biens ne doivent donc pas être compris dans la masse sur laquelle on calculera le *quantum* du droit de jouissance que la loi accorde au conjoint.

Ce qui, d'ailleurs, dit-on, confirme cette interprétation, c'est que certains auteurs et la jurisprudence (1) sont d'avis, qu'il ne faut pas comprendre dans la masse servant à déterminer la réserve, les biens soumis au droit de retour. Les deux hypothèses sont identiques, il y a donc lieu d'adopter dans les deux cas une solution analogue (2).

Cette opinion est de plus en plus abandonnée, et beaucoup de jurisconsultes estiment aujourd'hui qu'il y a lieu de tenir compte des biens soumis au droit de retour, pour évaluer le montant de l'usufruit du conjoint. Bien peu cependant en donnent pour raison que la succession anomale et la succession ordinaire ne constituent qu'une seule et même hérédité. C'est surtout en s'appuyant sur les termes employés dans la rédaction de l'article 767, qu'ils croient prouver la justesse de leur interprétation. Dans le paragraphe 6 de ce texte, le législateur ordonne de calculer ce droit de jouissance « sur une masse faite de *tous* les biens existant au décès du *de cujus*. » Si donc on distrait de cette masse les biens soumis au droit de retour, on viole cette disposition légale, car ces biens, au jour du décès, existent réellement dans la succession du *de cujus*.

Envisagée de cette manière, la question, disent ces auteurs, s'éclaire d'elle-même, et il est facile de comprendre le sens de la restriction qui nous occupe. Si l'on a ajouté au texte du paragraphe suivant, les mots : « sans préjudicier aux droits de réserve et aux droits de retour », c'est afin d'éviter que le conjoint ne se crût autorisé, après

---

(1) Cassation, 28 mars 1866. Dalloz, 66. 1. 397.

(2) Huc, *Commentaire du Code civil*, t. V, p. 169 ; Mesnard, *Lois Nouvelles*, 1891, p. 509.

avoir fait entrer dans la masse ces biens grevés du droit de retour, à exercer sur eux son droit de jouissance. C'est pour éviter cette déduction qui, d'ailleurs, eût été logique, que le législateur a inséré cette restriction dans l'article 767.

Ces biens serviront donc à déterminer le *quantum* de l'usufruit héréditaire de l'époux survivant, mais il ne pourra porter sur eux. Ainsi sera respecté, dit-on, le principe que le droit de retour constitue une succession particulière aux biens donnés, distincte de la succession ordinaire.

Non seulement, ajoute-t-on, cette interprétation, est conforme au texte, mais elle est également conforme à l'idée qui a présidé à sa rédaction. Il est visible, en effet, au seul examen du paragraphe 7 de l'article 767, que le législateur a voulu mettre sur la même ligne les droits de réserve et les droits de retour. Il est donc logique de soumettre au même traitement les biens qui composent la réserve et ceux qui sont grevés du droit de retour, or, il est unanimement admis aujourd'hui, que les premiers, doivent être compris dans la masse sur laquelle se calcule l'usufruit : on en peut conclure qu'il doit en être de même de ceux qui sont soumis au droit de retour (1).

C'est à cette seconde opinion que s'est ralliée là jurisprudence la plus récente dans un arrêt du 20 juillet 1895 rendu par la Cour de Nancy (2).

(1) Baudry-Lacantinerie et Wahl, *Traité des Successions*, t. I ; Souchon, *Revue critique de législation et de jurisprudence*, 1891, p. 237 ; Zeglicki, *Revue critique de législation et de jurisprudence*, 1892, p. 180 ; Lamache, *Revue du Notariat et de l'Enregistrement*, 1895, p. 844, n° 9470.

(2) Nancy, 20 juillet 1895. Héritiers Paroche c veuve Paroche; Sirey, 95, 2. 293

Elle admet encore que la succession anomale et la succession ordinaire constituent deux hérédités distinctes, mais elle reconnaît, qu'il est inexact de soutenir que cette dualité est absolue et que ces deux successions doivent se régler par des principes différents et exclusivement applicables à chacune d'elles.

Il faut, au contraire, a déclaré la Cour de Nancy, conclure qu'elles entrent en contact ou en conflit, sinon la réserve finale du paragraphe 7 de l'article 767 « sans préjudicier aux droits de réserve et aux droits de retour » serait sans aucune application et resterait inexplicable. Quant aux arguments dont elle s'est servie pour soutenir son interprétation, ce sont ceux que nous avons exposés.

Si l'on nous mettait en demeure de choisir entre ces deux opinions, nous serions bien embarrassés. Toutes deux, en effet, ont, à notre avis, ce grave défaut de regarder la succession anomale comme une succession distincte de la succession ordinaire.

Si réellement il en était ainsi, la première serait plus logique, mais nos préférences iraient cependant vers la seconde, car nous ne doutons pas qu'elle est l'expression de la vérité, lorsqu'elle enseigne que les biens soumis au droit de retour doivent être réunis à la masse pour le calcul du droit d'usufruit de l'époux survivant. C'est là notre opinion, mais nous ne saurions, pour la soutenir, admettre les raisons que l'on invoque d'ordinaire. Elles ne nous paraissent pas concluantes.

Si les biens qui composent la succession anomale doivent être compris dans la masse pour calculer le maximum possible du droit de jouissance du conjoint, c'est simplement parce qu'elle ne constitue avec la succession ordinaire qu'une seule et même succession dont les biens sont attribués, à

raison de leur origine — par dérogation à l'article 732 du
Code civil — à des héritiers différents, et qu'il est logique
s'il n'est qu'une seule succession, que le droit de l'époux
survivant se calcule sur tous les biens qui la composent,
même sur les biens soumis au droit de retour, sauf toutefois à ne pas s'exercer sur eux, conformément à la restriction insérée dans le texte de la loi.

Nous n'ignorons pas, qu'en soutenant le principe de
l'unité de la succession anomale et de la succession ordinaire, nous nous mettons en contradiction avec l'opinion
presque unanimement soutenue, tant en doctrine qu'en
jurisprudence : il nous est donc nécessaire de prouver la
vérité de notre affirmation, et l'inexactitude du système
contraire, quitte à faire en cela, une courte digression à
notre sujet.

Quels arguments invoque-t-on pour soutenir que la succession anomale constitue une hérédité distincte et indépendante de la succession ordinaire?

On en croit trouver une première preuve dans ce fait,
que celui qui en bénéficie, l'ascendant par exemple, si
nous prenons le cas de l'article 747 du Code civil, conserve le bénéfice exclusif des biens soumis au droit de
retour, sans avoir à les partager avec les autres héritiers
du *de cujus*.

C'est là une simple conséquence de cette idée : que le
législateur a fixé à l'avance la part de l'ascendant donateur, en ordonnant dans l'article 747 qu'il rentre toujours
en possession, après le décès du donataire, des biens dont
il l'avait gratifié, quel que soit le degré de parenté des
héritiers avec lesquels il concourt; mais cette prescription
légale ne prouve nullement la dualité des deux successions anomale et ordinaire.

Si cette preuve n'est pas convaincante, il est un autre fait qui démontre bien, dit-on, l'indépendance de ces deux hérédités ; c'est que le bénéficiaire du droit de retour ne doit pas le rapport aux héritiers pour les biens qu'il a reçus du *de cujus;* or, il est certain qu'il serait soumis à cette obligation s'il n'y avait qu'une seule et même hérédité, car aux termes de l'article 843 du Code civil, « tout héritier, venant à une succession, doit rapporter à ses cohéritiers tout ce qu'il a reçu du défunt, directement ou indirectement ». Cette dispense de rapport est très compréhensible et la raison que nous venons d'alléguer, l'explique suffisamment. Le bénéficiaire du droit de retour n'a droit qu'aux seuls biens dont il avait disposés en faveur du *de cujus;* or, s'il effectuait le rapport, il aurait le droit de l'exiger de la part des autres héritiers : mais, d'une part, il n'a aucun droit sur les biens qui ne sont pas grevés du droit de retour, et d'autre part, il a un droit absolu à rentrer en possession de tous les biens qui y sont soumis. C'était une raison suffisante pour le dispenser de l'obligation du rapport et il n'est aucune déduction à tirer de ce fait en faveur du système que nous combattons.

C'est de la même manière que nous expliquerons un fait d'un autre genre que l'on a invoqué parfois à l'encontre de notre théorie.

Lorsque l'ascendant donateur, sans venir en ordre utile pour recueillir une partie de la succession du *de cujus,* reprend en vertu de son droit de retour les biens qu'il lui avait donnés, il ne profite pas de l'accroissement qui se produit si l'un des héritiers appelés vient à mourir avant le partage. On le comprend aisément, puisqu'il n'est appelé qu'à recueillir les biens dont il avait disposé au profit du défunt. Pour obtenir autre chose, il faudrait qu'il fût héritier, qualité qu'il n'avait pas, nous l'avons supposé.

Mais si le législateur n'avait pas l'intention de considérer la succession anomale et la succession ordinaire comme deux hérédités distinctes, comment expliquer qu'il se soit préoccupé de l'origine des deniers? La raison n'en est pas douteuse. C'est parce qu'il a voulu, pour encourager les libéralités à l'égard de certaines personnes, assurer aux donateurs le retour des biens donnés, pour le cas où ces donataires leur prédécéderaient sans postérité.

Tel est le but certain de la dérogation apportée à l'article 732 du Code civil, et rien ne permet d'en conclure que le législateur a voulu consacrer ainsi le principe de la dualité de deux successions.

Beaucoup de jurisconsultes avaient cru trouver cependant la preuve de cette dualité, dans ce fait qu'ils considéraient comme certain, que le bénéficiaire du droit de retour peut, lorsqu'il est appelé à participer à la succession du *de cujus*, prendre sur la succession anomale et sur la succession ordinaire des partis différents, refuser la première, par exemple, et accepter la seconde. Mais ce droit que l'on considère comme absolument indiscutable ne nous semble rien moins qu'établi.

C'est ce que nous espérons démontrer au cours de l'exposé que nous allons faire de notre système.

Comme nous l'avons dit en commençant, la succession anomale et la succession ordinaire ne constituent, selon nous, que les deux parties d'une seule et même hérédité.

N'est-ce pas, en effet, une seule personne qui est morte? Évidemment oui, mais une même personne ne peut laisser qu'un seul patrimoine, puisque le patrimoine est le reflet de la personnalité. La succession, qui est la transmission du patrimoine après le décès de son possesseur, doit donc être simple comme lui ; elle peut se diviser en plusieurs parties, mais elle ne forme, en réalité, qu'un tout unique, qu'une seule et même succession. C'est là une déduction absolument rationnelle.

L'idée de la dualité des successions est, d'ailleurs, tout à fait contraire aux précédents historiques. Sur quoi se base-t-on pour prétendre que le législateur a voulu modifier cette règle traditionnelle ? Uniquement sur ce fait, qu'il s'est préoccupé relativement au droit de retour, de l'origine des biens ; mais n'en était-il pas de même dans l'ancien Droit coutumier, lorsque leur dévolution successorale était réglée suivant leur qualité de propres ou d'acquêts ? Jamais, cependant, l'ancien Droit n'a envisagé comme deux hérédités distinctes la succession aux propres et la succession aux acquêts. Pourquoi en serait-il autrement aujourd'hui pour la succession anomale et la succession ordinaire ? Cette distinction a été faite pour la commodité du langage, et il ne faut pas que les expressions employées par les rédacteurs du Code soient une cause d'erreurs.

Si ces deux parties d'un même patrimoine constituaient réellement deux hérédités distinctes, quelle serait la conclusion logique ? C'est que les biens soumis au droit de retour n'auraient pas à contribuer au payement des dettes héréditaires ; or, chacun admet qu'ils doivent y contribuer pour leur part et portion, c'est donc que ces biens ne forment qu'une partie de la succession totale.

Mais s'il en est ainsi, le bénéficiaire du droit de retour ne peut, comme on le prétend, prendre sur les biens qui y sont soumis, un autre parti que sur les autres biens du *de cujus.* Où trouve-t-on la preuve de cette faculté accordée, par exemple, à l'ascendant donateur ? Est-ce le Code qui lui donne cette autorisation ? On l'y chercherait en vain : on n'en trouve nulle trace. C'est là une opinion dont on découvre difficilement la trace première et qui s'est transmise de jurisconsulte en jurisconsulte, de tribunal en tribunal, sans qu'on l'ait appuyée jamais d'arguments bien solides. Cette croyance générale a évidemment une base, mais quelle est-elle ? On trouve sur ce sujet plus d'affirmations que de preuves.

Pour nous, nous n'hésitons pas à la repousser et conformément aux principes ordinaires de notre droit, nous croyons, au contraire, que le bénéficiaire du droit de retour ne peut prendre sur l'une et l'autre portion de la succession qu'un seul et même parti. Tous les jurisconsultes de l'ancien Droit, sans aucune exception, ont toujours enseigné que l'héritier appelé à recueillir un propre, puis un acquêt, ne pouvait accepter l'un et refuser l'autre. C'est la fameuse règle : *Nemo pro parte hæres* et cette règle, on n'en peut douter, a passé dans notre droit.

Si donc, comme nous croyons l'avoir démontré, la succession anomale ne constitue avec la succession ordinaire qu'une seule et même hérédité, l'héritier appelé à recueillir la première, ne pourra se borner à reprendre les biens dont il avait disposés en faveur du testateur. Il devra accepter la succession tout entière ou la rejeter complètement, car le principe de l'indivisibilité de l'option qui prohibe les acceptations partielles est toujours en vigueur dans notre droit.

Tel est notre système. On peut ainsi le résumer : La succession anomale ne forme avec la succession ordinaire qu'une seule et même hérédité, sur laquelle l'héritier appelé ne peut prendre qu'un seul et même parti.

Les biens soumis au droit de retour ne sont donc qu'une partie de la succession du *de cujus*, et par suite ils doivent être réunis à la masse, pour le calcul du droit d'usufruit du conjoint survivant.

Quelque partisan convaincu que nous soyons d'ailleurs de cette opinion, nous n'aurions pas eu la témérité de l'exposer et de la soutenir, si nous n'avions été précédé dans cette tâche par les observations de M. Guénée (1), par l'enseignement de M. de Vareilles-Sommières et par les notes de M. Labbé (2) qui se sont faits, depuis de longues années déjà, les défenseurs de cette théorie.

(1) Louis Guénée, *Revue critique*, 1892, p. 465.

(2) Labbé, *Notes sur un jugement de la Cour de Douai* du 6 mai 1879. Sirey, 1880. 2. 1.

CHAPITRE V

COMMENT S'EXERCE L'USUFRUIT DU CONJOINT SURVIVANT ?
CONVERSION DE CET USUFRUIT EN RENTE VIAGÈRE.

SECTION I. — COMMENT S'EXERCE L'USUFRUIT DU CONJOINT SURVIVANT ?

En principe, c'est en nature sur les biens de la succession que l'époux survivant exerce son droit de jouissance. Régi par les mêmes règles que l'usufruit ordinaire, doué du même caractère mobilier ou immobilier selon que la succession se compose de meubles ou d'immeubles, il frappe sans exception tous les éléments du patrimoine, à moins que certains biens aient été désignés spécialement pour lui servir d'assiette, à la suite d'une entente entre le conjoint et les héritiers.

L'attribution d'un droit de jouissance à l'époux survivant avait le grand avantage d'assurer pour l'avenir la situation de ce conjoint, sans porter une atteinte définitive aux droits des héritiers, mais ce démembrement de la propriété en nue propriété et en usufruit pouvait présenter aussi, dans certains cas, les plus graves inconvénients, tant au point de vue économique qu'au point de vue des rapports sociaux entre cet époux et les héritiers.

Au point de vue économique tout d'abord, un usufruit, comme tout autre droit réel, est toujours une entrave à la libre circulation des biens; ceux qui en sont grevés sont absolument dépréciés; ils ne se vendent pas ou se vendent mal.

C'est aussi un danger pour leur bonne administration. L'usufruitier, uniquement préoccupé des revenus de la chose dont il jouit, cherchera avant tout à en augmenter les fruits; mais il se heurtera fréquemment à la mauvaise volonté du nu propriétaire, qui se refusera à consentir des dépenses utiles ou même necessaires, de peur de ne les faire qu'au seul profit d'un étranger.

Au point de vue des relations entre les héritiers et le conjoint, cet usufruit est trop souvent aussi une source féconde de conflits et de discussions.

Les complications les plus nombreuses peuvent surgir d'ailleurs à son occasion. Ce droit de jouissance accordé à l'époux survivant, peut, comme nous l'avons vu, se trouver en concours avec l'usufruit déféré au père ou à la mère du *de cujus*, dans le cas de l'article 754 du Code civil, mais ces usufruits multiples sont gènants; ils déprécient la pleine propriété, compliquent les partages, suscitent dans les liquidations une foule de difficultés et sont par suite l'occasion d'une foule de contestations.

C'est ce que faisait ressortir, lors de la discussion du projet de loi, M. le sénateur Bernard (1): « Il y a, disait-il, plusieurs héritiers et des immeubles dans la succession, et il y a en même temps des dettes dans cette succession. Il faudra vendre les immeubles s'ils sont impartageables pour faire la part de chaque héritier. Il faudra les vendre pour payer les dettes, mais s'ils sont grevés d'un usufruit, ils se vendent fort mal, au grand détriment de la succes-

____

(1) Séance du 9 mars 1877. *Journ. Off.* du 10 mars, p. 1815.

sion. Il faut, autant que possible, avant de vendre, dégrever les immeubles en procédant au rachat de l'usufruit ».

Toutes ces difficultés n'échappèrent heureusement pas aux auteurs de la loi de 1891. Ils surent les prévoir et ils donnèrent aux partis un moyen de les éviter, en apportant au principe de l'exercice de l'usufruit en nature, un correctif très puissant, emprunté à l'article 819 de la législation Italienne (1), qu'ils firent entrer en ces termes dans notre législation : « Jusqu'au partage définitif, les héritiers peuvent exiger moyennant sûretés suffisantes, que l'usufruit de l'époux survivant soit converti en une rente viagère équivalente. S'ils sont en désaccord la conversion sera facultative pour les tribunaux ». (Article 767, paragraphe 9.)

SECTION II. — CONVERSION DE L'USUFRUIT EN RENTE VIAGÈRE

§ 1er. — Dispositions générales. Avantages de la conversion. Qui peut la demander ? Est-elle possible pour toute espèce d'usufruits ?

Les héritiers ont donc le droit de convertir en une rente viagère l'usufruit que la loi accorde au conjoint.

______

(1) Cet article 819 du Code Italien est ainsi conçu : « Il est loisible aux héritiers d'acquitter les droits de l'époux survivant, ou moyennant la constitution d'une rente viagère, ou moyennant l'assignation des fruits de biens immeubles ou de capitaux héréditaires à déterminer d'un commun accord, ou par l'autorité judiciaire, eu égard aux circonstances du cas. Jusqu'à ce qu'il soit désintéressé de sa portion, l'époux survivant conserve ses droits d'usufruit sur tous les biens héréditaires ».

Ce système, nouveau dans notre législation, présente le double avantage de respecter les droits de l'époux survivant et de faire disparaître les principaux inconvénients qui eussent résulté pour les différents successibles, de l'exercice de l'usufruit en nature.

Le premier effet de cette conversion est de supprimer toutes les difficultés de liquidation que nous avons signalées, et par suite, de faciliter aux héritiers le règlement de la succession.

Elle leur permet, en outre, au lieu de ne leur laisser entre les mains qu'une nue propriété stérile et de réalisation difficile, de recueillir aussitôt en pleine propriété, les biens qui leur sont dévolus et de les exploiter à leur gré, sans gêne, ni arrière-pensée.

Ainsi transformé en un droit de créance, cet usufruit perd tous les inconvénients inhérents au droit réel, et cesse d'être un obstacle à la libre circulation et à la bonne administration des biens.

Très favorable aux héritiers, cette conversion ne cause aucun préjudice à l'époux survivant. Que lui importe, en effet, pourvu que l'on respecte le montant de ses droits. que l'on en change la nature? Si les revenus qu'on lui assure sont égaux à ceux que lui aurait procurés l'exercice de son usufruit, il n'a pas à se plaindre. Cette combinaison lui sera même avantageuse, car il touchera ses revenus à date fixe, et sans avoir de ce chef à accomplir aucune charge.

C'est aux héritiers du *de cujus* avec qui le conjoint se trouve en concours, que la loi donne le droit d'exiger que l'usufruit de ce dernier soit converti en une rente viagère. L'article 767 leur attribue un véritable droit d'option, et selon le parti le plus conforme à leurs intérêts, ils peuvent exiger de l'époux survivant la conversion de son usufruit ou le laisser exercer son droit de jouissance sur les biens héréditaires. Point n'est besoin, d'ailleurs, que tous soient unanimes sur le parti à prendre. Si tous sont d'accord pour exiger la conversion, elle aura lieu de plein droit, c'est-à-dire sans jugement. Si, au contraire, les avis sont partagés, et que plusieurs héritiers préfèrent voir le conjoint exercer en nature son droit d'usufruit, les partisans de la conversion devront soumettre la question aux tribunaux.

A première vue, il peut sembler étrange que certains successibles puissent s'adresser à la justice pour imposer aux autres une opinion qui leur est personnelle.

Les règles du droit commun en cette matière sont, en effet, tout autres, et chaque héritier peut adopter d'ordinaire le parti qui lui convient le mieux. La raison de cette dérogation aux principes, c'est que leur maintien en ce cas eût occasionné des inconvénients graves qui eussent fait de la conversion un remède pire que le mal. Au lieu de simplifier les liquidations et les partages, cette diversité d'opinions eût amené en pratique des complications sans nombre, dont la victime eût été le conjoint. Il faut donc approuver le législateur, d'avoir imposé aux héritiers la nécessité d'une décision unique, et de les avoir mis en demeure de se prononcer collectivement entre la conversion et l'exercice de l'usufruit en nature.

Lorsqu'en cas de partage, les partisans de la conversion s'adressent aux tribunaux, ils ne sont pas du reste certains d'obtenir gain de cause. Le juge demeure naturellement libre de sa décision, et comme la divergence qui s'est produite entre les héritiers prouve que leurs intérêts sont partagés, c'est à lui d'envisager quel sera le parti le plus propre à sauvegarder leurs droits, et à statuer en ce sens. Il peut donc adopter l'opinion de la minorité, si elle lui semble préférable, mais sa décision, comme celle des successibles eux-mêmes, devra nécessairement être une, et quelle qu'elle soit, tous seront tenus de la respecter.

Les héritiers du *de cujus* ont donc le droit d'exiger la conversion de l'usufruit du conjoint survivant en une rente viagère, mais tous les héritiers, sans exception, jouissent-ils de cette faveur? Dans le silence de la loi à ce sujet, il est logique de repondre affirmativement. Elle pourra donc être demandée, aussi bien par les successeurs irréguliers que par les héritiers légitimes. On admet même d'ordinaire qu'elle peut être réclamée par ceux qui ne doivent pas supporter sur leur part héréditaire l'usufruit du conjoint, dans les cas assez rares, d'ailleurs, où ils ont intérêt à en affranchir le reste de la succession. C'est ce que peuvent faire, par exemple, le père et la mère du *de cujus*, lorsqu'ils sont en présence de l'époux survivant et en concours avec des collatéraux privilégiés. Le plus souvent, l'usufruit accordé à ce conjoint ne les atteindra pas, puisque le quart de succession attribué à chacun d'eux constitue une réserve, que le droit de cet époux ne pourrait entamer ; mais il est un cas cependant où ils auront intérêt à demander la conversion et dans lequel ils seront fondés à le faire, c'est lorsqu'il serait nécessaire de liciter des immeubles héréditaires. Grevés de l'usufruit du conjoint survivant, ces biens seraient vendus difficilement et à des conditions désavantageuses. Pour éviter cette perte, le père et la mère du *de cujus* peuvent demander la conversion de ce droit de jouissance en une rente viagère ; ces immeubles seront ainsi dégrevés, et on retirera de leur vente un prix plus rémunérateur.

Ce droit de demander la conversion est donc absolument général et tous les héritiers peuvent s'en prévaloir ; mais les mineurs, les femmes et les interdits n'ont-ils pas été soumis, dans la pensée des auteurs de la loi, à des règles particulières ? Que les incapables puissent profiter comme les autres du droit qu'accorde la loi de 1891, de convertir en une rente l'usufruit de l'époux survivant, cela ne fait de doute pour personne. Il serait bizarre, en effet, que cette faculté ait été précisément déniée à ceux que le législateur veut entourer d'une protection plus spéciale à cause de leur faiblesse ou de leur état d'esprit ; mais comment profiteront-ils du droit que la loi leur accorde ? Suffira-t-il, malgré leur incapacité, qu'ils manifestent leur désir de procéder à la conversion ? C'est sur ce point que les auteurs cessent de s'accorder.

Selon les uns (1), la conversion doit être considérée comme une opération du partage, comme un règlement qui intervient entre les héritiers. Le législateur a montré, dit-on, le lien qu'il voulait établir entre ces deux actes, en ne permettant de procéder à la conversion que jusqu'au moment où le partage est définitivement terminé. On en conclut que la capacité nécessaire pour procéder à la conversion, doit être la même que celle dont il est besoin pour se livrer au partage. Si donc l'héritier est mineur, son tuteur pourra la demander en son nom avec l'autorisation du conseil de famille. Cette autorisation ne lui sera même pas nécessaire et il lui suffira de donner son consentement, si un autre héritier a pris l'initiative de la demande. (Art. 465 du Code civil.)

Si ce mineur est émancipé, il pourra lui-même ré-

(1) Josserand.

clamer la conversion avec la seule assistance de son curateur.

S'il s'agit d'une femme mariée sous le régime de communauté, le mari pourra, sans son concours, demander la conversion, si les objets qui constituent sa part héréditaire, doivent tomber dans la communauté. En cas contraire, le concours de son épouse lui sera nécessaire.

Si, enfin, il s'agit d'un mineur interdit, son tuteur autorisé spécialement à cet effet par le conseil de famille accomplira pour lui les formalités nécessaires.

Les partisans de cette opinion attachent, selon nous, une importance trop grande à cette disposition de l'article 767 « que la conversion ne peut être exigée que jusqu'au partage définitif »; et la conclusion qu'ils en tirent relativement à la capacité nécessaire pour y procéder, ne nous semble pas exacte. Si le législateur n'a pas permis de convertir encore l'usufruit de l'époux survivant en une rente viagère après l'achèvement du partage, c'est uniquement parce qu'il a voulu que le conjoint ne fût point laissé trop longtemps dans l'incertitude sur la nature de son droit, mais il n'existe entre la conversion et le partage aucun lien nécessaire.

A ce système, nous en préférerons donc un autre, qui nous semble plus conforme aux principes ordinaires du droit.

Comme celui que nous venons d'exposer, nous admettons sans hésiter que les successibles incapables peuvent bénéficier comme les autres du droit de convertir l'usufruit du conjoint en une rente viagère, mais comme la conversion met à la charge des héritiers une obligation essentiellement personnelle et les oblige à fournir des sûretés suffisantes, ils ne peuvent l'opérer, selon nous, que s'ils ont la capacité de contracter. Ceux qui en sont incapables ne pourront exercer leur droit d'option, qu'en se conformant aux prescriptions ordinaires que la loi leur impose pour faire des actes de cette nature ; ils devront accomplir les formalités légales et demander les autorisations prescrites par le législateur.

C'est ainsi, par exemple, que l'héritier mineur qui voudra convertir l'usufruit du conjoint en une rente viagère, en offrant comme garantie une hypothèque sur un de ses biens, devra être représenté par son tuteur, autorisé du conseil de famille, dont les délibérations sur ce sujet auront été homologuées par le tribunal. (Art. 457 et 458 du Code civil.)

Si ce mineur était émancipé, il lui faudrait accomplir les mêmes formalités avec l'assistance de son curateur.

Quant à la femme mariée, pour obtenir la conversion, en offrant des sûretés analogues, le concours de son mari dans l'acte, ou son autorisation par écrit, lui serait indispensable. (Art. 217.)

Le conjoint lui-même, bien que le rôle qu'il joue dans la conversion soit absolument secondaire et passif, devra, s'il est incapable, être habilité selon les formes légales ; car, s'il ne peut s'opposer à la conversion, il n'est tenu de l'accepter qu'à la condition de trouver suffisantes les sûretés qui lui sont offertes. Il doit donc être capable de les apprécier, et s'il ne l'est pas, il faut que les garanties qui lui sont proposées, soient appréciées et acceptées par ceux qui sont chargés de le représenter et de l'assister. Ils ne pourront toutefois les admettre qu'après avoir obtenu les autorisations nécessaires.

Le droit de demander la conversion n'est cependant pas réciproque ; seuls les héritiers le possèdent ; et le conjoint, malgré son titre de successeur *ab intestat,* ne peut, ni demander, ni refuser la transformation de son usufruit en un droit de créance. Cette défense est certaine, et les travaux préparatoires de la loi de 1891 ne laissent aucun doute sur ce point. Pour expliquer cette prohibition, voici, d'ailleurs, ce que disait M. Delsol dans son rapport du 20 février 1877 (1) : « D'une part, la conversion pourrait être difficile ou onéreuse pour les héritiers ; de l'autre, l'époux survivant n'aura pas à se plaindre si les héritiers lui délivrent l'usufruit en nature » Quelques années plus tard, en 1890 (2), M. Piou, dans son rapport à la Chambre des députés, renouvelait cette restriction en termes formels : « Le droit de demander la conversion n'est pas réciproque, disait-il, il appartient aux héritiers seuls ».

C'est là, sans aucun doute, l'idée que le législateur a voulu consacrer dans le texte de la loi. Indépendamment des travaux préparatoires qui ont pourtant, en cette matière, une grande importance, on en trouve une preuve nouvelle dans le soin qu'il a pris, de ne parler que des héritiers dans le passage relatif au droit de conversion, sans jamais laisser supposer l'existence d'un droit analogue au profit du conjoint.

On comprend, d'ailleurs, parfaitement, étant donné le but de la conversion, que les auteurs de la loi de 1891 ne lui aient point accordé le droit de la demander ou de s'y opposer. Établie uniquement en faveur des héritiers,

---

(1) Rapport du 20 février 1877. *Journ. Off*. du 4 mars 1877. Annexe n⁰ 36, p. 1663.

(2) Rapport de M. Piou, du 27 janvier 1890. *Journ. Off*. du 16 octobre 1890, p. 153. Annexe, n⁰ 305.

eux seuls devaient être admis à en réclamer le bénéfice, et c'eût été les mettre à la merci de cet époux, tout en annihilant la réforme du législateur, que de lui donner le droit de se prononcer sur la question.

Les héritiers du *de cujus* sont donc seuls autorisés à faire convertir en une rente viagère le droit de jouissance accordé au conjoint.

Cette transformation n'est toutefois permise qu'en ce qui concerne l'usufruit héréditaire, et ne saurait s'étendre à celui que le *de cujus* aurait de son vivant constitué au profit de son époux, par un acte de disposition entre vifs ou testamentaire. Le texte de la loi n'est pas, il est vrai, très explicite à ce sujet, mais le doute sur ce point n'est pas possible, si l'on se reporte à la lecture des travaux préparatoires et des discussions qui ont précédé le vote du nouvel article 767. On peut alors se convaincre que l'intention formelle des auteurs de la loi a été de restreindre à l'usufruit légal, le droit pour les héritiers de demander la conversion.

Lors de la discussion du projet au Sénat en 1877, M. Bernard, proposa, dans la séance du 9 mars (1), d'y ajouter un amendement, dans le but de permettre aux héritiers du *de cujus* de demander la conversion de l'usufruit conventionnel aussi bien que celle du droit de jouissance légal : « Contrairement à ce que pensent les rédacteurs du rapport, il y a, disait-il, beaucoup plus de contrats de mariage statuant sur des usufruits au profit au conjoint survivant qu'on ne le suppose. Si donc le remède qui est proposé par la Commission est salutaire — il s'agit de la conversion de l'usufruit — et pour ma part, je le trouve excellent, je demande par mon amendement que ce

(1) Séance du 9 mars 1877. *Journ. Off.* du 10 mars, p. 1815.

remède soit apporté, non seulement à la situation légale
que vous allez créer, mais encore à la situation conventionnelle volontaire, créée, soit par un contrat de mariage,
soit par un testament, soit par une donation ».

Cette proposition fut, avec raison, combattue par M. Delsol : « La loi, disait-il, a le droit de régler et règle comme
elle l'entend, le droit définitif qui appartiendra au conjoint
survivant, droit qui est un usufruit en principe, et qui
peut être, par la substitution dont il s'agit, une pension
équivalente. Mais lorsque l'usufruit a été l'objet d'une
véritable convention, lorsqu'il résulte du contrat de
mariage, d'une donation entre vifs faite au cours du
mariage, votre Commission croit que ce serait porter une
atteinte grave à la convention, que de permettre aux héritiers de substituer une simple pension à l'usufruit que les
parties ont voulu constituer en nature. Ce serait là une
substitution absolument contraire à tous les principes
généraux de notre droit civil. Cette conversion aurait
même le grave inconvénient de rétroagir et d'influer
sur un contrat déjà existant, ce qui est inadmissible ».

Le rapporteur parlait, en ce cas, le langage de la raison.
C'était aller, en effet, contre la volonté formelle du défunt
que d'autoriser la conversion de l'usufruit conventionnel
en une rente viagère, d'autant plus qu'il peut y avoir un
grand intérêt pour l'époux donataire à obtenir en nature la
jouissance de son droit. Le législateur le comprit, et la
question fut définitivement réglée par le rejet de l'amendement de M. Bernard.

Cette solution équitable a paru trop générale à certains
jurisconsultes (1). « Lorsque l'usufruit constitué au profit

____

(1) Bouvier-Bangillon, *Revue générale du droit, de législation et
de jurisprudence*. Année 1892, p. 214.

du conjoint porte sur des biens déterminés ou sur une quote-part du patrimoine différente de la quote-part légale, il y a lieu, disent-ils, d'approuver sans réserve les auteurs de la loi de la disposition qu'ils ont adoptée, mais il se peut que l'usufruit constitué soit précisément de la quotité fixée par la loi de 1891, et qu'en disposant au profit de son époux de cette quotité d'usufruit indiquée par la loi *ab intestat*, surtout s'il l'a fait par testament, le *de cujus* n'ait eu pour but que de lui donner une preuve d'affection et de montrer sa conformité de volonté avec le législateur, sans avoir aucunement l'intention que le conjoint doive exercer son droit en nature. Dans cette hypothèse, pourquoi ne pas permettre la conversion judiciaire qui n'aurait rien de contraire à l'intention du prémourant. »

La distinction, souhaitée par ces jurisconsultes, ne nous paraît ni désirable, ni justifiée. Pourquoi, en effet, adopter une règle différente, lorsque le *de cujus* a fait à son époux une libéralité dont la quotité est égale à celle de l'usufruit légal? Est-ce que ce trait de ressemblance avec la part assignée au survivant par le législateur, enlève à ce droit de jouissance conventionnel son caractère de libéralité? Évidemment non! Il n'y a donc aucune raison de ne pas le traiter comme tel. Le prémourant, dit-on, n'a peut-être voulu que « montrer sa conformité de volonté avec le législateur, sans avoir aucunement l'intention que le conjoint doive exercer son droit en nature », mais qui nous permet de le supposer? Dans le silence du *de cujus* à cet égard, on doit précisément présumer le contraire, et la seule conclusion logique qu'il soit permis d'en tirer, c'est que s'il a disposé en faveur du conjoint de la quotité d'usufruit fixée par la loi *ab intestat*, c'est précisément parce qu'il veut que ce donataire exerce son droit de jouissance en nature.

Le législateur a donc eu raison, selon nous, de ne point faire de distinctions.

Mais, est-ce que cette faculté de convertir l'usufruit du conjoint survivant en une rente viagère, constitue une disposition d'ordre public à laquelle le *de cujus* ne peut déroger? Ne peut-il enlever à ses héritiers, par une disposition expresse, ce droit d'option que la loi leur accorde ? Nous croyons qu'il en a le droit, bien que certains auteurs le lui refusent (1). Qu'est-ce, en effet, qu'une règle d'ordre public? C'est une prescription que le législateur considère comme essentielle pour le maintien de la société ; ou, comme le disait Portalis, c'est celle « qui intéresse plus directement la société que les particuliers ». Le droit de conversion, accordé aux héritiers, a été, on n'en peut douter, inspiré au moins en partie par l'intérêt général; c'est afin d'éviter que les droits d'usufruit multipliés sans cesse, occasionnent dans les affaires une véritable gêne et deviennent un obstacle à la libre circulation des biens; mais c'est aussi, et avant tout, dans l'intérêt direct des héritiers eux-mêmes qu'il a été institué ; c'est pour leur éviter les contestations et les difficultés de partage que ces nombreux usufruits auraient certainement soulevées. Ce droit d'option, accordé aux successibles du *de cujus*, profite, il est vrai, indirectement à tout le monde, mais il ne suffit pas qu'une disposition légale soit avantageuse pour tous, pour constituer une règle d'ordre public.

Si cette disposition de l'article 767 avait réellement ce caractère, on n'y pourrait déroger même d'une façon indi-

____

(1) Gerbault et Dubourg, *France judiciaire*. Année 1892, p. 289.

recte, sinon on violerait l'article 6 du Code civil, mais rien n'est plus facile au *de cujus* que de tourner légalement cette prescription, et de priver ses héritiers du droit de conversion. Il lui suffit pour cela, sauf à respecter les droits de réserve, d'attribuer à son conjoint par donation entre vifs ou testamentaire, un droit d'usufruit analogue à celui que la loi lui accorde. En ce cas cet époux pourra — nous l'avons vu — exercer en nature son droit de jouissance sans que les héritiers puissent s'y opposer. Mais pourrait-il faire indirectement avec l'appui du législateur, ce qu'il lui serait défendu de faire directement, si la disposition qui donne à ses successibles le droit de conversion constituait une véritable règle d'ordre public ? Comprendrait-on, en outre, que le *de cujus* qui peut enlever à ses héritiers toute sa quotité disponible et en disposer au profit de son époux, ne pût leur imposer, s'il la leur attribue, l'obligation de supporter en nature l'usufruit de son conjoint? Ce n'est guère vraisemblable. Le *de cujus* peut avoir, d'ailleurs, d'excellentes raisons pour désirer qu'il en soit ainsi. Pourquoi ne respecterait-on pas sa volonté sur ce point ? Ce sont là autant de raisons qui nous portent à décider, que le prémourant peut enlever à ses successibles le droit d'option que la loi leur accorde.

§ 2. — Conditions de la conversion.

Les héritiers qui désirent convertir en une rente viagère le droit de jouissance du conjoint survivant, sont tenus de remplir certaines conditions que signale le texte de l'article 767. Cette rente viagère doit être tout d'abord, « équivalente » à l'usufruit qu'elle remplace. Cette équivalence doit être entendue en ce sens, que les arrérages de la rente doivent être égaux aux revenus que l'époux eût recueillis comme usufruitier. Cela ne peut faire de doute, et c'est en ce sens que le tribunal de la Seine s'est prononcé dans un arrêt du 11 juillet 1893 (1). Cette solution est logique, car si le droit de ce conjoint change de nature, sa valeur doit néanmoins rester toujours la même.

La première opération, à laquelle les parties devront se livrer, sera donc d'établir, au moyen d'une liquidation amiable ou judiciaire, l'importance exacte de l'usufruit que le conjoint pourrait légalement prélever sur la succession du *de cujus*, afin de connaître quel doit être le montant de la rente.

Si cet usufruit porte sur des sommes d'argent ou sur des valeurs mobilières productives d'intérêt, telles que des actions des compagnies de chemins de fer, cette évaluation ne sera pas difficile, et les arrérages de la rente viagère devront être égaux en ce cas aux revenus de ces valeurs, déduction faite toutefois, s'il s'agit de valeurs mobilières, de la retenue opérée par l'État; mais l'opération sera beaucoup moins commode, lorsque les biens sur lesquels l'usufruit pouvait s'exercer, sont des objets corporels, des meubles ou des immeubles. S'il s'agit, par exemple, d'immeubles tenus en bail, on estimera d'ordinaire les revenus qu'ils peuvent produire, d'après le montant du loyer. S'ils étaient occupés par le *de cujus* lui-même, on en recherchera la valeur en s'aidant au besoin d'experts compétents, ou en se référant aux tables établies par les répartiteurs des contributions; on pourra déter-

_____

(1) Trib. de la Seine, 11 juillet 1893. Affaire veuve **Tourseiller,** dame Lelièvre c. consorts Tourseiller. Dalloz, 94. 2. 105.

miner ainsi le revenu qu'ils sont susceptibles de produire.
Il ne faudra pas toutefois négliger de déduire du chiffre de
ce revenu les charges afférentes à la jouissance, c'est-à-dire
celles qui sont relatives aux impôts et aux réparations
d'entretien, car le conjoint eût été tenu de les supporter
s'il avait exercé son usufruit en nature.

En un mot, les arrérages de la rente viagère devront
être égaux aux revenus de ces biens, puisque ce sont ces
revenus que l'époux aurait recueillis s'il avait exercé son
droit de jouissance en nature.

La conclusion naturelle qui se dégage de ce principe,
c'est que le capital nécessaire pour constituer la rente ne
doit pas être nécessairement déterminé par la valeur de
la nue propriété des biens soumis à l'usufruit; il suffira
souvent pour constituer la rente, d'un capital inférieur à
la valeur de cette nue propriété, et il peut même se faire,
si le conjoint est âgé, qu'il suffise d'une somme égale à la
moitié de cette valeur, pour assurer à son profit le service
d'une rente égale à son usufruit. C'est là certainement un
des grands avantages que la conversion procure aux héritiers.

Un exemple que nous empruntons à M. Mesnard (1) va
prouver que cet avantage n'est souvent pas à dédaigner.

Supposons, dit cet auteur, que l'époux survivant ait
64 ans, et qu'à cet âge, d'après les tables de mortalité et
les tarifs des Compagnies d'assurances sur la vie, il puisse
obtenir une rente viagère au taux de 10 0/0 du capital
déboursé. La succession est de 40.000 francs, le conjoint
a droit à l'usufruit de 20.000 francs : les héritiers au lieu
de lui laisser la jouissance de ces 20.000 francs pourront

______

(1) Mesnard, *Lois nouvelles*. 1891, p. 521.

le contraindre à accepter un capital consacré à l'achat à son profit, d'une rente qui lui procurera, sa vie **durant,** des revenus égaux à ceux que lui aurait donnés l'usufruit des 20.000 francs.

Si nous supposons que le capital nécessaire soit dans l'espèce de 10.000 francs, les héritiers auront perdu tout droit sur ces 10.000 francs ainsi placés à fonds perdus, mais ils auront la pleine propriété des dix autres mille francs, qui sans cela, eussent été grevés de l'usufruit du conjoint.

Il faut donc et il suffit, que la rente viagère soit équivalente au droit de jouissance qu'elle remplace; mais à quel moment doit exister cette équivalence ? Suffit-il qu'elle existe à l'instant même de la conversion, ou faut-il la maintenir même après cette époque, en tenant compte des variations qui pourront se produire dans le revenu des biens primitivement soumis à l'usufruit ? Dans le silence du texte de l'article 767 à ce sujet, nous adopterons sans hésiter, la première opinion, car elle nous paraît plus conforme à l'esprit de la loi de 1891. Le but du législateur, en autorisant la conversion du droit de jouissance du conjoint en une rente viagère, était, en effet, d'épargner aux héritiers, en fixant une fois pour toutes le droit de l'époux survivant, les difficultés qui pouvaient naître de l'exercice de cet usufruit; or, il est certain que ce but ne pourrait être atteint, s'il fallait tenir compte, lors du payement de chaque annuité, des variations qui se sont produites dans le revenu des biens sur lesquels le conjoint eût pu exercer son droit. Ce seraient chaque année, entre celui-ci et les héritiers, des contestations sans nombre qui deviendraient la source d'une foule de procès. Peut-on supposer que les auteurs de la loi, qui se proposaient avant tout la simplicité, et qui voulaient rendre aussi rares que possible les relations toujours un peu tendues entre l'époux survivant et les successibles du *de cujus*, — comme entre toutes personnes d'intérêt opposé — auraient adopté ce système compliqué, dont le résultat certain eût été de multiplier ces rapports? Évidemment non! Le mot « Rente » n'éveille-t-il pas, d'ailleurs, l'idée de prestations annuelles égales les unes aux autres? Il suffit donc que l'équivalence de l'usufruit et de la rente existe au moment où la conversion a été opérée.

Le sort de la rente n'en reste pas moins lié à celui du droit de jouissance. Si l'usufruit s'éteint, elle-même cessera d'être due, mais à tous autres égards, ils sont indépendants.

Cette indépendance doit même, selon nous, être considérée comme absolue et nous n'approuvons pas la réserve que faisait à ce sujet un auteur qui soutenait cependant le système de l'équivalence initiale. « Nous estimons toutefois, disait en effet M. Lamache (1), qu'il y a lieu d'avoir égard aux dépréciations dont la cause existe déjà à l'époque de la conversion. C'est ainsi qu'on devrait tenir compte de la réduction des fermages, que le propriétaire sera tenu de subir lors du renouvellement du bail en cours, si cette réduction apparaît déjà comme devant s'imposer. » Si cela signifie qu'il faut tenir compte *lors de la fixation* du taux de la rente viagère de la dépréciation qui doit nécessairement se produire — vu que la cause en existe déjà — dans les biens sur lesquels le conjoint eût exercé son usufruit, nous sommes de l'avis de M. Lamache ; mais si le sens de cette phrase est, qu'il faut après coup,

____

(1) Lamache, *Commentaire de la loi du 9 mars 1891*, p. 21.

lorsque ces dépréciations sont survenues, modifier la quotité de la rente, nous ne pouvons l'admettre, car ce serait abandonner notre système pour adopter celui que nous avons combattu.

On nous objectera peut-être, que notre interprétation de la loi à ce sujet est moins juste que celle qui exige une équivalence constante entre la rente et l'usufruit.

Peut-être, mais il ne suffit pas pour adopter une opinion qu'elle soit théoriquement la plus équitable, il faut encore qu'elle soit pratiquement applicable, et qu'elle ne se heurte pas, comme celle que nous avons repoussée, à des difficultés qui la rendent inadmissible.

Le système que nous proposons n'est d'ailleurs nullement injuste. Sans doute, le conjoint réalisera un bénéfice, par suite de la conversion, si les biens dont il devait jouir diminuent de valeur, mais n'éprouvera-t-il pas un préjudice s'ils acquièrent une plus-value? C'est une chance qu'il lui faut courir et qui se retrouve d'ailleurs dans toute rente viagère. Est-ce que celui qui, par l'effet d'une convention, doit recevoir chaque année à titre de rente une somme préalablement fixée, obtiendra des arrérages plus élevés, si, par suite de la rareté des capitaux, l'intérêt de l'argent s'élève? Evidemment non! Il recueillera les arrérages convenus et personne ne s'avisera de crier à l'injustice. Le conjoint étant dans une situation analogue, il n'y a donc pas lieu de tenir à son égard un raisonnement différent.

La première condition que doivent remplir les héritiers qui demandent la conversion, est donc de fournir à l'époux survivant une rente viagère égale aux revenus qu'il eût recueillis comme usufruitier.

L'article 767 leur en impose une seconde, c'est celle de

fournir à ce conjoint des « sûretés suffisantes » pour garantir le payement des arrérages de la rente.

Pour que la réforme du législateur fût équitable, il ne lui suffisait pas, en effet, d'améliorer le plus possible la situation des successibles du *de cujus*, il lui fallait aussi sauvegarder les droits de son époux : c'est ce qu'il a fait en lui permettant d'exiger, que les héritiers lui garantissent le service de la rente et de s'opposer à la conversion s'il trouve insuffisantes les sûretés qui lui sont offertes.

Les auteurs de la loi ont eu cependant le tort de ne pas déterminer la nature de ces sûretés. Les parties pourront donc essayer de s'entendre amiablement à ce sujet, mais comme d'ordinaire elles n'y réussiront pas, elles iront exposer leur différend aux tribunaux. Si elles adoptent ce dernier parti, les magistrats devront veiller, à ce que les garanties offertes par les héritiers soient aussi complètes que possible. Le conjoint, en effet, ne doit pas souffrir de la conversion, et elle lui serait évidemment préjudiciable si le capital versé pour le service de la rente, était exposé à se perdre en tout ou en partie. Le mal serait alors sans remède et les droits de cet époux seraient irrémédiablement compromis.

Ces sûretés consisteront d'ordinaire, soit en une inscription d'hypothèque, soit en un gage déposé entre les mains du crédi rentier, soit en un cautionnement, soit dans le versement de la somme nécessaire au payement des arrérages à la Caisse des Dépôts et Consignations, soit encore — procédé très pratique — dans l'achat de valeurs de premier ordre ou de rentes françaises avec mention de leur affectation sur le grand livre de la Dette publique.

Certains auteurs (1) séduits par la solidité de cette dernière garantie ont même prétendu, en s'appuyant sur l'article 16 de la loi du 2 juillet 1862 (2), sur l'article 29 de la loi du 16 septembre 1871 (3), et sur l'article 3 de la loi du 11 juin 1878 (4), que cette dernière combinaison devait être considérée comme tacitement imposée aux parties par le législateur de 1891. Mais on peut opposer à ces jurisconsultes, outre le silence gardé à ce sujet par les auteurs de la loi, un fait qui prouve bien que telle n'a pas été leur pensée. On lit, en effet, dans le rapport que M. Humbert fit à l'issue de l'enquête dont il fut chargé

(1) Gerbault et Dubourg, *La France judiciaire*. Année 1892, p. 293.

(2) Article 46. — Les sommes dont le placement ou le remploi en immeubles est prescrit ou autorisé par la loi, par un jugement, par un contrat, ou par une disposition à titre gratuit entre vifs ou testamentaire, peuvent être employées en rentes trois pour cent de la dette française, à moins de clause contraire. Dans ce cas et sur la réquisition des parties l'immatricule de ces rentes au grand livre de la dette publique en indique l'affectation spéciale.

(3) Article 29. — Les sommes dont le placement ou le remploi en immeubles est prescrit ou autorisé par la loi, par un jugement, par un contrat ou par une disposition à titre gratuit entre vifs ou testamentaire peuvent, à moins de clause contraire, être employées en rentes françaises de toute nature. Dans ce cas et sur la réquisition des parties, l'immatricule de ces rentes au grand livre de la dette publique en indique l'affectation spéciale.

Les cautionnements qui, aux termes des lois actuellement en vigueur, doivent ou peuvent être constituées, en totalité ou en partie, soit en immeubles, soit en rentes françaises d'une nature spéciale, pourront être constitués en rentes françaises de toute nature.

(4) Article 3. — Tous les privilèges et immunités attachés aux rentes sur l'État sont assurés aux rentes trois pour cent amortissables, etc.

auprès des Facultés de droit, que la Faculté de Nancy avait proposé de ne permettre la transformation de l'usufruit du conjoint qu'en une rente sur l'État, ou en une rente viagère sur des institutions garanties par l'État. Cette proposition ne fut même pas discutée ; on peut croire cependant que les rapporteurs n'eussent pas manqué de la signaler, si elle avait répondu à la pensée des auteurs du projet. Ce système eût été d'ailleurs absolument défavorable aux héritiers. Très onéreux, en effet, vu le taux élevé de la rente et des valeurs du même ordre, il les eût obligés à faire une opération d'autant plus contraire à leurs intérêts qu'ils eussent été souvent forcés pour la réaliser, de vendre des biens héréditaires, contrairement au but que le législateur s'est proposé en autorisant la conversion.

Certaines autres sûretés que nous avons signalées présentent aussi de nombreux inconvénients. L'obligation de laisser pendant de longues années des biens grevés d'une hypothèque, pour garantir le payement de la rente, est une cause certaine de dépréciation pour les immeubles qui en sont frappés. On connaît, d'autre part, les résultats peu avantageux du gage et du cautionnement. Pour éviter ces difficultés, on a pris l'habitude d'user d'un autre procédé plus simple, et par suite plus pratique. Il consiste, de la part des héritiers à traiter avec une Compagnie d'Assurances sur la vie, à laquelle ils donnent mission de payer en leur lieu et place les arrérages annuels qui sont dus au conjoint. Il leur suffit de verser à cette Compagnie la somme nécessaire pour se décharger de la rente, somme que détermineront facilement ses tarifs, et ainsi ils se libéreront de leurs obligations envers l'époux survivant.

Il faut remarquer toutefois qu'ils restent responsables

du payement des arrérages, à moins que le **conjoint ait** accepté la novation (1).

Une autre garantie dont nous n'avons point **encore** parlé, c'est la simple caution juratoire des héritiers. **Rem-**plirait-elle les conditions exigées par la loi? Serait-elle, en un mot, une *sûreté suffisante?*

Le législateur n'en dit rien et nous n'avons trouvé **dans** la jurisprudence aucun arrêt qui puisse nous aider **à** résoudre cette question. Pour nous, nous ne croyons **pas** que cette caution puisse suffire. Le mot « sûreté » s'en-tend surtout d'une garantie matérielle, et non d'un **enga-**gement purement moral. La caution juratoire des héritiers ne constituerait pas, d'ailleurs, une garantie distincte **de** leur obligation personnelle, elle ne peut donc répondre au vœu du législateur, qui a voulu les voir contracter à l'égard du conjoint un engagement spécial pour assurer le payement de leur dette. C'est, du reste, pour cet époux le seul moyen de posséder une sûreté efficace. Quelle garantie, en effet, peut résulter d'une simple caution jura-toire, même lorsqu'au moment du serment, ceux qui le prètent sont propriétaires de grands biens? Ne peuvent ils en être dépouillés indépendamment de leur volonté par quelque coup de fortune aussi subit qu'imprévu?

Ce sont là, à notre avis, des raisons suffisantes pour faire exclure la caution juratoire de la liste des sûretés admises par l'article 767.

Mais est-ce que le « de cujus » ne peut dispenser ses

______

(1) C'est ce système qui est généralement employé dans nos villes industrielles du Nord, — dans un cas qui présente avec le nôtre cer-taines analogies — lorsqu'à la suite d'un accident mortel survenu à un ouvrier, le patron est condamné à payer une rente pendant un certain nombre d'années, à la veuve ou aux enfants.

*successibles de l'obligation de fournie des garanties des-
tinées à assurer le payement de la rente viagère?*

C'est là une question analogue à celle que nous nous
sommes posée sur le point de savoir si le défunt pouvait
enlever à ses héritiers le droit de conversion. Nous la
résoudrons donc de la même manière et nous donnerons
au *de cujus* le droit de les dispenser de l'obligation de
fournir des sûretés au conjoint survivant. Il va sans dire,
que ceux qui résolvent la première question par la négative, en considérant les prescriptions de la loi relatives au
droit d'option comme des règles d'ordre public, admettent
également sur la seconde une solution contraire à la nôtre.
Une raison que nous croyons décisive milite pourtant en
faveur de notre interprétation.

Aux termes de la loi du 9 mars 1891, le défunt peut à
son gré dépouiller son conjoint de tout droit d'usufruit; il
lui suffit pour cela de déclarer sa volonté formelle à cet
égard, ou même de disposer au profit d'étrangers ou de
ses successibles, avec dispense de rapport, du montant de
la quotité disponible. S'il peut l'en priver, il peut à plus
forte raison la lui donner sous condition : si donc il a
maintenu le droit d'usufruit de son époux, en stipulant que
ses héritiers, dans le cas où ils exigeraient la conversion
de ce droit de jouissance en une rente viagère, seraient
dispensés de fournir des sûretés, il n'y aura qu'à exécuter
sa volonté sur ce point, et il n'est pas douteux que les tribunaux la fassent respecter.

Lorsque les successibles du *de cujus* ont réalisé la conversion, la créance que le conjoint a acquise en échange de son
droit réel, n'est pas, il faut bien le remarquer, à la charge
de la succession, car elle est née d'un fait postérieur à
son ouverture. Ce n'est pas une créance héréditaire, c'est

une dette personnelle aux héritiers, puisque ce sont eux qui l'ont contractée postérieurement au décès de leur auteur. Il en résulte une double conséquence : la première, c'est que le conjoint est créancier des héritiers et non pas de la succession, et par suite, c'est à eux seuls qu'il pourra réclamer le payement des arrérages; la seconde, c'est qu'il ne pourra exercer, pour en assurer le payement, le privilège de la séparation des patrimoines.

Il peut arriver parfois, que les successibles du prémourant refusent à l'époux qui a survécu, de lui fournir dans le délai fixé, les garanties dont ils avaient convenu, au moment de la conversion. Celui-ci peut, en ce cas, conformément à l'article 1977 du Code civil, demander aux tribunaux la résolution de la conversion et se faire restituer le droit d'exercer son usufruit en nature.

Si les sûretés promises au conjoint lui ont été fournies et que les héritiers cessent de payer régulièrement les arrérages de la Rente, il y forcera ses débiteurs par les moyens ordinaires, en faisant son profit des garanties qui lui auront été fournies. Il pourra, par exemple, faire vendre les biens ou les valeurs qui lui ont été données en nantissement, ou saisir et faire vendre, afin de se payer sur le prix, les biens grevés d'hypothèque au moment de la conversion.

Il aura même le droit, selon nous, si par suite de la diminution de valeur des sûretés, elles sont devenues insuffisantes pour le dédommager des payements non effectués, d'invoquer à son profit l'article 1978 du Code civil, et de « faire saisir et vendre, conformément aux dispositions de ce texte, les autres biens des héritiers, et faire ordonner ou consentir, sur le produit de la vente, l'emploi d'une somme suffisante pour le payement des arrérages ».

Il est un cas, cependant, où le conjoint non payé des annuités qui lui sont dues, n'aura aucun recours contre les héritiers, c'est lorsqu'ils auront déposé dans la caisse d'une compagnie d'assurances sur la vie, la somme nécessaire au payement des arrérages, et que le survivant, par l'effet d'une novation, a accepté cette compagnie comme seule débitrice. Si elle cesse ses payements, il n'aura, en cette hypothèse de recours que contre elle.

§ 3. — Délai pendant lequel la conversion peut être demandée.

Le conjoint ne pouvait être indéfiniment laissé dans l'incertitude sur la situation que lui réservaient les héritiers. Il lui était, en effet, très intéressant de connaître quelle était la nature des droits qu'il serait appelé à recueillir ; de savoir, par exemple, comme disait M. Lamache, « s'il conservera la jouissance de la maison qu'il occupe ou s'il touchera une rente à la place ». Il fallait donc imposer à ces successibles, l'obligation d'user de leur droit d'option dans un délai déterminé. C'est pourtant ce que M. Delsol avait omis de faire dans la première proposition de loi qu'il présenta au Sénat. Cette lacune passa sans doute inaperçue, car le projet fut transmis à la Chambre sans avoir soulevé d'observations à ce sujet. La commission chargée de l'examiner, comprit quels graves inconvénients pouvaient résulter pour le conjoint de cette longue incertitude, « le plus grave, disait-elle (1), est de

______

(1) Rapport de M. J. Piou. Séance du 20 mars 1886. *Journ. Off*. du 9 novembre 1886. Annexe n° 565, p. 1292.

l'exposer toute sa vie aux caprices, peut-être même aux ressentiments d'héritiers peu bienveillants. Il semble qu'on fait à ces derniers pleine justice, en leur permettant d'exercer jusqu'à l'achèvement du partage leur droit de conversion. A ce moment, les forces de la succession sont connues, tous les éléments d'appréciation sont sous leurs yeux, ils doivent prendre un parti définitif. — S'il n'y a pas lieu à partage, le délai d'un an paraît pleinement suffisant pour les mettre à même de juger la situation en connaissance de cause ».

En conséquence, le projet du Sénat fut modifié et complété en ces termes : « Jusqu'au partage définitif, ou à défaut de partage dans l'année du décès, l'usufruit de l'époux survivant peut être converti en une rente viagère équivalente sur la demande d'un ou plusieurs héritiers et moyennant sûretés suffisantes ».

Lorsque cette proposition législative ainsi modifiée eut fait retour au Sénat, M. Delsol, le rapporteur, approuva sans réserve, et proposa au vote de la haute Assemblée, la première modification que la Chambre avait apportée au texte primitif ; mais il combattit la seconde, dont il démontra clairement la complète inutilité. « Votre commission, disait-il (1), admet comme la Chambre, que le droit des héritiers de demander la conversion ne peut survivre au partage définitif, qui règle irrévocablement la situation respective des héritiers et du conjoint. Elle maintient donc cette première limitation apportée au droit des héritiers. — Mais la seconde, l'année du décès, est-elle nécessaire ? Son but est de faire disparaître l'incertitude qui règne sur

____

(1) Rapport de M. Delsol du 11 novembre 1890. *Journ. Off.* du 11 février 1891. Annexe n° 7, p. 10.

la situation du conjoint survivant. Il ne faut pas, en effet,
qu'il reste exposé pendant des années et peut-être toute sa
vie aux ressentiments d'héritiers peu bienveillants. Il peut,
d'ailleurs, avoir le plus grand intérêt pour régler son
existence, à savoir si son usufruit lui sera délivré en nature
ou sous la forme d'une rente viagère. — Votre commission reconnaît la justesse de ces observations et n'admet
pas que l'époux puisse, sans de graves inconvénients, rester indéfiniment dans une situation incertaine. Toutefois,
elle constate que celui-ci a un moyen bien simple d'en
sortir, c'est d'exercer lui-même contre les héritiers l'action
en partage qui lui appartient incontestablement du chef de
son usufruit. Les héritiers ainsi actionnés seront obligés
de prendre un parti et d'opter entre la délivrance de l'usufruit en nature et sa conversion en rente viagère. En cas
de désaccord entre eux, les tribunaux décideront si l'usufruit doit être maintenu ou la conversion opérée. Du moment que l'époux a le droit d'agir à son heure pour fixer
la situation, il est inutile et il serait quelquefois fâcheux
d'imposer aux héritiers un délai pendant lequel ils doivent,
à défaut de partage, se prononcer sur l'alternative qui
leur appartient. Tout d'abord, ils peuvent ne pas être,
dans l'année du décès, en état de bien juger la situation
et de prendre un parti en pleine connaissance de cause.
Ensuite, les obliger à se prononcer quand l'époux ne leur
demande pas et qu'il croit peut-être n'avoir aucun intérêt
à le leur demander, c'est provoquer entre eux une délibération qui peut devenir la cause de dissentiments et qui,
dans tous les cas, ne présente aucun avantage immé-
diat. »

Le Sénat se rendit à l'avis de sa commission et modifia
de nouveau le projet, dans le sens qu'elle lui demandait,

en supprimant la seconde limitation relative ou délai d'une année, que la Chambre avait apportée au droit des héritiers.

C'est donc jusqu'au partage définitif que les héritiers du *de cujus* peuvent exercer aujourd'hui le droit d'option que la loi leur accorde. Tant qu'il n'aura pas eu lieu, la conversion sera possible.

Cette limitation, comme l'ont démontrée MM. Piou et Delsol, était absolument nécessaire dans l'intérêt du conjoint, et il faut sur ce point approuver sans réserve le législateur.

Tel n'est pas cependant l'avis de certains auteurs, qui lui ont reproché d'en avoir mal choisi le terme : « C'est le partage, a-t-on dit (1), qui règle définitivement la situation des héritiers, et c'est beaucoup suivant la nature des biens qui leur auront été dévolus, qu'ils seront portés à prendre parti pour l'usufruit ou la rente viagère. On leur impose donc l'option à un moment où ils n'ont pas les éléments nécessaires pour la faire en complète connaissance de cause ».

Ce reproche ne nous semble guère fondé. L'auteur de cette critique semble, en effet, oublier deux choses. L'usufruit du conjoint survivant pouvant, comme tout autre droit de jouissance, porter sur toute espèce de biens, meubles et immeubles, il en résulte tout d'abord, que, quels que soient les biens qui composent la part d'un successible, certains d'entre eux seront nécessairement grevés de l'usufruit du conjoint, d'autant que l'article 832 du Code civil prescrit de faire entrer dans chaque lot la même quantité de meubles, d'immeubles, de droits ou de créances

______

(1) Souchon, *Revue critique*. Année 1891, p. 232.

de même nature et valeur. Les héritiers ne l'ignorent pas et il n'est pas besoin que le partage soit accompli, pour que chacun d'eux ait la certitude que le droit de jouissance de l'époux survivant s'exercera en partie sur son lot. Il n'en serait autrement que dans le cas où, par convention, l'un d'eux aurait assumé seul la charge de cet usufruit.

Ce jurisconsulte semble, en outre, avoir oublié qu'il n'est aucunement nécessaire pour que la conversion puisse être opérée, que tous les héritiers s'entendent pour la réclamer. Un seul peut la demander et l'obtenir malgré la mauvaise volonté des autres, si le tribunal estime qu'elle constitue le meilleur parti à prendre ; or, comme tout successible connaît, du moins approximativement, par suite des opérations préliminaires du partage, quelle sera sa situation personnelle, après qu'il sera réalisé, il n'y a pas d'inconvénients à ce que le partage définitif enlève à chacun d'eux le droit de demander la conversion.

La seule chose qu'on puisse regretter selon nous, dans la rédaction de ce paragraphe 9 de l'article 767, c'est que le législateur n'y ait point fait mention d'un délai *minimum* accordé aux héritiers pour faire convertir l'usufruit du conjoint en rente viagère.

Au lieu de leur imposer, comme le faisait le projet de la Chambre, un délai maximum, après lequel il leur eût été interdit d'exercer leur droit d'option, il eût été, à notre avis, désirable que les auteurs de la loi leur eussent assuré une certaine période, jusqu'à l'expiration de laquelle, ils eussent pu réclamer la conversion, même si le partage définitif, précipité par suite de l'action en partage exercée par le conjoint lui-même, était survenu dans l'intervalle. Les héritiers auraient ainsi, dans tous les cas,

Sans s'adresser à la justice, une période d'examen suffisante pour prendre parti en connaissance de cause.

Le législateur n'y a-t-il point songé, ou a-t-il estimé qu'il s'écoulerait toujours entre l'ouverture de la succession et le partage un délai suffisant? Quel qu'en soit le motif, le texte est formel et le partage enlève aux héritiers la faculté de demander la conversion.

Il n'y a, d'ailleurs, que le partage définitif qui puisse produire ce résultat; un simple partage provisionnel laisserait aux héritiers la jouissance de leur droit d'option. Le texte de l'article 767 le dit expressément, et la jurisprudence a déjà eu plusieurs fois l'occasion de l'appliquer (1).

Mais quand un partage peut-il être considéré comme provisoire ou provisionnel? Le partage peut être provisionnel, ou par la volonté des parties, si elles ont convenu de faire entre elles un simple règlement de jouissance, ou en vertu de la loi.

Il en est ainsi, lorsque certains cohéritiers n'ont pas été présents au partage, ou qu'il se trouve parmi eux des mineurs ou des interdits, et que toutes les formalités prescrites par le législateur, dans le cas où des successibles incapables interviennent dans un partage, n'ont pas été observées. Les résultats d'un partage provisionnel, au point de vue du droit de conversion, sont différents selon les cas que nous venons d'énumérer.

S'il a eu lieu en vertu de la volonté des parties contractantes, qui ont remis à une date ultérieure la liquidation

____

(1) Trib. civil de la Seine, 11 juillet 1893 (veuve Tourseiller c. héritiers Tourseiller). Dalloz, 94. 2. 103. *Revue du Notariat*, 1894, n° 9089, p. 125.

définitive de la succession, elles pourront encore se prévaloir de leur droit d'option jusqu'à ce que l'une d'elles ou
le conjoint ait provoqué le partage définitif. Dès qu'il sera
achevé, leur situation sera définitivement fixée.

Si le caractère provisoire de ce partage a pour cause
l'inobservation des formalités prescrites dans l'intérêt d'un
incapable, qui se trouve, du reste, en concours avec des
successibles majeurs et en possession de leurs droits,
c'est seulement à son égard que le partage est considéré
comme provisionnel. Aux regards de ses cohéritiers, il
est pleinement valable et définitif. La jurisprudence ne
laisse aucun doute à ce sujet, et elle s'est affirmée dans
plusieurs arrêts décisifs (1). Il en résulte tout d'abord, que
ceux-ci ont perdu dès l'instant même du partage, le
droit d'option qui leur appartenait. L'incapable seul l'a
conservé et il en gardera la jouissance jusqu'au moment
où le partage deviendra également définitif à son égard,
soit qu'il respecte le premier partage, soit qu'il le fasse
annuler en vertu de son droit et en requière un nouveau.

Il en est de même, et les conséquences en seront identiques, lorsque l'un des héritiers n'a pas été présent au
partage ; le partage n'étant provisionnel qu'à l'égard de
l'absent, lui seul pourra demander un nouveau partage (2),
ou adhérer à celui que ses cosuccessibles ont fait en so
absence, et il conserve son droit de conversion jusqu'à la
clôture de cette nouvelle liquidation.

Les héritiers du *de cujus* peuvent donc exercer leur

____

(1) Douai, 7 juin 1848, Dalloz, 49. 2. 194 ; Cassation, 12 janvier 1875.
Dallez, 76. 1. 217 ; Cassation, ch. civ., 5 décembre 1887. Dalloz,
88. 1. 244.

(2) Toulouse, 13 avril 1831. Sirey, 31. 2. 330.

droit d'option jusqu'au partage définitif, mais y aura-t-il lieu dans tous les cas de procéder à un partage ? Que décider, par exemple, s'il n'y a qu'un seul héritier ? Ne doit-on pas blâmer le législateur de n'avoir pas prévu pour cette hypothèse, un délai particulier ? Il n'y a sur ce point encore, aucune lacune dans l'article 767, car il y aura toujours lieu de procéder à un partage, ne fût-ce qu'à un partage de jouissance, entre l'héritier du sang et l'époux survivant. Il faudra, en effet, déterminer dans tous les cas, les biens dont l'héritier conservera la pleine propriété et ceux sur lesquels le conjoint exercera son usufruit ; or l'acte par lequel on opère entre les biens du *de cujus* cette sorte de classification constitue vraiment un partage. L'époux survivant pourra donc de ce chef intenter une action, c'est-à-dire qu'en ce cas encore, il aura à sa disposition le moyen ordinaire de forcer l'héritier à prendre parti sur la question de conversion.

Il peut arriver que le partage définitif réalisé par les héritiers, soit frappé dans la suite d'une cause de rescision. Quels seront à leur égard les effets de cette nullité ? Leur rendra-t-elle le droit d'option dont ils avaient été dépouillés ? Certains auteurs (1) ont cru trouver dans la distinction suivante, la solution de cette question : si aucun successible n'avait demandé avant la première liquidation la conversion de l'usufruit du conjoint en une rente viagère, comme le juge en ce cas n'a pas eu à intervenir, le droit de la demander revivrait au profit des cohéritiers, jusqu'à ce qu'un nouveau partage soit devenu définitif ; mais si, au contraire, lors de la première liquidation, quelque successible avait demandé à la justice de prononcer la conver-

____

(1) Gerbault et Dubourg, *France judiciaire*, 1892, p. 299.

sion à son profit, le principe de l'autorité de la chose
jugée exigerait en ce cas le maintien du *statu quo*; si
donc les tribunaux avaient accordé la conversion, les héritiers auraient perdu le droit d'imposer de nouveau à
l'époux survivant l'obligation d'exercer son usufruit en
nature; si à l'inverse, elle avait été refusée, ils ne pourraient demander au juge de revenir sur sa décision.

Comme le faisait très justement remarquer M. Lamache,
cette distinction est rationnelle, si le jugement qui statue
sur la conversion est un acte de juridiction contentieuse,
car il est de principe que les résultats d'un jugement
passé en force de chose jugée, sont irrévocablement acquis
aux parties intéressées, et l'action en rescision dirigée
contre le partage n'est recevable, qu'à la condition de n'y
porter aucune atteinte; « mais cette idée, disait-il (1), nous
paraît très contestable, du moins dans le cas où le tribunal
s'est borné à statuer sur la demande de conversion, en
l'absence de contestation entre les héritiers, relativement
aux sûretés offertes. Et si la décision intervenue dans cette
hypothèse relève de la juridiction gracieuse, les héritiers
doivent recouvrer dans tous les cas leur droit d'option par
suite de la rescision du partage ».

Cette dernière manière d'envisager la question nous
paraît de beaucoup la meilleure. Nous croyons, en effet,
qu'à l'exception du cas où un véritable jugement passé en
force de chose jugée est intervenu sur la question, les
héritiers recouvrent, en toute autre hypothèse, leur droit
d'option par le seul fait de l'annulation du partage, et nous
en trouvons la preuve dans les principes mêmes de notre
droit en matière de rescision.

(1) Lamache, *Commentaire de la loi du 9 mars 1891*, p. 22.

Lorsqu'un partage est annulé, l'effet de cette rescision est, en principe, de remettre toutes choses au même état que si l'indivision n'avait jamais cessé d'exister. La situation respective des héritiers et du conjoint ne doit donc pas avoir été modifiée par cet essai de liquidation. Or, quelle était avant le partage la situation des cohéritiers? Chacun d'eux avait le droit, ou de laisser le conjoint exercer son usufruit en nature, ou d'en demander la conversion en une rente viagère : la rescision doit donc avoir pour résultat de leur faire recouvrer cette faculté d'option. La leur refuser serait violer des principes juridiques tout à fait indiscutables. Quant au conjoint, son rôle avant la conversion était essentiellement passif : attendant la décision des héritiers, il ne pouvait que la hâter en provoquant le partage. Par rapport aux copartageants, il faut donc le ranger dans la catégorie des « tiers ». Mais la rescision du partage produit vis-à-vis des tiers un effet rétroactif comme à l'égard des parties, elle a pour effet à leur égard d'annuler du même coup toutes les constitutions de droits qui ont pu leur être faites entre le moment du partage et celui de la rescision. Le conjoint ne peut donc invoquer de droit acquis à conserver la situation qu'il avait lors du partage, et comme l'effet de l'annulation est de remettre toutes choses au même état que si le partage primitif n'avait jamais eu lieu, il pourra être forcé d'accepter, après la clôture de la nouvelle liquidation, une situation toute différente de celle qu'il avait auparavant. Peut-être recueillera-t-il une rente viagère après avoir tout d'abord exercé en nature son droit de jouissance. Peut-être aussi lui désignera-t-on des biens héréditaires pour l'exercice de son usufruit, après lui avoir payé les premiers arrérages de la rente qu'on lui avait tout d'abord assignée. Les héritiers, en un mot, recouvreront leur droit d'option. Telles sont les conséquences qui résultent de la stricte observation des principes en cette matière ; nous ne croyons pas qu'on puisse s'en écarter.

§ 4. — Effets de la conversion.

Lorsque les héritiers ont usé du droit que la loi leur accorde de substituer une rente viagère à l'usufruit de l'époux survivant, quels sont les effets de cette conversion ? A-t-elle un effet rétroactif, et la transmission de l'usufruit doit-elle être considérée comme complètement effacée, de telle sorte que le conjoint se trouve n'avoir jamais été qu'un crédi-rentier tenant directement son droit du *de cujus ?* Où la conversion produit-elle entre les héritiers et cet époux une nouvelle mutation qui laisse subsister l'ancienne, ce conjoint devenant crédi-rentier après avoir été usufruitier ? La conversion, en un mot, opère-t-elle comme une résolution ou simplement comme une cession ?

Les conséquences pratiques les plus importantes se rattachent, tant au point de vue civil qu'au point de vue fiscal, à la solution de cette question.

Au point de vue civil tout d'abord, si la conversion produit les effets d'une cession, les héritiers ne recueilleront l'usufruit, que grevé de toutes les charges et hypothèques qui auront pu l'atteindre du chef de l'époux survivant, entre le moment de l'ouverture de la succession et celui de la conversion. S'il a été nommé tuteur pendant le cours de cette période, ils seront donc obligés de procéder à la purge des hypothèques légales des mineurs ou des interdits qui seront venues frapper les biens objets de l'usufruit.

Tout autres, au contraire, seront les résultats de la conversion, si elle opère comme une résolution. Les choses seront remises en ce cas dans le même état que si le conjoint n'avait jamais exercé son droit de jouissance; toutes les charges nées de son chef seront de plein droit rétroactivement anéanties — c'est une simple application de la règle « *resoluto jure dantis, resolvitur jus accipientis* » — et l'époux survivant sera considéré comme ayant été du premier coup titulaire d'une rente viagère.

Au point de vue fiscal, les résultats n'en sont pas moins importants, tant au point de vue de la nature du droit qui peut être réclamé au conjoint, que du *mode de liquidation du droit qui doit être perçu sur la succession à la charge des héritiers.*

Sur ce dernier point, nous voyons, en effet, dans la loi du 22 frimaire, an VII, que la liquidation du droit perçu sur les successions, n'est pas réglée de la même manière lorsque l'hérédité doit supporter un usufruit, que lorsqu'elle est grevée d'une rente viagère. Les droits que devront payer les héritiers, seront calculés, dans le premier cas, sur la valeur de la pleine propriété, comme si l'usufruit n'existait pas. En cas de rente viagère, ils sont autorisés, au contraire, à déduire de l'actif successoral le capital de la rente.

Quel mode de liquidation faudra-t-il appliquer à l'usufruit du conjoint converti en une rente viagère? Cela dépend de la solution que l'on adopte sur les effets de cette conversion. Si l'on se prononce en faveur du système qui l'assimile à une cession, le droit de mutation devra être liquidé suivant les règles spéciales aux transmissions d'usufruit ; si l'on admet, à l'inverse, que la conversion a un effet rétroactif, c'est le second mode de liquidation qu'il faudra adopter.

L'administration de l'Enregistrement s'est prononcée, dès la rédaction du nouvel article 767, en faveur de la première opinion. Prévoyant les difficultés que la loi de 1891 pouvait faire naître, notamment sur ce point, elle a tracé à ses agents, dans une circulaire du 6 juin 1891, la ligne de conduite qu'ils devaient suivre. Nous en extrayons le passage suivant : « D'après l'article 1er de la loi, les héritiers peuvent exiger que l'usufruit de l'époux survivant soit converti en une rente viagère. » Cette disposition soulève, en Droit civil, plusieurs questions délicates, notamment celle de savoir, si la conversion de l'usufruit en une rente viagère rétroagit au jour du décès. Tant que la jurisprudence n'aura pas déterminé sur ce point important le caractère et les effets de la loi nouvelle, l'administration croit devoir admettre, que l'impôt de mutation par décès doit toujours être liquidé suivant les règles spéciales aux transmissions d'usufruit. Elle se fonde pour adopter, quant à présent, cette base de perception, d'ailleurs la plus avantageuse pour le Trésor, sur le texte même de la loi du 9 mars. Il paraît, en effet, résulter de ce texte, que le droit reconnu par le législateur à l'époux survivant, sur la succession de son conjoint, consiste, avant tout, dans un usufruit en nature. L'obligation légale des héritiers ne comprend, en principe, qu'un seul objet : un usufruit. Ils sont, à la vérité, autorisés à remplacer cet usufruit par une rente viagère ; mais cette conversion ultérieure est simplement facultative pour eux, et quand elle vient à se produire, elle ne saurait, semble-t-il, effa-

cer le fait de la transmission d'usufruit qui s'est opérée
de plein droit lors du décès, au profit de l'époux survivant. L'impôt de mutation par décès devra donc être
liquidé suivant les règles spéciales aux transmissions
d'usufruit, même au cas où la conversion aurait précédé
la déclaration de succession ».

Ce système de l'Enregistrement soulève de nombreuses
critiques. Est-il exact d'abord, que « le droit reconnu par
le législateur à l'époux survivant consiste avant tout dans
un usufruit en nature ; que la conversion ultérieure est
simplement facultative, et qu'elle ne saurait effacer, quand
elle vient à se produire, le fait de la transmission d'usufruit qui s'est opérée de plein droit lors du décès au profit de l'époux survivant » ? C'est là, à notre avis, une affirmation purement gratuite. Elle ne peut, comme on le
prétend, avoir sa source dans l'article 767, car son texte
ne fait aucune allusion à un usufruit en nature. Elle n'est
pas davantage exigée par la logique ; quelles raisons, en
effet, pouvait avoir le législateur de vouloir créer « avant
tout » un usufruit en nature ? Était-ce donc le seul moyen
d'assurer, comme il le voulait, la situation du conjoint
survivant ? Nullement ! Les auteurs de la loi n'avaient
qu'un but : c'était d'assurer à cet époux des revenus suffisants pour lui permettre de vivre honorablement après la
mort de son conjoint ; il n'était donc aucune raison de ne
pas mettre sur la même ligne l'usufruit et la rente viagère, et de soutenir que la conversion était simplement
in facultate solutionis.

Il n'y a pas, en conséquence, à tenir compte des affirmations de l'administration de l'Enregistrement sur ce
point, et la déduction qu'elle en tire, en déclarant que
« l'impôt de mutation doit toujours être liquidé suivant

les règles spéciales aux transmissions d'usufruit » ne doit
pas par suite avoir plus de crédit.

Ce n'est pas, d'ailleurs, avec une bien grande confiance
dans le succès de son opinion que la Régie l'a émise ;
elle affirme plus qu'elle ne prouve, mais au milieu de ses
affirmations on sent percer son embarras. Ce n'est que
« quant à présent » dit-elle dans sa circulaire, qu'elle
adopte cette solution ; « elle croit » devoir admettre cette
opinion « tant que la jurisprudence n'aura pas déterminé
sur ce point important le caractère et les effets de la loi nouvelle ». Elle n'est donc pas bien certaine de la vérité de
son système ; mais pourquoi donc a-t-elle, malgré cette
incertitude, résolu cette question d'une manière si caté-
gorique ? La raison en est simple : « Si elle a adopté
cette base de perception, c'est — elle l'avoue ingénu-
ment — qu'elle est la plus avantageuse pour le Trésor. »
Fidèle à une tradition ancienne qu'elle a érigée en principe, elle a sacrifié à son intérêt celui des imposés, et
sans se préoccuper davantage, si la solution qu'elle imposait, était bien équitable et conforme aux principes de
notre droit, elle a décidé que l'impôt de mutation par
décès devrait toujours être liquidé, en notre hypothèse,
suivant les règles spéciales aux transmissions d'usufruit.
Tous ses raisonnements se réduisent à cette formule :
« Dans le doute, on perçoit ».

Il n'y a donc pas lieu de s'étonner que l'administration
de l'Enregistrement soit restée seule de son avis. Tous
les commentateurs de la loi de 1891 qui ont prévu cette
difficulté, se sont prononcés, en effet, — et nous nous
rangeons à leur opinion — en faveur du système contraire, d'après lequel la conversion de l'usufruit en rente

viagère opère, non comme une cession, mais comme une résolution.

Nous aboutirons, par suite, sur chacune des questions que soulève ce système, a des conclusions absolument différentes de celles de la Régie.

Pour connaître tout d'abord la manière dont il faut calculer le droit de mutation dû par les héritiers, lorsqu'ils ont converti en une rente viagère l'usufruit du conjoint, nous distinguerons, suivant que la déclaration de succession a été faite avant ou après la conversion. Si cette conversion est antérieure à la déclaration de succession, c'est la rente viagère qui doit être déclarée et assujettie aux droits qui lui sont propres, car l'objet de la transmission se trouve en ce cas rétroactivement fixé. Les héritiers ne payeront donc le droit de mutation que déduction faite du capital de cette rente. Si, au contraire, la déclaration de succession a été faite, avant que la conversion ait été effectuée, la liquidation de ce droit devra être nécessairement faite d'après les règles particulières aux transmissions d'usufruit, car le conjoint est vraiment en ce cas en possession de son droit de jouissance. La perception, ainsi réglée, sera définitive, alors même que l'usufruit serait converti en rente viagère pendant le cours des deux années suivantes, car c'est un principe en matière d'enregistrement, principe formulé par l'article 60 de la loi du 22 frimaire, an VII, que « tout droit perçu régulièrement ne peut être restitué, quels que soient les événements ultérieurs ».

Les arguments les plus sérieux peuvent être invoqués à l'appui de notre système. Le conjoint survivant — nous l'avons déjà dit et nous aurons bientôt l'occasion de le prouver — n'est pas un héritier, mais un simple successeur aux biens ; il n'est pas saisi de plein droit de l'usu-fruit que la loi lui confère, mais il est tenu d'en demander la délivrance aux héritiers. Il en résulte que jusqu'à ce que cette formalité ait été remplie, les biens héréditaires se trouvent, au point de vue de la perception des droits de mutation, pour la propriété *comme pour la jouissance*, dans le patrimoine des héritiers.

Il est de principe, en effet, et ce principe a été con-firmé par de nombreux arrêts, qu'un légataire ne doit aucun droit de mutation, aussi longtemps qu'il n'a pas la possession légale, et cela est si vrai, que s'il reçoit avant toute délivrance une somme fixée d'un commun accord, qui lui est versée pour lui tenir lieu de l'objet légué, cette convention aura le caractère d'une délivrance de legs et servira de base à la perception du droit de mutation.

Les arrêts qui ont consacré ce principe et auxquels nous faisons allusion sont intervenus, il est vrai, en matière de transactions, mais ce qui prouve bien que c'est la saisine et elle seule qui est la cause de la perception du droit, c'est qu'il a été reconnu (1) que lorsqu'un légataire d'usufruit est décédé avant d'avoir obtenu la délivrance de son legs, ou avant d'en avoir pris possession — car la prise de possession, conformément à l'article 1014 du Code civil fait présumer la délivrance volontaire — il n'est pas dû de droit de mutation pour ce legs d'usufruit, car ce n'est qu'à partir de la délivrance que la jouissance de ce légataire aurait pu commencer.

L'époux survivant est donc tenu de demander la déli-vrance de son usufruit et ce n'est qu'après l'avoir obtenue,

____

(1) Déc. Min. fin., 30 juillet 1813 : Délibération de la Régie du 26 décembre 1826, 10 janvier 1827. Sol., 28 avril 1875.

qu'il en a véritablement la possession légale. La conséquence certaine de ce principe, c'est que si les héritiers
ont exigé la conversion avant qu'il ait été investi de
cette possession, l'acte qui l'opère est purement déclaratif
puisque ce conjoint n'avait auparavant aucun droit, et
par suite, il produit son effet du jour même de l'ouverture
de la succession : l'usufruit devra donc être considéré
comme n'ayant jamais existé et l'impôt de mutation par
décès ne pourra être exigé que sur la rente viagère. La
conversion étant survenue, en effet, avant que l'époux ait
été mis en possession des biens sur lesquels il devait exercer son usufruit, il ne s'est opéré aucune mutation de
l'époux aux héritiers, car le premier n'ayant encore rien
reçu ne pouvait évidemment rien transmettre aux seconds.

Ne serait-ce pas, du reste, une inconséquence frappante,
d'admettre que le décès d'un légataire d'usufruit avant la
délivrance de son legs, entraîne l'extinction de la dette du
droit de mutation, et de soutenir en même temps, que
l'époux survivant reste débiteur du même impôt sur son
usufruit qui a été converti en une rente viagère avant
même qu'il en ait reçu la délivrance ?

Notre système trouve un nouvel appui dans les règles
de notre droit en matière de partage. Aux termes de
l'article 883 du Code civil, l'effet de tout partage est de
faire considérer chaque héritier comme ayant succédé
seul et immédiatement à tous les effets compris dans son
lot. Le partage, en un mot, efface le fait de la transmission telle qu'elle s'est opérée au moment du décès. C'est
ainsi que des héritiers appelés à recueillir ensemble une
succession en pleine propriété, effaceront complètement et
rétroactivement le fait de la transmission qui s'est opérée
s'ils conviennent d'attribuer par le partage, à l'un la nue

propriété des biens et à l'autre l'usufruit. Le titulaire du droit de jouissance sera censé l'avoir reçu directement du défunt lui-même, et il en sera de même, de celui qui possède la nue propriété. Pourquoi donc n'en serait-il pas ainsi à l'égard du conjoint survivant lorsque son usufruit est converti en une rente viagère? Est-il quelque raison de ne pas lui appliquer la règle de la déclarativité de partage? Non! il n'en est aucune. Le partage qu'il a pu provoquer pour le règlement de ses droits, est un partage ordinaire, régi à ce titre par l'article 883 du Code civil. Si donc, avant toute délivrance de son usufruit héréditaire, les droits de ce conjoint ont été convertis en une rente viagère équivalente, les héritiers seront présumés avoir succédé seuls et immédiatement à la pleine propriété des biens du *de cujus*, et le survivant sera censé n'avoir jamais eu aucun droit d'usufruit.

On objectera peut-être à cet argument que l'article 883 ne peut être invoqué en cette hypothèse, parce que la rente viagère n'est pas une valeur de la succession et que l'effet déclaratif du partage est limité aux biens provenant de l'actif héréditaire, ou du moins à ceux qui sont compris dans la masse indivise, mais on peut faire remarquer à l'administration de l'enregistrement que dans l'esprit de la loi de 1891, la rente viagère attribuée au conjoint n'est que la représentation de sa part dans les revenus héréditaires destinés à la former.

Il nous est donc permis de ne pas tenir compte de cette objection, mais il en est une autre dont l'importance exige une réfutation plus complète.

Le droit reconnu par le législateur à l'époux survivant est, dit la Régie, un usufruit en nature. Sans doute, les héritiers sont autorisés à remplacer ce droit de jouissance par une rente viagère, mais cette conversion est simplement facultative, et il y a lieu d'appliquer en cette hypothèse les dispositions du Code civil relatives aux obligations de ce genre. C'est là, nous l'avons dit, une affirmation erronée. Ce qui prouve bien, en effet, que le conjoint qui survit n'est pas investi d'un usufruit en nature, . c'est que la conversion peut lui être imposée sans qu'il ait même à l'accepter. En réalité, il n'a pas plus droit à un usufruit qu'à une rente viagère. Le législateur a donné aux héritiers un droit d'option qui leur permet de prendre à l'égard de cet époux, celui des deux partis qui leur paraît le plus avantageux.

Le paragraphe 9 de l'article 767 qui autorise la conversion, ne contient donc pas une disposition facultative, mais une disposition alternative, dont l'option est laissée au débiteur, or, il est de la nature de toute option de rétroagir. C'est ce qui a lieu, par exemple, pour la femme qui exerce le retrait d'indivision dans le cas de l'article 1408, et pour l'héritier qui accepte ou répudie une succession. Si donc cette disposition a un caractère alternatif, conformément aux règles ordinaires en cette matière, le droit ne sera perçu que sur l'objet recueilli par le bénéficiaire, c'est-à-dire sur la rente viagère, car l'effet rétroactif de l'option rendrait inexplicable la perception sur l'usufruit d'un droit de mutation par décès.

Il en devrait être ainsi, même s'il était vrai que l'époux survivant a le droit d'exercer son usufruit en nature. Étant données les dispositions de la loi relatives à la conversion, cet usufruit ne serait attribué au conjoint que sous condition, puisque les héritiers ont toujours le droit de l'en priver, mais cette condition ne pourrait être qu'une condition résolutoire; à ce point de vue encore, la conversion opérera donc rétroactivement et aura pour effet d'effacer la transmission primitive de l'usufruit.

Le système de l'administration de l'Enregistrement nous apparaît donc comme absolument inadmissible, quand on l'applique au mode de liquidation du droit de succession qui incombe aux héritiers ; il ne nous paraîtra pas plus acceptable dans l'étude que nous allons faire maintenant de la *nature du droit qui peut être réclamé au conjoint, c'est-à-dire du droit qui doit être perçu sur l'acte de conversion.*

Cette seconde question dépend comme la première du caractère que l'on donne à cet acte. Si l'on admet, suivant notre système, que la conversion opère comme une résolution, on reconnaît par le fait même que l'époux survivant n'a jamais eu la qualité d'usufruitier, mais seulement celle de titulaire d'une rente viagère, et on en conclut naturellement que l'acte de conversion ne donne lieu, à la charge du conjoint, qu'à un seul droit de mutation calculé au denier dix. Si, au contraire, la solution de la Régie est exacte, il faut admettre que cet époux a été successivement titulaire d'un droit d'usufruit et d'une rente viagère, et par suite, il sera tenu de payer un double droit, d'abord, un droit de mutation d'usufruit, par suite de la transmission de l'usufruit qui s'est opérée de sa tête sur celle des héritiers, et un droit de constitution de rente : « Il faudrait décider aussi (1) que la substitution d'une rente viagère à l'usufruit, opère l'extinction de l'usufruit préexistant ; qu'elle est translative, et par suite qu'elle est susceptible de donner ouverture à un droit proportionnel de transcription applicable aux réu-

______

(1) *Journal du Notariat* du 20 août 1891.

nions d'usufruit à la nue propriété, qui ont été précé-
dées du payement du droit de mutation liquidé sur la
valeur de la pleine propriété (1) ». Admettre ces conséquences fiscales exorbitantes serait méconnaître la pensée des auteurs de la loi de 1891. L'article 767 n'a été
modifié que dans le seul but d'améliorer la situation du
conjoint survivant. Est-il donc logique d'admettre que
celui que la loi a voulu favoriser, soit tenu de payer deux
droits d'enregistrement, l'un sur un usufruit dont il ne
retire aucun avantage, et l'autre sur une rente qu'il ne
recueille que parce qu'on l'a dépouillé de son droit primitif ? N'y eut-il pas, d'ailleurs, ce motif exceptionnel,
l'équité et les principes s'opposeraient à la perception de
ce double droit, car c'est frapper deux fois la même valeur
contrairement à la règle *non bis in idem*.

Toutes ces contradictions condamnent le système de
l'administration de l'Enregistrement. La conversion opère
comme une résolution; telle est la seule opinion soute-
nable. C'est celle que vient de consacrer la jurisprudence
dans un arrêt du 5 décembre 1894 (2). Il a été jugé, en
effet, par le Tribunal civil de Mayenne, que lorsque l'héritier, usant du droit d'option que lui accorde la loi de 1891,
attribue au conjoint survivant une rente viagère en représentation de l'usufruit qui lui est légalement dévolu,
celui-ci doit être réputé tenir la rente viagère du défunt

____

(1) Cela signifie, en d'autres termes, que si l'usufruit converti en
une rente viagère, porte sur un droit immobilier, d'après le système
de l'Enregistrement, le conjoint survivant devrait payer, en outre du
droit fixe, le droit de transcription à 1 fr. 50 par cent francs.

(2) Trib. civil de Mayenne 5 décembre 1894. Aff. Deschamps du
Méry de Guitterie. Sirey, 95.2.184; *Revue du Notariat*, 1895, n° 9292,
p. 123.

lui-même et n'avoir jamais été saisi de l'usufruit. Par suite, la Régie n'est pas fondée à exiger le droit de mutation par décès sur l'usufruit auquel la rente a été substituée ;

« Attendu, a déclaré ce tribunal, qu'il convient d'observer que le système de l'administration méconnait les principes dominants en matière de partage, d'après lesquels les opérations de règlement rétroagissent au temps du décès, et qui, par une fiction légale, suppriment l'état intermédiaire qui a précédé lesdites opérations, ou tout au moins, ses conséquences juridiques ;

« Attendu qu'en offrant au choix de l'héritier un double moyen de remplir de ses droits l'époux survivant, le législateur de 1891 n'a pas entendu déroger à ces principes, que rien du moins dans l'exposé des motifs, non plus que dans la discussion de la loi, n'indique chez lui cette intention ;

« Attendu au surplus qu'il ne faut pas oublier que l'époux survivant n'est autre chose qu'un successeur irrégulier, lequel est assimilé au légataire particulier pour l'attribution ou la délivrance de son droit ;

« Attendu par conséquent que, tant d'après la fiction de la rétroactivité, que d'après son caractère de successeur irrégulier, la veuve X n'a jamais été saisie ou nantie d'un droit d'usufruit, lequel à aucun moment ne peut avoir existé à son profit;

Qu'il en résulte que, soit qu'on veuille se reporter aux règles du partage, soit qu'on envisage la situation spéciale du conjoint survivant, la prétention de l'administration est exorbitante des principes reçus ;

« Attendu, en effet, qu'il serait d'une fiscalité excessive de frapper de deux droits, l'un à titre de mutation par décès, l'autre à titre de constitution de rente, la simple accession à un gain successoral, qui, s'il est alternatif ou même facultatif, selon la doctrine de l'Enregistrement, n'en demeure pas moins unique dans sa cause comme dans ses conséquences ».

Il y a lieu de croire que ce jugement si nettement défavorable au système de la Régie aura suffi à la convaincre, car elle n'a pas soumis la question à la Cour de Cassation. C'eût été faire preuve, d'ailleurs, d'un entêtement déraisonnable que de persévérer à soutenir une opinion, que les auteurs (1) et la jurisprudence étaient unanimes à critiquer.

§ 5. — Comment les législations étrangères règlent-elles l'exercice du droit qu'elles accordent au conjoint survivant ? Contiennent-elles quelque disposition analogue à notre droit de conversion ?

Nous avons vu que c'est à la législation *Italienne* (2) que les auteurs de la loi de 1891 ont emprunté le principe même de la conversion. On lit, en effet, dans l'article 819 du Code italien, qu' « il est loisible aux héritiers d'acquit-

____

(1) Mesnard, *Lois nouvelles*, 1891, p. 520 ; Souchon, *Rev. critique de législat. et de jurisprud.*, 1891, p. 231 ; Lamache, *Commentaire de la loi de 1891*, p. 20 à 23 ; *Rev. du Notariat*, 1891, p. 801 et 823, 1894, p. 125 ; Zeglicki, *Rev. critique*, 1892, p. 187 et 233 ; Huc, *Commentaire théorique et pratique du Code civil*, p. 169 ; Bouvier-Bangillon, *Rev. gén. de droit, de législ. et de jurisprud.*, 1892, p. 239 ; De Varcilles, *Cours de droit civil* ; Dalloz, *Supplément au Répertoire*, p. 61 ; *Revue du Notariat*, 1891, p. 316 et 704 ; Garnier, *Répertoire période de l'Enregistrement*, 1892, p. 197.

(2) Huc et Orsier. Traduction du Code italien.

ter les droits de l'époux survivant, ou moyennant la constitution d'une rente viagère, ou moyennant l'assignation des fruits des biens immeubles ou de capitaux héréditaires, à déterminer d'un commun accord, ou par l'autorité judiciaire, eu égard aux circonstances du cas.—Jusqu'à ce qu'il soit désintéressé de sa portion, l'époux survivant conserve ses droits d'usufruit sur tous les biens héréditaires ».

Ainsi conçu, ce texte est moins complet que le paragraphe correspondant de notre article 767. On peut remarquer, en effet, qu'il n'exige pas tout d'abord, que les héritiers fournissent au conjoint des sûretés suffisantes pour garantir le payement des arrérages de la rente ; qu'il ne fait ensuite, aucune allusion à l'équivalence de la rente et de l'usufruit. Il est vrai, qu'en pratique, l'époux survivant exigera que ces arrérages soient égaux aux revenus qu'il eût retirés de l'exercice de son droit de jouissance ; il est de même certain qu'il ne consentira à la conversion que si on lui présente des sûretés suffisantes; mais il faut néanmoins louer notre législateur d'avoir complété sur ce point le modèle qu'il a choisi; il a évité ainsi bien des incertitudes et des discussions.

Le droit de conversion se retrouve également dans la *législation espagnole* (1). « Les héritiers, dit l'article 838 du Code civil pourront fournir au conjoint sa part d'usufruit en lui assignant une rente viagère et le produit de biens déterminés, ou un capital en argent, si on y consent d'un accord mutuel, et à défaut en obtenant une décision judiciaire. Si cela ne se réalise, tous les biens de la succession seront affectés au payement de la part d'usufruit appartenant à l'époux veuf. »

(1) A. Levé, *Code civil espagnol*, traduit et annoté.

Le Code espagnol donne donc aux héritiers le choix entre trois moyens. Non seulement, il leur est permis, comme dans notre Droit français, de remplacer l'usufruit du conjoint par une rente viagère, mais ils peuvent également, si l'époux y consent, ou même malgré sa volonté pourvu qu'ils obtiennent l'autorisation du tribunal, lui donner pour le remplir de ses droits une somme déterminée. Notre législation n'a pas permis aux héritiers d'user de ce dernier moyen, et il n'y a pas lieu de le regretter. Le but de l'usufruit accordé au conjoint est, en effet, de lui assurer pendant tout le cours de sa vie une existence honorable, mais est-ce que le versement d'un certain capital en garantit la réalisation? Nous ne le croyons pas. Que l'époux survivant soit un homme imprudent ou imprévoyant, il pourra dissiper aussitôt la somme qui lui a été ainsi versée ou l'employer à des spéculations malheureuses, et il se trouvera sans ressources et sans recours possible contre les héritiers, peu de temps après la mort du *de cujus*.

D'après le *Code portugais* (1) le droit du conjoint qui survit ne consiste jamais dans un usufruit héréditaire; il ne peut donc être question de conversion. Nous nous rappelons, en effet, que ce n'est qu'à défaut de descendants, d'ascendants, de frères et de sœurs et de descendants d'eux, qu'il est appelé à la succession, mais en ce cas il en recueille la toute propriété.

S'il est en concours avec l'un des parents précités, et que la mort de son époux le laisse sans ressources, il n'a droit qu'à des aliments pris sur les revenus laissés par le défunt (art. 1231).

____

(1) Fernand Lepelletier, *Code civil portugais*, traduit et annoté.

Pas plus qu'en Portugal, il ne devrait être question en *Allemagne* (1), du moins d'après la législation qui sera en vigueur dans toute l'étendue de l'Empire à partir du 1er janvier 1900, d'un droit de conversion au profit du conjoint. Celui-ci, en effet, recueille dans tous les cas, quels que soient les héritiers avec lesquels il concourt, un droit de succession en pleine propriété.

Il peut cependant y avoir lieu dans certaines hypothèses à une sorte de conversion, ou pour parler plus exactement, à un rachat. Nous verrons bientôt que ce nouveau code donne au conjoint survivant la qualité de réservataire, mais ce droit à une réserve ne constitue pas, comme dans notre code, un véritable droit de succession. Le Droit prussien, qui a servi de modèle à cette législation de l'Empire, ne donne dans tous les cas au réservataire qu'un droit personnel au payement du montant de sa réserve. Grâce à ce système, on évite toutes les difficultés de liquidation et les complications qui se produisent d'ordinaire, lorsque le droit à la réserve est réglé comme droit héréditaire, car on peut forcer le réservataire à se contenter d'un rachat. Cela permet de conserver entiers des biens importants, des grands domaines, des usines, que l'on attribue à certains successibles moyennant des compensations en argent. Le conjoint peut donc être obligé dans certains cas à accepter cette sorte de conversion.

D'après la législation actuellement en vigueur dans la plupart des états de l'Empire — Saxe, Prusse, Brunswick, Hanovre, Hambourg — il n'y a pas lieu à conversion, car c'est un droit de propriété que recueille l'époux survivant.

---

(1) O. de Meulenaere, *Code civil allemand* et loi d'introduction.

La *loi belge du 20 novembre 1896* (1) portant modification aux droits successoraux du conjoint survivant, a reproduit presque littéralement la partie du texte de notre article 767, relative à la conversion. Il semble toutefois que c'est le premier projet voté par notre Chambre des députés qui lui a servi de modèle, car on trouve dans cette loi une disposition copiée dans ce texte primitif, décidant que la conversion ne pourrait avoir lieu que dans l'année du décès. Nous avons montré les inconvénients qui peuvent résulter de l'apposition de ce délai et félicité notre législateur de l'avoir supprimé.

Mais si la loi belge est sur ce point inférieure à la nôtre, elle a le mérite d'être mieux rédigée, car ses auteurs ont complété notre article 767 d'une manière très intelligente. Nous avons vu, que c'était dans notre droit une question très controversée de savoir, si la conversion opère comme une cession ou comme une résolution, et nous avons fait remarquer que les conséquences les plus importantes se rattachent, tant au point de vue civil qu'au point de vue fiscal, à la solution de cette difficulté. Instruit à nos dépens, le législateur belge a comblé sur ce point la lacune qui se trouve dans notre législation, en déclarant formellement dans son texte, que « la conversion rétroagit au jour de l'ouverture de la succession ». Elle produit donc les effets d'une résolution. C'est à n'en pas douter, le système que les auteurs de la loi de 1891 ont également voulu consacrer.

Suisse. — Dans le *canton de Genève* (2), la loi du

(1) *Moniteur Belge* du 27 novembre 1896.
(2) *Loi du 5 Septembre 1874. Annuaire de législation étrangère*, 1875, p. 495.

5 septembre 1874 qui est venue modifier les dispositions du Code, ne prévoit pas la possibilité de convertir en une rente viagère l'usufruit qu'elle accorde au conjoint. L'absence de cette disposition n'a pas dans cette législation les inconvénients qu'elle aurait eus dans notre nouvel article 767, car ce n'est que dans le seul cas où l'époux survivant se trouve en présence de descendants légitimes qu'il recueille un droit d'usufruit. Dans tous les autres cas, il reçoit une partie de la succession en pleine propriété.

Dans le *canton de Glaris* (1) et dans celui de *Berne*, l'époux survivant ne peut devenir usufruitier de la fortune du défunt que par l'effet d'un testament; il ne peut donc y être question de conversion. Il en est de même dans le *canton de Bâle*, car la loi du 10 mars 1884 (2) ne donne en aucun cas un droit de jouissance à l'époux qui survit.

Le Code du *canton des Grisons* (3) lui donne, au contraire, un droit d'usufruit, mais il ne permet pas aux héritiers de le convertir en une rente viagère.

Dans le *Code de Zurich*, on trouve une disposition tout à fait exceptionnelle. Non seulement les héritiers n'ont pas le droit de conversion, mais c'est l'époux survivant qui jouit d'un droit d'option. Selon sa convenance personnelle, la loi lui permet de prendre dans la succession du prémourant, soit une part en propriété, soit un simple droit de jouissance.

C'est ainsi qu'en présence de descendants, il a le droit

(1) *Code du canton de Glaris.* Traduction de M. Ernest Lehr *Annuaire de législation étrangère,* 1875, p. 501.

(2) *Loi du 10 mars 1884. Annuaire de législation étrangère,* 1885, p. 545.

(3) *Code civil du canton des Grisons.* Traduction de M. Raoul de **la Grasserie.**

de choisir entre la moitié de la succession en usufruit
et le huitième en pleine propriété. Ce droit d'option ne
lui est enlevé que dans deux cas : c'est lorsque la succession est dévolue à des héritiers appartenant à la parenté
grand-paternelle ou grand-maternelle, ou aux arrière-
grands-parents. Dans le premier cas, il obtient la moitié
en pleine propriété, et la moitié en usufruit; et dans le
second, les trois quarts de l'hérédité en pleine propriété
et un quart en usufruit.

D'après la *législation anglaise* (1), lorsque le *de cujus*
meurt en laissant des descendants, le conjoint survivant
a un droit d'usufruit. S'il s'agit du mari, il exerce ce droit
de jouissance sur les fiefs qui appartenaient à son épouse
prédécédée. Si c'est, au contraire, la femme qui survit,
elle a droit dans le même cas, c'est-à-dire en présence de
descendants du *de cujus*, à l'usufruit du tiers des immeubles de l'hérédité et à la propriété du tiers des meubles.
Ce droit se nomme le « douaire ». Il ne peut plus s'exercer
aujourd'hui, d'après une loi de Guillaume IV, que sur les
immeubles que le mari a expressément affectés dans ce
but par acte entre vifs ou testament.

Qu'il s'agisse d'ailleurs de l'un ou l'autre époux, la loi
ne parle en aucun cas de la possibilité de convertir cet
usufruit. Toutefois, s'il s'agit de la femme, le mari peut
décider, qu'au lieu de douaire, elle touchera pour tout
droit de survie, dans le cas où il prédécéderait, une rente
qu'il lui constitue avant le mariage. C'est là ce qu'on appelle une « jointure ».

Une loi du 25 juillet 1890 (2) est venue augmenter les

____

(1) Ernest Lehr, *Éléments de Droit civil anglais.*
(2) Traduction de cette loi, *Annuaire de législation étrangère,*

droits des veuves dans la succession de leur mari décédé *ab intestat*, lorsqu'il ne laisse, ni enfants, ni descendants, mais comme les droits qu'elle accorde à la femme sont des droits de propriété, nous n'avons pas à nous en occuper relativement à la conversion.

Pas plus que la législation anglaise, celle de l'*Écosse* ne permet au conjoint survivant de convertir en une rente viagère, les différents droits d'usufruit qu'elle lui accorde.

En Russie (1) les droits héréditaires de l'époux qui survit, consistent en une portion de la succession — d'après le *Svod*, le septième des immeubles et le quart des meubles — qu'il recueille en toute propriété. Il ne peut donc être question de conversion.

Ces règles cependant ne sont pas générales, car certains gouvernements ont des statuts particuliers. Ceux de *Tchernigof* et de *Poltawa* sont, dans le cas qui nous occupe, les plus curieux à étudier. Lorsque, dans ces pays, la femme qui a apporté une dot à son époux, n'a pas eu la précaution de la garantir par une inscription sur les biens de ce dernier, elle est réputée n'avoir pas apporté de dot, mais elle a droit en compensation, à un usufruit égal à une part d'enfant ou au tiers de la succession, suivant qu'il reste ou non des enfants issus du mariage.

Si elle convole, cet usufruit est réduit au quart de la succession et les héritiers peuvent racheter le droit de jouissance qui lui est attribué, en lui abandonnant en

1891, p. 37; Emile Stocquart, *Revue de droit international et de législation comparée*; droits de succession du conjoint survivant en Angleterre, Écosse et aux États-Unis, p. 290.

(1) Ernest Lehr, *Éléments de Droit civil russe.*

toute propriété la moitié de la valeur estimative des biens grevés à son profit. C'est là une conversion d'un genre tout spécial.

CHAPITRE VI

A QUEL TITRE JURIDIQUE L'ÉPOUX SURVIVANT EST-IL APPELÉ

A LA SUCCESSION DU DE CUJUS,

ET QUELLES SONT LES OBLIGATIONS RÉSULTANT DE L'USUFRUIT

QUI LUI EST ACCORDÉ?

En attribuant à l'époux survivant un droit d'usufruit sur la succession du prédécédé, la loi de 1891 a-t-elle voulu lui reconnaître le titre d'héritier avec tous les avantages qu'il comporte, ou le considère-t-elle comme un simple successeur irrégulier? L'une et l'autre solutions s'offraient au choix du législateur et toutes deux pouvaient invoquer des précédents historiques.

S'il remontait à l'ancien Droit français, il pouvait voir que ce conjoint était considéré dans la plupart des coutumes, notamment dans celles de Paris et d'Orléans, comme un véritable héritier. C'était la succession *unde vir et uxor* qui, comme nous le dit Pothier (1), « est une *vraie succession* qui ne diffère en rien des autres... Le survivant qui succède à ce titre au prédécédé est un *vrai héritier* et il est, de même qu'un parent, saisi de tous les

(1) Pothier. Introduction au titre XVII de la *Coutume d'Or-*
léans, n° 35.

droits actifs et passifs du défunt dès l'instant de sa mort ».
La femme était de même saisie de son douaire.

Si, au contraire, notre législateur jetait les yeux sur
les textes en vigueur au moment de son travail, sur ceux
du Code civil, il voyait l'époux survivant dépouillé de son
double titre d'héritier et de continuateur de la personne
du défunt, placé dans la catégorie des successeurs irréguliers, et dépourvu comme tel de la saisine.

Entre ces deux partis, il n'a pas hésité : il a modifié
l'étendue des droits de ce conjoint, mais il n'a pas voulu
changer la nature de sa vocation, et comme le Code civil,
il lui a refusé le titre d'héritier.

C'est ce qui ressort avec évidence de l'étude des travaux
préparatoires de la loi de 1891. « Votre commission, disait
M. Delsol au Sénat en 1877 (1), est d'avis qu'il faut laisser
le conjoint parmi les successeurs irréguliers, et qu'il n'y
a pas lieu de lui accorder la saisine, comme s'il continuait
la personne du défunt. Ne changeant rien à cette règle
générale que la consanguinité seule fait des héritiers, elle
ne voit pas de motifs d'accorder au conjoint la qualité
d'héritier qui ne lui appartient point par le sang et naturellement. »

Cette idée ne fut pas aussitôt acceptée sans protestation,
mais elle n'eut pas de peine à triompher. Tout d'abord, le
contre-projet présenté par M. le sénateur Jules Favre,
dans le but de conférer à l'époux survivant la qualité
d'héritier, fut repoussé par la commission chargée de
l'examiner. Plus tard, en 1886, M. J. Piou faisait à ce
sujet à la Chambre des députés cette déclaration formelle :

(1) Rapport de M. Delsol à la séance du 20 février 1877. *Journ. Off.*
du 4 mars. Annexe n° 36, p. 1068.

« Le Code civil a placé l'époux au rang des successeurs
irréguliers, la loi actuelle ne l'en fait pas sortir (1) ».
Enfin, lors de la dernière discussion du projet de loi au
Sénat, en 1890, M. Delsol s'exprimait en ces termes (2) :
« L'usufruit accordé au conjoint survivant a le même caractère que la succession irrégulière à laquelle ce conjoint
peut être appelé, si le défunt n'a laissé, ni héritiers au
degré successible, ni enfants naturels. En d'autres
termes, cet époux recueille cet usufruit comme un droit
simplement successoral et non pas comme un droit héréditaire, et en recueillant son usufruit, il ne prend pas
place parmi les héritiers légitimes ».

Il est donc certain que le législateur de 1891 a voulu
conserver au conjoint la qualité de successeur irrégulier.
Tous les jurisconsultes l'admettent et la jurisprudence a
confirmé à plusieurs reprises leur opinion, notamment
dans un arrêt rendu par le tribunal d'Aubusson, le
21 mars 1893 (3).

SECTION II. — OBLIGATIONS IMPOSÉES AU CONJOINT USUFRUITIER

De ce que l'époux survivant n'est pas investi du titre
d'héritier, il en résulte d'abord, qu'il n'a pas la saisine.
« Ne lui accordant pas la qualité d'héritier légitime, disait
M. Piou, elle — la loi actuelle — ne lui accorde pas non

(1) Séance du 20 mars 1886. *Journ. Off.* du 9 novembre 1886.
Annexe, n° 565, p. 1293.

(2) Séance du 14 novembre 1890. *Journ. Off.* du 15 novembre,
p. 1031.

(3) Trib. civ. d'Aubusson, 21 mars 1893, Aff. Decouteix c. Decouteix. Dalloz, 95. 2. 9.

plus la saisine légale. La saisine ne peut, en effet, appartenir à un successible réduit à un droit viager, et qui n'est, ni le continuateur de la personne du défunt, ni obligé au payement du capital de ses dettes ».

C'est en des termes analogues que s'était exprimé M. Delsol.

Il est, en effet, de principe dans notre droit que les héritiers du sang peuvent seuls invoquer le bénéfice de la saisine. A cette règle, il n'est qu'une seule exception, c'est celle que l'article 1006 du Code civil consacre au profit du légataire universel, lorsqu'il ne se trouve pas en présence d'héritiers réservataires.

Le conjoint ne pourra donc prendre possession des biens héréditaires qu'après avoir rempli certaines formalités. Pour obtenir la jouissance du droit d'usufruit, que la loi lui accorde, il sera obligé, comme tout successeur irrégulier, d'en demander la délivrance aux héritiers du *de cujus*, qui seuls sont investis de la saisine. Ces héritiers seront d'ordinaire des héritiers légitimes, mais ce seront aussi parfois des héritiers naturels. Avant la loi du 25 mars 1896, ils n'avaient pas la saisine et par suite ils ne pouvaient consentir la délivrance au conjoint, qu'après avoir obtenu du tribunal leur envoi en possession; ils n'ont plus aujourd'hui à faire cette démarche, car cette loi, en leur donnant la saisine, les a assimilés sur ce point aux héritiers légitimes. L'époux survivant pourra enfin être tenu de demander la délivrance au légataire universel du défunt, si celui-ci se trouve dans le cas que nous avons signalé de l'article 1006 du Code civil.

Ce n'est aussi qu'après avoir obtenu cette délivrance, qu'il pourra exercer les actions relatives aux biens soumis à son droit de jouissance.

Si le conjoint, en l'absence de tout héritier du *de cujus*, était appelé à recueillir non plus un droit d'usufruit, mais la pleine propriété des biens héréditaires, les formalités qu'il serait tenu d'accomplir ne seraient plus alors celles de la demande en délivrance, mais celles de l'envoi en possession. Cette procédure, au contraire, ne sera jamais applicable, lorsque le conjoint se trouve en présence des héritiers du prédécédé.

On serait tenté de conclure de ce que l'époux survivant ne jouit pas de la saisine, que ce n'est qu'à dater du jour de la demande en délivrance, qu'il a droit aux fruits des biens affectés à sa jouissance. Cette conclusion serait inexacte, car la question relative à l'attribution des fruits est, de l'avis de la plupart des auteurs (1) complètement étrangère à la saisine. Les fruits appartiennent au propriétaire de la chose qui les produit (art. 547 du Code civil). C'est là un principe évident. Toutefois, quand l'usufruit est séparé de la propriété, c'est l'usufruitier qui les acquiert. Cela ne constitue pas — Pothier le fait remarquer — une véritable exception à la règle, en vertu de laquelle le propriétaire d'une chose acquiert par droit d'accession les fruits qui en naissent. S'il en est ainsi, c'est parce que l'usufruitier, jouissant d'un démembrement de la propriété, doit être assimilé, relativement à la jouissance, au propriétaire lui-même, et qu'il doit, en conséquence, avoir les mêmes droits.

Pour expliquer ces quelques idées en une formule générale, on peut dire que « les fruits appartiennent au propriétaire, ou à celui qui a le droit de les percevoir, dès l'ouverture de son droit. »

(1) En ce sens : Pothier, Laurent, Demolombe, Dalloz, Lamache.

Il est vrai que le conjoint survivant est un successeur irrégulier, mais on ne peut nier qu'il ait en vertu de la loi, dès l'instant de la mort du *de cujus,* le titre d'usufruitier ; c'est donc à partir du jour de l'ouverture de la succession et non pas seulement à dater de la demande en délivrance, qu'il a droit aux fruits des biens affectés à sa jouissance. Les articles 1005 et 1015 du Code civil sembleraient commander une solution contraire, mais il ne faut voir dans ces deux textes que des dispositions exceptionnelles qui dérogent au principe établi par l'article 547, et les exceptions ne doivent pas être étendues d'un cas à un autre.

Cette obligation imposée à l'époux survivant, de demander aux héritiers la délivrance de son usufruit, n'est qu'une des multiples charges qui lui incombent à son double titre d'usufruitier et de successeur irrégulier.

Comme usufruitier, il est d'abord tenu de se soumettre aux mesures conservatoires ordonnées par la loi. C'est ainsi qu'il devra, avant son entrée en jouissance, faire dresser un inventaire des meubles, un état des immeubles et fournir une caution solvable, destinée à garantir au nu propriétaire la restitution de tous les biens soumis à l'usufruit, et à répondre au nom de l'usufruitier des abus de jouissance.

Le législateur a eu tort, à notre avis, d'imposer au conjoint cette obligation de fournir une caution. Cette exigence n'a aucune raison d'être, surtout lorsque les héritiers avec lesquels il concourt sont ses propres enfants ; son amour pour eux n'était-il pas une garantie suffisante d'une jouissance honnête et modérée des biens qui doivent un jour leur revenir ? Cette obligation est d'autant moins compréhensible, que dans le cas de l'article 384 du Code civil, c'est-à-dire lorsqu'à la mort de l'un des époux, il existe des enfants non émancipés âgés de moins de dix-huit ans, ce même survivant a l'usufruit de ces mêmes biens, avec dispense expresse de fournir caution. Il eût été logique d'étendre cette disposition au cas de l'article 767, mais toute exception est de stricte interprétation, et dans le silence du législateur, on ne pouvait l'étendre à l'usufruit du conjoint, pas plus qu'on ne peut l'appliquer à celui que le Code donne au survivant des père et mère, qui vient à la succession en concours avec des collatéraux.

Il est permis de croire que c'est là un oubli de la part des auteurs de la loi. Cette distraction est d'ailleurs réparable, car le *de cujus* peut dispenser son conjoint de l'obligation de fournir caution, comme aussi de toutes les autres formalités ; mais il faut alors que cette dispense ait été l'objet d'une disposition spéciale, et qu'elle ne soit pas un moyen employé pour entamer le droit de réserve de certains héritiers.

L'époux survivant devra également supporter les contributions et autres charges annuelles des biens grevés de son usufruit.

Les différentes obligations que nous venons d'énumérer, bien que très importantes, exigent peu de développements ; mais il n'en est pas de même de la *contribution aux dettes.*

Aux termes de l'article 612 du Code civil, tout usufruitier universel ou à titre universel est tenu de « contribuer avec le propriétaire au payement des dettes ». Il est logique, en effet, que celui qui recueille une quote-part de la succession contribue, dans une certaine mesure, à l'acquittement du passif héréditaire.

Mais si tel est le principe et sa justification, quelle appli-

cation en faut-il faire à l'époux survivant ? La solution de
cette question ne présenterait aucune difficulté si ce n'é-
tait qu'à titre d'usufruitier, que le conjoint venait prendre
une portion des biens héréditaires ; en vertu de la règle
que les intérêts sont une charge des fruits, il serait tenu
de payer une partie des intérêts des dettes du *de cujus*,
proportionnelle à l'importance de son droit. Mais il se présente également comme un successeur irrégulier. Doit-il,
en cette qualité, contribuer au payement des dettes du
de cujus, d'une autre manière que comme usufruitier, ou
faut-il lui appliquer encore l'article 612 du Code civil ?

Les préférences du législateur sont allées vers ce dernier système : il suffit pour s'en convaincre de se référer
aux travaux préparatoires de la loi de 1891. Lors de la
dernière discussion du projet à la Chambre des Députés (1),
un membre de cette Assemblée, M. Taudière, remarquant
que la loi nouvelle instituait un successeur légal, qu'elle
dotait, non pas comme les autres d'un droit de propriété,
mais d'un simple droit d'usufruit — ce qui constituait une
règle absolument exceptionnelle dans notre droit —
demanda de quelle manière ce successeur spécial viendrait
contribuer aux dettes du *de cujus*.

Croyant voir sur ce point une lacune dans le projet présenté, il proposa d'y ajouter un amendement, d'après lequel
on eût écarté en ce cas l'application de l'article 612 du
Code civil, pour le remplacer par un système nouveau,
qu'il soumettait à l'appréciation de la Chambre : on aurait
estimé l'usufruit du conjoint, suivant sa valeur vénale
considérée eu égard à l'âge de l'usufruitier, et selon les
indications d'une table de mortalité spéciale, et on aurait

____

(1) Séance du 26 février 1891. *Journ. Off.* du 27 février, p. 447.

fait ensuite contribuer cet époux aux dettes héréditaires dans la proportion même de la valeur de cette part, comparée au reste de l'hérédité ; on lui aurait naturellement enlevé le droit de répéter, à la fin de l'usufruit, la somme ainsi payée.

Le rapporteur, M. Piou, combattit cet amendement, en faisant d'abord remarquer à la Chambre, quels longs retards il devait apporter au vote d'une loi depuis si longtemps attendue.

« L'honorable M. Taudière, ajoutait-il (1) ne combat pas les bases de la loi, mais il prétend qu'elle a, à tort, négligé de régler la part contributive de l'époux dans le payement des dettes. »

Je lui en demande pardon, mais ni la Chambre, il y a un an, ni le Sénat à deux reprises, n'ont perdu de vue une aussi grave question. La Chambre et le Sénat ont cru que la loi devait poser des principes généraux, sans descendre aux détails d'application, et sans tirer de ces principes les conséquences qui y sont implicitement renfermées. Une loi n'est pas un manuel de droit à l'usage des étudiants de première année ! Une fois le principe fondamental posé, elle laisse aux tribunaux et aux intéressés le soin d'en faire sortir les déductions qui en dérivent.

Il suffit de bien définir la situation légale de l'époux bénéficiaire de l'usufruit et de le désigner comme un successeur irrégulier, pour que la question de la contribution aux dettes se trouve aussitôt tranchée. Le successeur irrégulier n'y contribue, en effet, qu'en proportion de son émolument et cela en vertu des principes généraux de notre législation civile.

(1) Même séance.

M. Taudière ajoute : comment agira-t-on pour la liquidation et le règlement de l'usufruit ?

Mais évidemment d'après les bases posées par la loi elle-même dans l'article 612 du Code civil. C'est à l'article 612 que la loi se réfère sans avoir besoin de le déclarer expressément, car il édicte le principe général en matière* d'usufruit..... En résumé la question se trouve résolue par l'article 612 qui s'applique dans tout son contenu sans en excepter le droit d'option. Les choses se passeront dans l'avenir comme elles se passent aujourd'hui. »

Cette déclaration formelle suivie du rejet de l'amendement de M. Taudière, montre suffisamment que la Chambre s'est rangée sans hésiter à l'opinion du rapporteur. Ce sont donc les dispositions de l'article 612 du Code civil, qu'il y a lieu d'appliquer au conjoint survivant, relativement au payement des dettes héréditaires.

Mais quel est le système que consacre cet article ? D'après ce texte, le conjoint successeur en usufruit — c'est la seule hypothèse que nous ayons à examiner — ne serait jamais tenu pour le capital des dettes héréditaires, mais seulement pour une part des intérêts de ces dettes, proportionnelle à l'importance et à la durée de son droit de jouissance. Quant au payement du capital, il reste à la charge du nu propriétaire. Il doit donc intervenir entre ce dernier et l'usufruitier, un accord préalable sur les moyens à employer pour réaliser le payement intégral de toutes les dettes exigibles. L'article 612 leur offre dans ce but une triple combinaison (1). Le conjoint survivant

____

(1) Article 612. — L'usufruitier ou universel ou à titre universel doit contribuer avec le propriétaire, au payement de la dette ainsi qu'il suit : On estime la valeur du fonds sujet à usufruit; on fixe ensuite la contribution aux dettes à raison de cette valeur. Si l'usu-

jouit d'un droit d'option, et selon le parti qui lui semble préférable, il peut, à son gré, avancer la somme réclamée par les créanciers, sauf à s'en faire rembourser le capital à la fin de l'usufruit sans aucun intérêt, ou laisser payer le capital par le nu propriétaire, en lui tenant compte des intérêts pendant toute la durée de sa propre jouissance. Si le nu propriétaire ne peut ou ne veut faire cette avance, il a le droit de vendre jusqu'à due concurrence du montant de la dette, une portion des biens soumis à l'usufruit.

Il faut toutefois remarquer qu'il n'y aura pas lieu de faire dans tous les cas, comme l'article 612 semble l'exiger, l'estimation des biens grevés de l'usufruit. Cette estimation ne sera nécessaire, du moins pour le règlement des obligations du conjoint, que lorsque le droit de jouissance qui lui est assigné, se trouvera diminué, soit par des libéralités faites par le *de cujus*, soit par la présence d'héritiers réservataires. En dehors de ces deux cas, la loi fixant elle-même, en effet, l'usufruit de cet époux à une quote-part de la succession, détermine ainsi implicitement et de plein droit la part pour laquelle il doit contribuer au payement des dettes, sans qu'il soit besoin pour la connaître de procéder à une estimation.

Tel est le système adopté par le législateur pour résoudre la question du payement des dettes héréditaires par le conjoint survivant. A-t-il eu raison de le préférer à celui

fruitier veut avancer la somme pour laquelle le fonds doit contribuer, le capital lui en est restitué à la fin de l'usufruit sans aucun intérêt.

Si l'usufruitier ne veut pas faire cette avance, le propriétaire a le choix, ou de payer cette somme et dans ce cas, l'usufruitier lui tient compte des intérêts pendant la durée de l'usufruit, ou de faire vendre jusqu'à due concurrence une portion des biens soumis à l'usufruit.

que présentait M. Taudière ? C'est ce que nous allons maintenant examiner.

D'après ce jurisconsulte, le conjoint usufruitier est tenu de contribuer *en capital* au payement des dettes héréditaires, pour une part proportionnelle à la valeur de l'usufruit qu'il recueille dans cette succession.

A l'appui de sa théorie, voici d'ailleurs les arguments qu'il invoque : si l'époux survivant était appelé, à défaut de tout héritier, à recueillir en pleine propriété la succession du *de cujus*, il est incontestable qu'il serait tenu de contribuer au payement du passif héréditaire, proportionnellement à la valeur des biens qu'il aurait recueillis ; or, dit M. Taudière (1), quelle raison invoque-t-on pour justifier la solution différente que l'on adopte, lorsque le conjoint ne vient à la succession du *de cujus* que comme usufruitier ? On allègue l'analogie frappante qui existe entre le cas que prévoit l'article 612 du Code civil et celui qui nous occupe, mais le texte de cet article est complètement étranger à la situation de l'époux survivant, il n'a été écrit que pour un légataire particulier ; or le conjoint est un successeur légal, c'est-à-dire un successeur universel. Ce sont là deux situations trop différentes pour qu'on puisse leur appliquer la même disposition législative.

Cet article 612 dont on veut faire l'application au conjoint survivant, ne constitue même pas le droit commun en cette matière, et ne pourrait suffire à régler sa situation vis-à-vis des créanciers héréditaires. Ce texte, en effet, ne s'occupe et ne peut s'occuper que de la contribution, et non pas de l'obligation aux dettes ; il permet bien,

____

(1) *Revue générale de droit, de législation et de jurisprudence*, 1892, p. 385 et 488.

en d'autres termes, de régler les rapports de l'époux survivant avec les héritiers légitimes nu propriétaires, mais il ne peut servir au cas où les créanciers voudraient intenter une action directe contre ce successeur irrégulier. Pourquoi en est-il ainsi? C'est parce que cet article s'occupe d'un légataire d'usufruit; or, un légataire d'usufruit est nécessairement un légataire à titre particulier, qui par suite n'est pas personnellement obligé envers les créanciers héréditaires. S'il est tenu à quelque chose, c'est parce que le législateur jugeant qu'il serait injuste que celui qui recueille tous les fruits, tous les émoluments du patrimoine, pendant toute la durée de son usufruit, ne soit pas tenu dans la proportion de sa jouissance, a dérogé sur ce point aux principes ordinaires ; s'il doit supporter une partie des dettes, c'est donc à titre d'usufruitier comme charge de son droit de jouissance, et non comme légataire.

Si le conjoint est un usufruitier, il est aussi un successeur irrégulier, un successeur légal, or « tous les successeurs légaux à quelque titre et pour quelque part qu'ils viennent à la succession, sont des successeurs universels tenus à ce titre des dettes héréditaires ». L'article 612 qui s'applique au légataire d'usufruit, — qui n'est nullement tenu en principe au payement du passif de la succession — ne peut donc s'appliquer au conjoint survivant, que son titre de successeur irrégulier soumet précisément au payement des dettes héréditaires. On ne peut évidemment régler de la même manière deux hypothèses aussi dissemblables.

Il ne faut pas confondre, ajoute M. Taudière, les successeurs légaux et les successeurs testamentaires. La loi distingue soigneusement les uns et les autres, et règle leurs droits respectifs d'une manière différente. Jamais le Code ne désigne les légataires du nom de « successeurs » ; il réserve ce nom aux successeurs légaux qui seuls acquièrent par succession. Et tandis qu'il distingue des légataires de plusieurs catégories, des légataires universels, à titre universel et particuliers, il ne fait entre les successeurs aucune distinction ; tous sont des successeurs universels et il en est ainsi nécessairement « parce qu'ils viennent en vertu d'une vocation légale, parce que leur titre est la succession, mode d'acquisition à titre universel ».

L'article 612 ne saurait donc fournir la mesure de l'obligation du conjoint vis-à-vis des créanciers héréditaires, puisqu'il se rapporte à un individu contre lequel on ne peut invoquer d'autre principe d'obligation que sa qualité d'usufruitier : il faudra donc estimer dans chaque espèce la valeur de l'usufruit pour fixer ainsi la part contributive des dettes de ce conjoint.

Ce système de M. Taudière a été beaucoup critiqué. Loin de présenter les facilités qu'offre l'application de l'article 612 du Code civil, il oblige les parties à procéder à une évaluation très difficile. Comment évaluer, en effet, avec quelque chance d'exactitude, un droit qui peut s'éteindre par des événements aussi imprévus au moment de l'évaluation, que la mort de l'usufruitier ou son remariage.

Une autre objection lui a été faite relativement à ses conséquences. Est-il bien équitable de soumettre un successeur légal en usufruit à une portion de dettes en capital ? Il est juste, dit-on, que celui qui recueille les fruits supporte pendant tout le temps de sa jouissance, les intérêts des dettes qui pèsent sur le propriétaire, car les intérêts sont une charge des fruits, mais n'est-il pas injuste de dépasser ces limites ? N'est-il pas plus conforme à la notion de la justice de faire payer à l'usufruitier, comme dans le système admis par le législateur, le revenu des dettes, proportionnellement à la valeur des biens dont il jouit et à la durée de son droit.

On peut, d'ailleurs, invoquer à l'appui de ce dernier système un argument d'analogie. Bien que le douaire diffère très sensiblement du droit aujourd'hui accordé au conjoint, ne peut-on pas rappeler que la douairière ne payait qu'une partie des arrérages des rentes et non pas les rentes elles-mêmes.

Un autre motif pour approuver le législateur d'avoir adopté le système de l'article 612, c'est que ce texte a toujours été appliqué dans l'hypothèse de l'article 754 du Code civil, qui institue au profit du père ou de la mère survivant du *de cujus*, un usufruit légal exactement de même nature que celui du conjoint ; pourquoi donc ne pas régler de la même manière les rapports du conjoint et des héritiers ?

Quant aux arguments invoqués par M. Taudière à l'appui de son opinion, ils sont, dit-on, faciles à réfuter.

Est-il exact, d'abord, que l'époux survivant soit un successeur universel ? « Nous croyons, dit M. Bouvier-Bangillon (1), que notre Code civil — dès avant l'introduction du nouveau droit successoral du conjoint survivant — connaissait parfaitement le successeur légal à titre particulier, qu'il n'y a donc pas incompatibilité dans notre Droit entre l'idée de succession et l'idée de droit particulier. Du moment où le législateur interprète dans

______

(1) *Revue générale de droit, de législation et de jurisprudence.* Année 1893, p. 221.

son système successoral la volonté du défunt, pourquoi n'aurait-il pas créé, comme le défunt aurait pu le faire lui-même, des successeurs à titre particulier ? Nous faisons allusion à l'hypothèse du retour successoral ou de la succession anomale. La question de savoir, si ceux qui jouissent de ce droit de retour sont des successeurs universels est controversée ; comme le dit Laurent, l'ascendant et l'adoptant succèdent à des biens par eux donnés, donc à des biens déterminés. La donation entre vifs ne peut avoir pour objet que des choses déterminées, c'est un titre particulier dans son essence. La tradition fournit encore un argument décisif, et on sait que dans la matière du retour successoral, le Code civil doit s'interpréter par la tradition coutumière ; or, que dit **Ferrière** sur l'article 313 de la *Coutume de Paris*? Il déclare que l'ascendant qui succède aux biens par lui donnés, n'est pas à proprement parler héritier, qu'il n'est que successeur *in re singulari*, c'est-à-dire successeur à titre particulier. On peut objecter que les personnes qui exercent le retour successoral, sont tenues des dettes héréditaires, et que le successeur à titre particulier n'est pas tenu des dettes. Il est facile de répondre encore avec Ferrière. Le jurisconsulte constate quand l'ascendant donateur doit supporter les dettes héréditaires et cependant pour lui, c'est un successeur *in re singulari*. Il y a donc dans l'espèce une dérogation à la règle que le successeur à titre particulier n'est pas tenu des dettes. Une dérogation du même genre ne résulte-t-elle pas précisément de notre article 612?

Du moment où le Code civil connaît le successeur légal à titre particulier, il nous semble évident que le conjoint survivant exerçant son droit successoral en usufruit, ne peut être qu'un successeur *in re singulari,* à titre particulier. Ne serait-il pas, du reste, étrange qu'un legs de l'usufruit de partie d'une succession fût un legs particulier et que la vocation à l'usufruit de partie d'une succession fût un titre universel ?»

Ces arguments ne nous ont pas convaincus, et si nous devions choisir entre ces deux systèmes, nos préférences n'iraient pas à celui qu'a admis le législateur — car nous ne mettons pas en doute que c'est celui de l'article 612 du Code civil qu'il a voulu consacrer. —

Le système de M. Taudière nous semble, en effet, plus juridique.

Le conjoint survivant est un successeur irrégulier, tout le monde est d'accord pour l'admettre. Or, dans le silence de la loi à ce sujet, on est en droit, et même juridiquement on est obligé de conclure comme l'a fait ce jurisconsulte, que cet époux, en vertu de son titre légal, doit être considéré comme obligé envers les créanciers héréditaires relativement au capital des dettes, comme tout autre successeur irrégulier.

Ce système est le seul qui règle en même temps la double question de la contribution et de l'obligation de l'époux survivant aux dettes. Celui que nous repoussons, au contraire, ne peut résoudre que la première partie du problème et cette lacune constitue, à notre avis, une des grandes objections que l'on peut faire à l'application de l'article 612.

Pour réfuter les arguments de M. Taudière, on a fait cependant de grands efforts d'imagination.

Lorsque le législateur défère une succession, il fait le testament présumé du défunt ; si ce dernier avait légué l'usufruit de tout ou partie de ses biens, le légataire ne

serait tenu que des intérêts des dettes, et ce, **par inter-**
prétation de la volonté du testateur. Lorsque le législateur appelle un successible à l'usufruit d'une **partie de**
succession, comment ce dernier pourrait-il être tenu **dans**
des termes différents de l'article 612? L'étendue et l'objet
de la disposition sont identiques, et l'interprétation* de
volonté serait différente! Est-ce possible pour une **seule**
et même volonté?

Voilà ce que l'on dit, mais ne suffit-il pas d'ouvrir le
Code pour trouver en matière de successions *ab intestat*
des règles différentes de celles qui régissent les testaments? L'étendue et l'objet de la disposition peuvent
être identiques dans un acte testamentaire et dans une
attribution héréditaire légale, mais la nature de cette disposition est différente dans les deux cas, et cela **suffit**
pour qu'elle soit régie dans chaque hypothèse par des
règles particulières.

Quant à la preuve que l'on a voulu faire pour repousser
le système de M. Taudière, de la reconnaissance par
notre Code civil de successeurs légaux à titre particulier,
elle est loin de nous convaincre. Comment, en effet, nos ·
adversaires se sont-ils formé cette opinion? Après avoir
avoué, que c'est une question controversée de savoir si
ceux qui jouissent du droit de retour, par exemple l'ascendant et l'adoptant, sont des successeurs universels, ils
la tranchent sans discuter dans le sens le plus favorable à
leur système et concluent, contrairement à la théorie qui
tend à prévaloir aujourd'hui, d'après laquelle la succession anomale et la succession ordinaire ne sont que les
deux parties d'une même hérédité, que l'ascendant succède à titre particulier. De cette affirmation dont ces
auteurs se sont fait à si bon marché une opinion indis-

cutable, ils concluent que le conjoint, exerçant son droit successoral en usufruit, *ne peut être* qu'un successeur *in re singulari*, à titre particulier. Cela leur paraît évident. Vraiment on ne peut être taxé de rigorisme, quand on refuse de donner crédit à un semblable argument.

Il est cependant indispensable à nos adversaires pour la défense de leur système. M. Taudière, nous l'avons dit, reproche à juste titre à l'article 612, de ne pouvoir servir qu'à régler la question de contribution aux dettes, et de rester muet au sujet de l'obligation, et il en conclut logiquement que ce texte ne peut s'appliquer au conjoint survivant, qui est tenu de l'obligation aux dettes tout aussi bien que de la contribution.

Cette objection n'a nullement gêné les partisans du système légal. Elle était embarrassante ; ils en ont fait abstraction. M. Taudière suppose, disent-ils, qu'il y a nécessairement pour l'époux qui survit une question d'obligation aux dettes, et que par suite, ce conjoint est un successeur universel ; or nous croyons qu'il est un successeur particulier lorsqu'il n'est appelé qu'à l'usufruit, donc abstraction faite de l'article 612, il n'est pas tenu des dettes héréditaires.

Cette déduction serait logique si le point de départ de leur raisonnement était exact : mais comme il ne repose que sur des affirmations et non sur des preuves, la conclusion que l'on en tire ne mérite pas plus de crédit.

Après une aussi longue discussion, il n'est pas inutile de résumer en quelques mots, cette longue question du payement des dettes par le conjoint usufruitier.

En résumé donc, il est absolument certain, que les auteurs de la loi de 1891 ont consacré, à l'égard du conjoint survivant usufruitier, le système de l'article 612 du Code civil, c'est-à-dire que cet époux doit payer une partie *des intérêts* des dettes du *de cujus* proportionnelle à l'importance et à la durée de son droit. Cela ressort avec évidence des travaux préparatoires de la loi.

Toutefois en théorie ce système ne nous semble pas le meilleur. Le conjoint est, en effet, un successeur irrégulier, or, tous les successeurs irréguliers sont des successeurs universels, car ils exercent leurs droits en vertu d'un titre légal de succession, et toute vocation légale à l'hérédité constitue un titre universel. En cette qualité, ils sont tenus de contribuer en capital au payement des dettes héréditaires pour une part proportionnelle à la valeur qu'ils ont recueillie dans la succession. Pour que l'époux survivant fût dispensé de cette obligation. il faudrait que le texte de l'article 767 eût apporté à son profit aux principes ordinaires une dérogation formelle, or il ne l'a pas fait, donc ce conjoint usufruitier, en vertu de son titre légal de successeur irrégulier, devrait être obligé personnellement vis-à-vis des créanciers héréditaires, relativement au *capital* des dettes, comme tout autre successeur.

Qnant à la mesure de son obligation, on la fixerait dans chaque espèce, en estimant la valeur de son usufruit.

Au sujet du payement des dettes héréditaires par l'époux usufruitier, il nous reste à examiner une question que nous aurions pu traiter plus haut. mais que nous avons voulu réserver, pour ne pas compliquer davantage la discussion que nous venons de terminer. C'est celle de savoir *si ce conjoint n'est tenu du payement des dettes et autres charges héréditaires qu'* « *intra vires successionis.* » *ou s'il peut être poursuivi au delà de l'émolument qu'il reçoit.*

Répondre à cette question, que cet époux ne peut être poursuivi qu'*intra vires successionis*, parce qu'il ne jouit pas de la saisine, serait commettre la même erreur que M. Delsol (1) dans son rapport du 20 février 1877.

La qualité de successeur irrégulier ne constitue pas, en effet, une raison suffisante pour dispenser celui qui en est revêtu de l'obligation de payer les dettes *ultra vires*. On admettait jadis, il est vrai, cette distinction entre les simples successeurs aux biens et les véritables héritiers, continuateurs de la personne du défunt, que ces derniers seuls pouvaient être poursuivis pour l'intégralité des dettes et autres charges héréditaires, mais la jurisprudence a rejeté avec raison depuis de longues années déjà, cette distinction factice, et a consacré pour tous les successeurs universels quels qu'ils soient, l'obligation de payer les dettes *ultra vires*. Il a été jugé, en effet, par la Cour de Toulouse (2) que « le conjoint survivant appelé à l'hérédité à défaut de parents, tient de la loi un droit héréditaire qui lui fait activement et passivement la même situation qu'aux héritiers légitimes »; or, l'époux qui succède à défaut de parents, n'a pas plus la saisine que celui qui recueille un usufruit par suite de son concours avec les héritiers du *de cujus*. L'obligation de payer les dettes *ultra vires* est donc tout à fait indépendante de la saisine.

Cela se comprend, d'ailleurs, car si la succession *ab intestat* est la volonté présumée du *de cujus*, il n'y a plus de raison de distinguer sur ce point entre les héritiers et les simples successeurs.

Quelle solution faut-il donc donner à la question de

(1) Rapport de M. Delsol au Sénat, dans la séance du 20 février 1877, *Journ. Off*. du 4 mars. Annexe n° 36, p. 1665.

(2) Toulouse, 16 mars 1882. Sirey, 83. 2. 73.

savoir dans quelles limites le conjoint survivant, qui
a recueilli un droit d'usufruit dans la succession du *de
cujus,* doit être tenu des dettes héréditaires?

Si l'on admet le système que consacre la loi de 1891, et
que l'on considère cet époux, malgré son titre de successeur irrégulier, comme un successeur particulier, on doit
décider qu'il ne doit être tenu des dettes et charges de la
succession qu'*intra vires successionis.* Ce n'est pas parce
que le conjoint est un successeur irrégulier, car nous
l'avons dit, les obligations des successeurs de cette catégorie sont, d'après la jurisprudence, les mêmes au point
de vue héréditaire que celle des héritiers légitimes, mais
c'est parce qu'on le considère comme un successeur à titre
particulier, qui n'est pas à ce titre tenu personnellement
du payement des dettes de son auteur.

C'est à cette solution qu'il faut se rallier en pratique.
Elle est, en effet, devenue pour ainsi dire légale, puisqu'elle
est la conséquence directe d'un système que la loi consacre,
du moins implicitement.

Une solution toute différente découlerait du système
que nous avons désigné comme ayant théoriquement nos
préférences. Si l'on admet, comme M. Taudière, que le
conjoint usufruitier est un successeur universel, il doit
être tenu à ce titre de payer *ultra vires* les dettes et charges
héréditaires. Le seul moyen qu'il puisse avoir de se soustraire à cette obligation, serait de faire au greffe une
déclaration d'acceptation bénéficiaire.

Nous venons de voir que c'est à titre de successeur irrégulier que l'époux survivant recueille l'usufruit que la loi
lui accorde, *mais est-ce que ce droit de jouissance constitue une réserve à son profit?*

Le législateur ne l'a pas voulu : « Si le conjoint survivant ne recueille pas son usufruit à titre d'héritier légitime, à plus forte raison, disait **M.** Delsol (1), ne doit-il pas le recueillir à titre d'héritier à réserve ».

La solution est certaine, mais cet *a fortiori* est tout à fait inexact. Les qualités de successeur irrégulier et de réservataire ne sont pas plus incompatibles, en effet, que les qualités d'héritier légitime et de réservataire ne sont indissolublement liées.

Nous en trouvons la preuve dans les deux faits suivants : Avant que la loi du 25 mars 1896 ait donné aux enfants naturels la qualité d'héritiers (2), la doctrine et la jurisprudence s'accordaient déjà à reconnaître qu'ils avaient droit à une réserve ; l'ancien article 756 du Code civil les rangeaient cependant parmi les successeurs irréguliers. Les frères, sœurs, neveux, nièces et autres collatéraux du *de cujus* n'ont pas, au contraire, la qualité de réservataires, et cependant ils sont héritiers légitimes.

Le conjoint survivant aurait donc pu joindre, avec l'autorisation du législateur, la qualité de réservataire à celle de successeur irrégulier, mais ce droit lui fut refusé. Le Sénat, en effet, se rangea sur ce point à l'opinion de **M.** Delsol, et la Chambre sanctionna par son vote le rapport de **M.** Piou, dont les termes formels ne pouvaient donner lieu à aucun malentendu. « Le droit d'usufruit de l'époux survivant ne peut s'exercer, disait-il (3) que sur les biens laissés par le conjoint au moment de son décès.

(1) Rapport de M. Delsol au Sénat, dans la séance du 20 février 1877. *Journ. Off.* du 4 mars. Annexe n° 36, p. 1665.

(2) Loi du 25 mars 1896. Nouvel article 756.

(3) Rapport de M. Piou à la Chambre des députés dans la séance du 29 mars 1886. *Journ. Off.* du 9 novembre. Annexe n° 565, p. 4292.

Cette restriction donne à cet usufruit le caractère d'un simple droit successoral, ne constituant à aucun titre une réserve. »

Les travaux préparatoires de la loi de 1891 prouvent donc avec évidence qu'elle n'a pas conféré à l'époux survivant le titre de réservataire.

Les meilleures raisons militaient, d'ailleurs, en faveur de l'adoption de ce système.

Il peut arriver tout d'abord, que l'époux survivant ait une fortune personnelle suffisante pour vivre honorablement, tandis que le *de cujus* laisse des héritiers, des enfants d'un premier lit, par exemple, dans une situation plus que modeste. Il fallait qu'en ce cas, il pût réparer par une distribution intelligente de ses biens, ce que les dispositions légales ont trop souvent d'aveugle.

Le défunt pouvait avoir, du reste, de sérieux motifs de mécontentement contre son conjoint, et n'eût-il pas été excessif d'obliger un époux qui a souffert toute sa vie du caractère et de la conduite de l'autre, de lui laisser en mourant une part de sa succession ? Peut-être le prédécédé ne s'était-il abstenu de demander la séparation de corps que pour assurer l'avenir de ses enfants ou pour ne pas laisser deviner, par des publications toujours trop retentissantes, le trouble de son ménage, et on lui eût enlevé le seul moyen qu'il eût à sa disposition de punir le coupable, sans causer de scandale ! On l'eût même forcé à lui laisser une fraction de son patrimoine ! C'eût été odieux.

Ce droit de réserve accordé au conjoint eût même constitué dans notre droit, d'après l'expression de certains auteurs (1) une *inelegantia juris*. Nous verrons bientôt,

____

(1) Bouvier-Bangillon, *Revue générale de droit, de législation et de jurisprudence*, 1891, p. 332.

en effet, que la séparation de corps prononcée contre un époux, le prive de tout droit héréditaire dans la succession de son conjoint. La loi veut que le mariage soit respecté et elle punit de cette manière celui qui le déshonore. Si donc le législateur de 1891 avait consacré au profit de l'époux survivant le droit à une réserve, le *de cujus* mécontent de son conjoint, eût été mis dans la cruelle alternative, ou de sacrifier par une demande en séparation de corps l'honneur et l'avenir de ses enfants, ou de laisser impunis les déportements de son conjoint. Comme le dit M. Boissonnade (1), « la séparation de corps est une sanction très rigoureuse, un remède extrême, autant et peut-être plus funeste que le mal. Il faut donc laisser à l'époux offensé dans son honneur, blessé dans ses sentiments, ou simplement négligé dans ses peines un pouvoir de sanction libre et discrète, dont il n'est responsable que devant Dieu et devant sa conscience ».

Cet usufruit que le législateur accorde au conjoint survivant ne lui est, d'ailleurs, attribué que par interprétation de la volonté du défunt; il fallait donc pour être logique permettre à celui-ci de l'en priver; et il était nécessaire pour maintenir l'harmonie dans la loi de 1891, de donner dans tous les cas la même efficacité à l'expression de cette volonté, qu'elle ait été ou non manifestée dans un jugement de séparation de corps.

Cette autorisation accordée au prémourant, de dépouiller ainsi son époux de tous les droits que l'article 767 lui accorde, aurait pu devenir parfois entre ses mains une arme dangereuse; il était à craindre notamment que certaines personnes trop impressionnables, se laissant do-

____

(1) *Histoire des droits de l'époux survivant*, p. 555.

miner par un ressentiment injustifié, ne profitassent des facilités que leur offrait la loi, pour réduire à la misère un conjoint sans fortune personnelle, dont la conduite passée ne motivait cependant pas un aussi rude châtiment. En prévision de ces excès qu'il ne pouvait éviter, le législateur a assuré l'existence de l'époux ainsi frappé, en lui accordant une pension alimentaire sur la succession de son conjoint. Si donc un jugement de séparation de corps a été prononcé contre un époux indigent, ou qu'il a été dépouillé par le *de cujus*, des droits que la loi lui attribuait, il pourra demander une pension alimentaire, si ses ressources personnelles ne lui permettent pas de vivre. La privation de l'usufruit prononcée par le défunt ne sera pas, même en ce cas, un simple châtiment moral; le coupable en ressentira néanmoins les effets, car la pension qui lui sera accordée, sera toujours réduite au strict nécessaire et n'atteindra jamais la valeur de l'usufruit établi par la loi.

L'attribution d'une pension alimentaire supprime donc les inconvénients qui pourraient résulter, en certains cas, de l'absence d'une réserve héréditaire au profit du conjoint survivant.

Il est, enfin, une dernière raison pour louer le législateur de n'avoir pas allongé au profit de cet époux la liste des réservataires. C'est que ce nouveau droit de réserve eût encore restreint la quotité disponible que chacun s'accorde pourtant à déclarer trop étroite. Il ne faut pas oublier en effet, que c'est au *de cujus* et non au législateur à régler la dévolution de son patrimoine. Le législateur doit, il est vrai, intervenir parfois, mais le moins souvent possible, et seulement pour empêcher que le *de cujus* n'abuse de la liberté qui, en principe, doit lui être reconnue.

La réserve, d'ailleurs, se justifie beaucoup moins à l'égard de l'époux survivant qu'à l'égard des descendants et des ascendants, car les liens qui unissent ces parents au défunt ne sont pas de même nature que ceux qui l'unissent à son conjoint. Ce sont des liens du sang, qui devaient à ce titre entrainer entre eux des obligations spéciales. La réserve créée au profit du conjoint n'aurait eu, au contraire, aucune raison d'être, et aurait eu souvent pour effet d'introduire la spéculation dans le mariage.

Pour user de ce droit que la loi lui accorde d'enlever à son époux tout droit héréditaire, il suffira au *de cujus* de disposer par donation ou par testament, soit en faveur d'un de ses héritiers, soit même au profit d'étrangers, de la part d'usufruit qui lui était légalement destinée.

Une simple déclaration de volonté dans le sens de l'exclusion de ce conjoint ne serait pas, à notre avis, suffisante.

Certaines Facultés de droit (1) et la Cour d'appel de Pau, s'étaient prononcées en faveur de ce moyen « simple et rationnel », « mais la majorité des Facultés, dit M. Humbert (2) l'a repoussé comme étant de nature à porter le trouble dans la famille, en irritant le survivant et en diminuant à son égard le respect des enfants envers lui. » La loi de 1891 n'a pas voulu rétablir dans nos lois ce mode d'exhérédation qui en a été banni. Son but en le rejetant

---

(1) La Faculté de Grenoble et quelques membres de la Faculté de Paris.

(2) Rapport de M. Humbert à l'Assemblée nationale dans la séance du 29 décembre 1875. *Journ. Off.* du 16 mars 1876, p. 1842.

a été d'éviter le scandale que n'eût pas manqué de soulever un semblable mode d'exclusion (1).

Il ne nous reste plus pour achever cette question, qu'à
nous demander à quel titre l'époux survivant est appelé à
la succession de son conjoint par les législations étrangères, et si leurs dispositions relatives à la réserve sont
identiques sur ce point à celles de notre article 767.

SECTION III. — A QUEL TITRE LES LÉGISLATIONS ÉTRANGÈRES
APPELLENT-ELLES L'ÉPOUX SURVIVANT A LA SUCCESSION DE SON
CONJOINT PRÉDÉCÉDÉ ?

En Italie (2), l'époux survivant est considéré comme
un héritier réservataire : « Le testateur qui ne laisse pas
de descendants ou d'ascendants survivants, peut disposer
de tous ses biens à titre universel ou particulier. Restent
cependant réservés, les droits de l'époux survivant et des
enfants naturels aux termes du paragraphe 2 de cette section, titre II, chapitre II, section IV ».

Ainsi s'exprime l'article 809 du Code italien, mais nous
avons vu également, qu'il donne à ce conjoint l'usufruit
d'une portion égale à une part d'enfant légitime, si le
défunt laisse des enfants légitimes ou leurs descendants;
la jouissance du quart de l'hérédité, s'il ne laisse que des
ascendants; celle d'un tiers enfin, s'il n'est en concours
qu'avec des collatéraux. C'est donc un droit de réserve en
usufruit que la loi lui accorde dans tous les cas.

---

(1) Nous nous bornons à ces quelques mots sur l'exhérédation, car
nous aurons bientôt l'occasion d'en parler plus longuement.

(2) Huc et Orsier. Traduction du Code Italien.

Le nouveau *Code espagnol*, du 24 juillet 1889 (1) accorde
également à l'époux survivant la qualité d'héritier réservataire. « Sont héritiers à réserve, dit l'article 807, 3°, le
veuf ou la veuve ». Le droit qui lui est ainsi réservé est
un droit de jouissance, dont l'importance varie naturellement selon la qualité des héritiers avec lesquels il concourt. S'il se trouve en présence de plusieurs enfants légitimes ou descendants, c'est une part en usufruit égale à
celle que la loi donne à chacun de ces héritiers. S'il n'est
qu'un seul enfant ou descendant, le veuf ou la veuve a
l'usufruit du tiers destiné au préciput (2) (article 834). Si
le testateur ne laisse que des ascendants, le conjoint survivant obtient, à titre de réserve, l'usufruit du tiers de la
succession, qui se prend en ce cas sur la moitié dont le
testateur pouvait disposer en pleine propriété — car la
réserve des ascendants n'est que de la moitié de l'actif
héréditaire. — Enfin, à défaut de descendants et d'ascendants, l'usufruit réservé de cet époux est de la moitié de
la succession.

En Portugal, le conjoint survivant n'est jamais réservataire ; il ne peut avoir d'autre titre que celui d'héritier
et il n'en est investi, que lorsque le *de cujus* meurt sans
avoir disposé de ses biens, et qu'il ne laisse pour les re-

(1) A. Levé, *Code civil Espagnol*, traduit et annoté.
(2) Pour comprendre le sens et la portée de cette expression, il
faut savoir que, d'après le Code Espagnol, la réserve des enfants et
descendants légitimes est des deux tiers de l'avoir successoral du
père ou de la mère, mais ces derniers peuvent disposer de l'un de ces
deux tiers formant la réserve, pour le donner par préciput à leurs
enfants et descendants légitimes. C'est cette portion, ce tiers qu'on
appelle « Préciput ».

cueillir, ni descendants, ni ascendants, ni frères et sœurs, ni descendants d'eux (1).

D'après le *nouveau Code allemand* (2), l'époux survivant est appelé à la succession du défunt comme héritier légitime, même lorsqu'il concourt avec des parents des deux premiers ordres. C'est ce que dit expressément l'article 1931. Il a même un droit de réserve qui consiste dans la moitié de la valeur de la part légale. Ce droit à la réserve n'est pas toutefois, comme dans notre législation française, un véritable droit de succession. Le Code allemand, comme le Droit prussien actuel, ne donne dans tous les cas, au réservataire, qu'un droit personnel au payement du montant de sa réserve. Nous avons vu les avantages de ce système en parlant de la conversion.

La législation qui restera en vigueur jusqu'au 1ᵉʳ janvier 1900, varie suivant les différents États de l'Empire (3).

Le Code général de *Prusse (Landrecht)* range le conjoint survivant parmi les héritiers et lui reconnaît même une réserve légale, égale à la moitié des droits que la loi permet de lui accorder. S'il n'y a pas eu communauté entre les époux, après que chacun d'eux — ou les héritiers pour le prémourant — a repris ses apports, on paye les dettes du *de cujus*, et l'époux qui survit obtient en présence d'enfants le quart de ce qui reste en toute propriété. Cette part s'élève au tiers, s'il concourt avec

(1) Fernand Lepelletier, *Code civil Portugais*, traduit et annoté.

(2) *Code civil Allemand* et *loi d'introduction*, traduits et annotés par O. de Meulencare.

(3) Ernest Lehr, *Éléments de droit civil Germanique;* Boissonnade, *Histoire des droits de l'époux survivant.*

des ascendants ou des frères et sœurs du défunt, et à la moitié s'il est en présence de collatéraux plus éloignés. Sa réserve sera donc, suivant les cas, du huitième, du sixième ou du quart.

S'il y a eu communauté, l'époux survivant, en présence d'enfants, ne prend que sa moitié, mais en l'absence de descendants, il a l'usufruit de l'autre moitié. L'objet de sa réserve serait par conséquent un droit de jouissance du quart.

Dans la *Saxe*, ce conjoint est également investi de la qualité d'héritier réservataire. Sa réserve, très importante, varie suivant la proximité des héritiers avec lesquels il concourt. Elle est du quart de la succession en face de descendants, du tiers en présence d'ascendants, de frères et sœurs ou d'ascendants d'eux, de moitié vis-à-vis de collatéraux plus éloignés jusqu'au sixième degré ; de la totalité, enfin, au delà de ce degré. A la différence du Droit prussien, le Code saxon considère la réserve comme un véritable droit de succession.

Un droit de réserve est également accordé à l'époux survivant dans le *duché de Francfort*, et cette réserve est égale au montant de ses droits légaux.

Dans le *Wurtemberg*, au contraire, c'est seulement le tiers de la portion statutaire accordé à l'époux survivant, qui est réservée contre les dispositions testamentaires.

D'après le *Code autrichien*, le conjoint qui survit n'est pas considéré comme un héritier réservataire. Il a un droit de succession en usufruit ou en propriété, selon qu'il reste ou non des enfants nés du mariage, mais ce droit, qui est au maximum du quart de l'hérédité, peut lui être enlevé par les dispositions testamentaires du défunt.

La *nouvelle loi belge* (1), relative aux droits de l'époux survivant, lui refuse, comme notre Code, le titre d'héritier, et le considère comme un simple successeur irrégulier.

Le troisième alinéa de l'article premier contient, en effet, une disposition ainsi conçue : « Le conjoint survivant est tenu de demander la délivrance de son usufruit aux héritiers et aux légataires, dans l'ordre indiqué par l'article 1011. Il a droit aux fruits dès l'ouverture de la succession. » Sur ce point encore, cette loi est plus complète que notre article 767 ; elle a sur ce texte, le double avantage, de déclarer légalement que le conjoint est un successeur irrégulier et de dissiper toute incertitude sur le moment de l'attribution des fruits. Elle est encore supérieure à notre loi de 1891, en ce qu'elle déclare expressément que l'époux survivant n'est pas réservataire. « L'usufruit successoral du conjoint, dit le paragraphe 4, ne s'exerce que sur les biens formant la quotité disponible, et dont le prédécédé n'aurait pas disposé. »

Suisse. — Dans le *canton de Genève* (2), la loi du 5 septembre 1874 a donné à l'époux survivant le titre d'héritier. Elle a ainsi modifié les dispositions de notre Code civil français, qui était resté jusqu'alors intégralement appliqué dans ce pays. Elle n'a pas été cependant jusqu'à accorder à ce conjoint le droit à une réserve. Son but, comme l'a déclaré le législateur Genevois, n'a été que de subvenir à l'absence d'un testament et de réparer un oubli qu'elle suppose involontaire de la part du *de cujus*.

(1) Loi du 20 novembre 1896. *Moniteur belge* du 26 novembre.

(2) Loi du 5 septembre 1874. *Annuaire de législation étrangère*, 1875, p. 495.

Le Code du *canton de Glaris* (1) ne range pas le conjoint parmi les héritiers, et ne lui accorde aucun droit de réserve. Il en est de même de celui *des Grisons* (2).

Dans le *canton de Berne,* au contraire, l'époux qui survit, jouit d'un droit de succession très favorable. Non seulement il est héritier, mais il a, comme les enfants du défunt. la qualité de réservataire. A défaut de descendants, il recueille toute la succession.

Le *Code de Zurich* ne donne pas au conjoint la qualité d'héritier, mais il lui attribue cependant une réserve importante. Elle est, en effet, des trois quarts de la quotité que la loi lui attribue.

Dans le *canton de Bâle* (3) c'est une loi du 10 mars 1884 qui régit les rapports des époux quant aux biens, et qui règle leurs droits de succession. Cette loi qui conserve la communauté universelle, comme le régime matrimonial légal, donne au survivant des époux, les deux tiers de la fortune commune, à moins qu'ils n'aient prévu dans leur contrat de mariage une quotité différente. Cette part constitue une réserve, puisque l'article 18 de cette loi déclare que « les dispositions de dernière volonté de l'un des époux ne peuvent porter que sur la part de communauté qui, conformément à la loi ou au contrat de mariage, revient à ses héritiers. » C'est donc que la portion attribuée à l'autre époux ne peut être entamée.

Ce survivant n'a pas cependant la qualité d'héritier : c'est ce que décide l'article 94 qui ne donne le nom d'héri-

____

(1) *Code civil du canton de Glaris.* Traduction de M. Ernest Lehr. *Annuaire de législation étrangère,* 1875, p. 501.

(2) *Code civil des Grisons.* Traduction de M. Raoul de la Grasserie.

(3) Loi du 10 mars 1884. *Annuaire de législation étrangère,* 1885, p. 545.

tier à la veuve qu'en un seul cas, pour lui permettre
d'exercer certains droits particuliers.

En Angleterre (1), l'époux survivant n'a jamais la qualité d'héritier. Il prend dans la succession du prédécédé
une part plus ou moins importante, selon qu'il s'agit du
mari ou de la femme et selon la qualité des successibles
avec lesquels il concourt, mais la portion qu'il recueille en
ce cas n'est considérée que comme un gain de survie.
C'est à ce titre, qu'en présence de descendants du mari, la
femme qui survit recueille l'usufruit du tiers des immeubles et le tiers des meubles en toute propriété, et qu'à
défaut de descendants, elle prélève, d'après la loi du
15 juillet 1890 (2), une quotité déterminée (500 liv. ster.)
sur l'ensemble de la succession mobilière ou immobilière
de son conjoint. C'est à ce titre également, que le mari
survivant conserve tout l'actif mobilier de sa femme, à
l'exclusion des enfants et descendants. Quant au droit à
une réserve, il est logique que la loi anglaise ne l'accorde
pas au conjoint survivant, puisqu'elle ne l'attribue même
pas aux parents les plus proches.

La loi *Ecossaise* ressemble en cela à la loi anglaise,
car l'époux qui survit n'est considéré, ni comme héritier,
ni comme réservataire.

En Russie (3), d'après le *Svod* ou digeste des lois russes,

(1) Ernest Lehr, *Éléments de droit civil Anglais.*

(2) Loi du 25 juillet 1890. Traduction de M. Ernest Passez. *Annuaire de législation étrangère,* 1891, p. 37; *Étude comparative
sur les lois relatives aux successions.* Ernest Lehr, *Rev. de dr. int.
et de lég. comparé,* 1896, p. 136.

(3) Ernest Lehr, *Éléments de droit civil Russe.*

le conjoint survivant n'a pas la qualité d'héritier, mais quels que soient les successibles avec lesquels il concourt, il recueille, à titre de réservataire, un septième des immeubles et un quart des biens meubles. Il existe même à ce sujet dans la législation de ce pays une disposition très originale, que nous avons eu déjà l'occasion de signaler. La veuve a le droit de faire entrer dans la supputation de cette portion légale, les biens qui seraient échus à son mari du chef de son père, s'il avait survécu à ce dernier. Si, par exemple, l'époux prédécédé n'a laissé que des meubles, la femme reçoit, du vivant de son beau-père, sa légitime sur la partie des immeubles patrimoniaux que ce dernier possédait au moment du décès de son fils et dont celui-ci aurait un jour hérité.

Avant que la *Pologne* devint une province russe, c'était la loi du 25 juin 1825 qui réglait entre les époux leurs droits de succession. Si les conjoints n'avaient pas réglé par contrat leurs gains de survie réciproques, le survivant avait droit à l'usufruit d'une part d'enfant, s'il était en concours avec des descendants du défunt. A leur défaut, il recueillait un quart de l'hérédité en pleine propriété, et la moitié s'il était en présence de parents au delà du quatrième degré.

Cet époux n'était pas considéré comme héritier, mais il avait une réserve dont le montant était égal à la moitié des droits que nous venons de signaler.

En *Livonie*, la veuve a le titre de réservataire, et sa réserve s'étend même à la totalité des avantages qui lui sont assurés par la loi.

Les droits que la loi accorde au conjoint survivant en *Danemarck* et en *Turquie*, constituent également une réserve.

CHAPITRE VII

CAUSES ENTRAINANT POUR LE CONJOINT L'EXTINCTION OU LA
PRIVATION DE SON USUFRUIT

Nous en distinguerons plusieurs classes.

Dans la première, nous classerons tous les événements qui sont de nature à amener l'extinction de tout droit d'usufruit quel qu'il soit.

La seconde comprendra les causes d'extinction ou de privation spéciales à l'usufruit du conjoint survivant.

Nous formerons, enfin, un troisième groupe, de certaines causes particulières qui empêchent l'usufruit légal de produire ses effets, mais qui seraient mal placées sous la seconde dénomination par suite de ce fait, qu'elles peuvent s'appliquer à d'autres droits de jouissance qu'à celui de l'époux survivant.

Section I. — Causes extinctives ou privatives de l'usufruit en général

Ces causes générales sont celles qu'énumèrent les articles 617 et 618 du Code civil. Comme elles s'appliquent à toute espèce d'usufruit, nous nous bornerons à en donner la liste, en faisant suivre d'un court commentaire, chaque terme de cette énumération.

Ces causes sont : 1° *la mort de l'usufruitier*. — L'usufruit étant un droit viager, un droit attaché à la personne du bénéficiaire, doit s'éteindre avec lui. Le conjoint mort, cet usufruit n'aurait plus eu, d'ailleurs, aucune raison d'être, puisqu'il n'avait pour but que de lui assurer une existence honorable.

2° *La consolidation*. — C'est la réunion sur une même tête des deux qualités d'usufruitier et de propriétaire qui jusque-là étaient séparées. On comprend, en effet, que si l'époux survivant acquiert, d'une manière quelconque, la nue propriété des biens sur lesquels porte son usufruit, il ne peut plus être question de démembrement de la propriété, puisqu'il est devenu plein propriétaire. La consolidation peut s'opérer à son profit, soit à la suite d'un achat, s'il a acquis la nue propriété des biens dont il jouit; soit par l'effet d'une disposition à titre gratuit entre vifs ou testamentaire, si cette nue propriété lui a été donnée ou léguée; soit par l'effet de sa vocation héréditaire dans la succession du détenteur de la nue propriété; — c'est ce qui arrive assez fréquemment quand il était de la même famille que son époux prédécédé, car dans cette hypothèse, on lui affectera d'ordinaire lors du partage, la nue propriété des biens dont il n'avait que la jouissance — soit enfin par tout autre mode de translation de la propriété.

3° *Le non-usage pendant trente ans*. — Si pendant ce laps de temps, le conjoint survivant n'a pas exercé son droit d'usufruit légal, s'il n'en a pas joui, ni par lui-même ni par un autre, — par l'effet d'une cession — il perd définitivement, par suite de son inaction, le droit de l'exercer. Son droit de jouissance est éteint, car la loi considère qu'il y a renoncé : c'est l'effet de la prescription extinctive de l'article 2262 du Code civil, **aux termes** duquel « toutes les actions, tant réelles que personnelles sont prescrites par trente ans ».

4° *La perte totale de la chose sujette à l'usufruit.* — Si les biens qui étaient l'objet du droit de jouissance du conjoint n'étaient détruits qu'en partie, il pourrait sur ce qui reste continuer à exercer son droit. Si, par exemple, son usufruit portait sur deux maisons et que l'une d'elles vienne à être détruite par un incendie, il conserve la jouissance de la seconde. Les biens grevés de l'usufruit de l'époux survivant peuvent être détruits peu de temps après la constitution de son droit, c'est-à-dire peu après la mort du *de cujus* et cette perte réduira peut-être à la misère le conjoint qui en était le titulaire. C'est là évidemment une situation regrettable, mais il ne pourra cependant demander aux héritiers de lui constituer un droit équivalent sur d'autres biens de la succession. Ses droits ont été déterminés et définitivement fixés par le partage ; dès lors, quoi qu'il arrive, il n'a plus rien à prétendre.

5° *L'abus de jouissance de la part de l'usufruitier.* — Si le conjoint qui survit manque à l'obligation que la loi lui impose de jouir en bon père de famille, soit en commettant des dégradations sur le fonds grevé, soit en laissant dépérir, faute d'entretien, les biens qui lui ont été confiés, les juges peuvent prononcer l'extinction absolue de l'usufruit, c'est-à-dire sans compensation, s'ils estiment que les fautes commises ont été assez graves pour mériter cette sanction. C'est ce qu'ils feraient, par exemple, dans le cas où cet usufruitier aurait coupé des bois de haute futaie. L'extinction de son droit de jouissance serait en ce cas une compensation donnée au nu propriétaire pour le préjudice qui lui aurait été causé.

SECTION II. — DÉCHÉANCES PARTICULIÈRES A L'USUFRUIT DU CONJOINT

Elles sont au nombre de cinq. Ce sont :

Le divorce et la séparation de corps, le convol du conjoint en cas d'existence d'enfants du *de cujus*, l'annulation du mariage, l'exhérédation, le divertissement par le survivant de valeurs héréditaires.

1° Divorce et séparation de corps. — L'effet du divorce étant de briser le lien matrimonial, les conjoints divorcés perdent le titre d'époux et tous les avantages attachés à ce titre, entre autres leur droit héréditaire réciproque.

Peu importe, d'ailleurs, en faveur de qui le divorce a été prononcé. Pas plus que le coupable, l'époux innocent n'a le droit de venir, après la mort de son ex-conjoint, réclamer à son profit le bénéfice de la loi de 1891, car la rupture du mariage les a rendus étrangers l'un à l'autre.

La séparation de corps, au contraire, ne produit cet effet qu'à l'égard de l'époux contre lequel elle a été prononcée. C'est ce que déclare formellement le paragraphe 2 de l'article 767. « Le conjoint survivant non divorcé .... et contre lequel n'existe pas de jugement de séparation de corps passé en force de chose jugée ; ... » Cette dernière disposition constitue une innovation dans notre droit. Avant la loi de 1891, c'était le divorce seul qui supprimait entre les époux la vocation héréditaire. Il avait semblé logique aux rédacteurs du Code civil que la sépa-

ration de corps, qui laissait subsister intact le lien conjugal, ne portàt aucune atteinte au droit de succession
des époux. Le conjoint coupable pouvait donc obtenir
après la mort de son époux, même si elle survenait à une
époque où le scandale causé par la demande en séparation
n'était pas encore apaisé, les droits de succession — bien
éloignés il est vrai — que l'ancien article 767 accordait
au survivant, à défaut de tout autre parent. Peut-être ce
résultat était-il juridique, mais certainement il était choquant. M. Delsol le comprit, et dans le premier projet de
loi qu'il présenta à l'Assemblée Nationale, il proposa de
considérer la séparation de corps comme une cause de
déchéance, dont le résultat devait être de priver l'époux
coupable — mais lui seul — de ses droits dans la succession de son conjoint. « Nous admettrions, disait-il (1),
que l'époux contre lequel la séparation de corps aurait été
prononcée, serait déchu de tout droit sur la succession de
son conjoint. La séparation de corps a pour cause un fait
d'ingratitude ou un fait d'indignité : on ne saurait accorder
un avantage à l'époux coupable de l'un ou de l'autre.
D'ailleurs, le Code civil lui-même déclare révoquées de
plein droit les libéralités faites par un époux au conjoint
contre lequel la séparation est prononcée ». Cette opinion
ne fut pas adoptée sans discussion. Toutes les Cours
d'appel (2) qui se prononcèrent sur la question et la plupart des Facultés (3) approuvèrent la disposition du projet,

(1) Proposition de loi présentée par M. Delsol, le 21 mai 1872.
Journ. Off. du 7 juin 1872. Annexe n° 1158, p. 3821.

(2) Rapport de M. Sebert sur les observations des Cours d'Appel et
de la Cour de Cassation. Séance du 30 décembre 1875. *Journ. Off.* du
9 mars 1876. Annexe n° 3671, et *Journ. Off.* du 12 mars, p. 1745.

(3) Rapport de M. Humbert sur les observations des Facultés de

qui limitait le droit de succession au seul conjoint contre
lequel il n'avait pas été prononcé de jugement de séparation de corps. Seule la Faculté de Douai fut d'avis qu'il
y avait lieu, à raison de l'intention présumée du défunt et
pour sauvegarder le principe de la réciprocité successorale, de considérer la séparation de corps comme une
cause de déchéance générale, frappant aussi bien l'époux
au profit duquel elle avait été prononcée que le coupable.
Elle était d'avis toutefois de n'appliquer cette déchéance
qu'au droit successoral en usufruit.

La Commission chargée d'examiner la proposition de
M. Delsol, se rangea sans hésiter à son opinion (1) et le
paragraphe 9 du projet fut rédigé en ces termes : « Le
conjoint ne succède, ni en propriété, ni en usufruit, lorsqu'il existe contre lui au moment du décès, un jugement
de séparation de corps passé en force de chose jugée ».
Cette disposition fut vivement combattue, lors de la discussion au Sénat, par M. de Ventavon qui prétendit, que la
séparation de corps ne devait pas constituer pour le conjoint coupable une cause de déchéance de son droit héréditaire. A l'appui de son opinion, il alléguait d'abord ce
fait que le magistrat chargé de prononcer la séparation,
ne sait souvent de quel côté sont les véritables torts.
« Permettez-moi, ajoutait-il (2), de dire que les plus

droit. Séance du **29** décembre 1875. *Journ. Off.* du 11 mars 1876.
Annexe n° 3665, p. 1842.

(1) Rapport fait par M. Delsol au nom de cette commission.
Séance du **20** février 1877. *Journ. Off.* du 4 mars. Annexe n° 36,
p. 1665.

(2) Seconde délibération sur le projet de M. Delsol (suite).
Séance du 9 mars 1877. *Journal Off.* du 10 mars, p. 1812.

grandes souffrances ne sont pas dans les unions suivies
de séparations judiciaires. Le mari outragé qui garde le
silence, la femme résignée qui supporte pendant de longues années les mauvais traitements de son mari pour
sauvegarder l'honneur de la famille ou par amour pour
ses enfants, me paraissent beaucoup plus dignes d'intérêt
que ces époux, qui, en plaidant, viennent étaler au grand
jour les misères de la vie commune, et cependant c'est
pour eux seuls qu'est édicté le paragraphe 9 du projet de
loi.

Quand il s'agit d'un contrat, la clause résolutoire peut
être insérée dans les conventions; on doit même la supposer pour le cas où l'une des parties manque à ses engagements. Par conséquent, lorsque les libéralités auront été
faites, même par contrat de mariage, j'admets que ces
libéralités puissent s'éteindre par l'effet de la séparation
judiciaire. Mais il ne s'agit pas ici d'une libéralité résultant d'un contrat où la clause résolutoire peut être sous-
entendue, il s'agit d'un droit héréditaire. Et parce que
dans le cours du mariage, la vie conjugale aura été trou-
blée, parce qu'un jugement sera intervenu, je ne saurais
admettre que tout à coup le droit des époux, fondé sur le
lien conjugal, s'évanouisse pour jamais! Songez, Mes-
sieurs, à l'extrême injustice qu'il peut y avoir dans cette
disposition! »

Il faisait observer ensuite que l'époux offensé, aura
d'ordinaire oublié et pardonné les torts, souvent légers
d'ailleurs, que son conjoint aura pu avoir envers lui, et
qui auront motivé la séparation; ne serait-il pas injuste
d'être plus sévère que lui? Du reste, ajoutait-il en terminant, le mariage survit à la séparation avec tous ses effets;
les époux continuent à se devoir fidélité, secours et assis-

tance ; leurs devoirs envers leurs enfants n'ont pas changé ; ils doivent donc conserver également leur vocation héréditaire réciproque.

M. Delsol répondit à toutes ces objections, en faisant remarquer que, d'une part, l'adoption du système proposé par M. de Ventavon serait contraire à toutes les solutions d'une jurisprudence constante, qui décide qu'en cas de séparation de corps, tous les avantages stipulés en faveur de l'époux coupable s'évanouissent de plein droit ; or, l'usufruit successoral est un avantage légal parfaitement analogue à ceux qui peuvent résulter d'un contrat de mariage. « N'y aurait-il pas, disait-il, une véritable contradiction à déclarer révoquées toutes les libéralités insérées dans le contrat de mariage qui est de son essence irrévocable, et à maintenir au profit de l'époux contre lequel la séparation de corps aurait été prononcée, l'avantage légal, mais toujours révocable que nous proposons de lui donner ? »

Cette contradiction atteindrait, d'autre part, les dispositions de notre législation générale ; celle de la loi de 1853 sur les pensions civiles, qui refuse à la veuve le droit à une pension, lorsqu'un jugement de séparation a été prononcé contre elle ; celle de la loi du 14 juillet 1866 sur les droits des héritiers des auteurs, qui dans la même hypothèse refuse au survivant la jouissance de ces droits.

Il y avait donc lieu, concluait-il, de maintenir la déchéance proposée, d'autant plus que l'honneur et la dignité du mariage étaient assurés par une disposition de son projet, qui permettait de donner dans tous les cas au conjoint une pension alimentaire.

Le Sénat se rendit aux raisons du rapporteur, et le paragraphe 9 fut voté.

Mais si c'était une victoire, ce n'était pas encore le triomphe.

Lorsque le projet de loi ainsi adopté eut été transmis à la Chambre des députés, M. Piou, le rapporteur de la Commission d'examen, présenta au nom de cette dernière, un système nouveau, absolument différent de celui de M. Delsol, et dont le principe semblait avoir été puisé dans l'opinion que la Faculté de Douai avait émise, lors de l'enquête de 1872, — opinion que nous avons signalée. —

Reprenant le système préconisé par cette Faculté, il proposa à la Chambre de résoudre la question au moyen d'une distinction. La séparation de corps aurait été une cause de déchéance pour l'époux survivant, qui, en concours avec des parents du défunt, n'aurait qu'un usufruit pour tout droit héréditaire, car en ce cas, disait-il, la déchéance profitera à la famille du *de cujus* en présence de laquelle se trouve le conjoint; mais la séparation n'aurait produit aucun effet à l'égard du survivant appelé à recueillir, en l'absence d'héritier, la toute propriété de la succession, car « est-il permis de présumer, disait M. Piou (1), que le défunt a préféré l'État à l'époux même qui lui a donné de justes sujets de plaintes? Une telle préférence mérite d'être exprimée en termes formels ». L'époux contre lequel un jugement de séparation avait été prononcé devait donc venir néanmoins à la succession de son conjoint, quand les droits qu'il était appelé à y recueillir étaient des droits en toute propriété.

---

(1) Rapport de M. Piou dans la séance du 20 mars 1886. *Journ. Off.* du 9 novembre. Annexe n° 565, p. 1292, reproduit dans la séance du 27 janvier 1890. *Journ. Off.* du 16 octobre 1890. Annexe n° 303, p. 153.

Le rapporteur avait soin cependant de ne pas assimiler dans son système, comme l'avait fait jadis la faculté de Douai, l'époux innocent à l'époux coupable. Avec plus de logique, il avait limité à ce dernier l'effet de la déchéance.

Le projet fut modifié dans ce sens, adopté par la Chambre et renvoyé au Sénat.

On eut alors le spectacle bizarre de voir la Commission sénatoriale, non seulement abandonner son opinion première, mais saper l'un après l'autre par l'organe de son rapporteur, tous les arguments que lui-même avait invoqués à l'appui de son premier système. S'il admettait la distinction proposée par la Chambre, c'était d'abord, disait-il (1), pour éviter le passage des biens aux mains de l'État, en l'absence de tout parent du défunt ; malgré la séparation, le lien conjugal existe toujours, et on ne peut sans le méconnaître supprimer le droit successoral qui en est la conséquence légale : *Fiscus post omnes*. Quant à l'argument tiré de la séparation, il le repoussait en déclarant, « qu'on ne peut affirmer qu'au moment du décès, l'époux, qui ne laisse aucun parent, avait l'intention de dépouiller son conjoint et d'enrichir l'État à son préjudice. On pourrait plutôt, disait-il, affirmer le contraire ». La futilité des motifs qui entraînent parfois la séparation devenait maintenant un nouvel argument en faveur de son système. Quant aux lois spéciales, qu'il jugeait tout d'abord d'un si solide appui, « elles ne pouvaient être invoquées au point de vue qui l'occupait ».

Cette transformation du projet primitif ne fut heureusement pas acceptée par le Sénat, lors de la discussion,

(1) Rapport de M. Delsol, le 11 novembre 1890. *Journ. Off.* du 11 février 1891. Annexe nº 7, p . 10.

aussi facilement que par la Commission. **M. Demôle** se fit le défenseur du système adopté en 1877, et grâce à la vigueur de ses arguments, il parvint à le faire triompher.

Il fit remarquer tout d'abord, que ce système qui avait reçu la consécration de toutes les autorités compétentes, des Cours d'appel et des Facultés de Droit, ne faisait que confirmer une idée déjà ancienne dans notre législation, — ainsi que le prouvent les lois de 1853 et de 1866 — qu'il faut enlever à ceux qui ont failli aux règles de la dignité et de l'honneur du mariage, tous les bénéfices et avantages qui peuvent en résulter. « On prétend, ajoutait-il (1), que l'époux a toujours la faculté de supprimer par un testament les avantages matrimoniaux que la loi assure à son conjoint ; que par conséquent l'époux qui n'a pas testé pour lui enlever ces avantages, doit être présumé lui avoir accordé un généreux pardon.

Je me permets de douter de ce sentiment dans l'esprit d'un époux qui a dû faire prononcer un jugement de séparation de corps contre son conjoint. Qu'il se soit écoulé un temps plus ou moins long, il y a de ces plaies morales qui ne s'effacent pas, et je doute très fort, qu'alors qu'on est obligé de recourir à un moyen aussi extrême, que de dénouer les liens conjugaux, on puisse dire que l'époux, parce qu'il n'a pas fait de testament, a octroyé le pardon. Conclure de ce silence que l'un ou l'autre (l'homme ou la femme offensé) a oublié, parce qu'il n'a pas fait de testament, c'est aller trop loin.

C'est l'inverse, disait ailleurs M. Demôle, qui me paraît être la vérité. Quand le régime de séparation de corps a

______

(1) Délibération sur le projet de M. Delsol (suite). Séance du 18 novembre 1890. *Journ. Off.* du 19 novembre, p. 1035.

duré longtemps, lorsque ces époux qui étaient absolument libres de se rapprocher, sont restés séparés l'un de l'autre pendant quinze ou vingt ans, je dis que le ressentiment de l'outrage doit être considéré comme vivant au cœur de celui qui l'a subi. Si aux limites de la vie, après vingt ans de séparation, un sentiment de miséricorde se fait jour dans le cœur de l'époux offensé, il lui est facile de le manifester par un écrit, par une déclaration testamentaire ; s'il n'y a point de rapprochement, point de déclaration testamentaire, la séparation pèse de tout son poids sur celui contre lequel elle a été prononcée. »

Il est vrai, ajoutait en substance M. Demôle, que la consanguinité est la base de la dévolution successorale. Ce sont les parents qui doivent succéder aux parents. Le conjoint est plus qu'un parent sans doute, mais ce n'est pas un héritier, c'est un simple successeur irrégulier, et s'il prend dans la succession une part quelconque, c'est par suite des obligations que lui impose l'union conjugale, c'est uniquement en considération de la dignité du mariage. On fait donc une confusion quand on veut assimiler le cas d'une hérédité ordinaire prévue par la loi, avec les conditions dans lesquelles le conjoint reçoit une part dans la succession de son défunt époux, car dans ce dernier cas, c'est un étranger par le sang que l'on appelle à recueillir une portion de l'hérédité. *Fiscus post omnes*, dit M. Delsol, c'est vrai, quand il s'agit d'un héritier, mais non d'un étranger. « Si le conjoint a été digne de l'intérêt public, s'il a rempli son rôle d'époux ou d'épouse, comme il devait le faire, je consens avec vous à ce qu'il passe avant l'État. Mais là où je me sépare absolument de vous, c'est quand le conjoint se sera rendu coupable d'un fait entraînant la séparation de corps.... Entre cet époux indigne qui a empoisonné l'existence de son conjoint, qui a manqué à toutes ses promesses, qui a violé tous ses devoirs et l'État qui représente l'intérêt général, je n'hésite pas quant à moi. »

Cette argumentation serrée amena le triomphe du système de M. Demôle. Malgré les observations du rapporteur et celles du Garde des sceaux, M. Fallières, le Sénat vota la disposition additionnelle qui le consacrait. Sur les conseils mêmes de M. Piou, la Chambre des députés suivit son exemple, et les deux premiers paragraphes du nouvel article 767 prononcèrent contre l'époux frappé d'un jugement de séparation de corps, la déchéance de tout droit à la succession de son conjoint.

Cette incapacité de succéder qui frappe l'époux survivant divorcé ou celui contre lequel a été prononcée la séparation de corps, ne peut résulter que d'un jugement passé en force de chose jugée, c'est-à-dire définitif et inattaquable. La loi de 1891 le dit expressément. Si donc un des époux décède au cours de l'instance, ou pendant les délais d'opposition ou d'appel, son conjoint qui survit, même si c'est le coupable, conserve tous ses droits dans la succession du *de cujus*.

Il les conservera même, s'il s'agit de conjoints en instance de divorce, jusqu'à ce que le jugement qui le prononce ait été transcrit, car la loi du 21 avril 1886, sur la procédure en matière de divorce et de séparation de corps, déclare que le divorce n'existe qu'après la transcription du dispositif du jugement ou de l'arrêt qui le prononce sur le registre de l'état civil du lieu où le mariage a été célébré. Le décès de l'un des époux avant que le jugement soit devenu irrévocable par la transcription, éteint l'action en divorce (art. 244 du Code civil) (1). Il n'est naturellement pas question d'une semblable transcription lorsqu'il s'agit de la séparation de corps.

Les effets d'un jugement devenu irrévocable peuvent cesser moyennant certaines conditions. Le seul fait d'une réconciliation entre les deux conjoints, constatée d'une manière quelconque, rend à l'époux coupable contre qui la séparation avait été prononcée, le droit héréditaire que le jugement lui avait enlevé.

Il n'en est pas de même s'il s'agit du divorce. Le lien matrimonial qui existait entre les deux conjoints a été brisé ; une nouvelle union est seule capable de le renouer et de rétablir par conséquent entre les époux les droits de succession réciproques qu'ils avaient perdus.

2° *Convol du conjoint.* — Aux termes du dernier paragraphe de l'article 767, « en cas de nouveau mariage, l'usufruit du conjoint cesse, s'il existe des descendants du défunt ». Cette proposition, sans avoir soulevé les longues et nombreuses discussions que nous avons rencontrées à propos de la séparation de corps, fut plusieurs fois retouchée avant de recevoir sa rédaction définitive. D'après la première proposition législative présentée par M. Delsol à l'Assemblée Nationale (2), l'époux qui se remariait, perdait, en effet, dans tous les cas, son droit de jouissance

----

(1) Article 244 du *Code civil* modifié par la loi de 1886. « L'action en divorce s'éteint également par le décès de l'un des époux survenu avant que le jugement soit devenu irrévocable par la transcription sur les registres de l'état civil ».

(2) Proposition de loi présentée par M. Delsol le 21 mai 1872. *Journ. Off.* du 2 juin. Annexe n° 1138, p. 3821.

légal, même si les descendants laissés par le *de cujus* étaient morts antérieurement à cette nouvelle union.

« L'usufruit, disait ce projet, cessera dans le cas d'un second et subséquent mariage. »

Les termes de cette rédaction pouvaient laisser supposer qu'elle avait été dictée par une pensée d'hostilité à l'égard des seconds mariages. Il est vrai que M. Delsol avait pris soin d'indiquer, que c'étaient des pensées d'un ordre tout différent qui avaient motivé cette disposition. Elle était basée, disait-il, sur cette présomption, que l'époux prédécédé aurait retiré à son conjoint l'émolument de survie que la loi lui accorde, s'il avait prévu qu'il contracterait une nouvelle union, car il était logique de supposer que le *de cujus* préférait ses hérétiers naturels à la famille étrangère dans laquelle entrait son époux. Le doute toutefois pouvait naître à l'esprit. C'est ce que firent remarquer, lors de l'enquête qui fut faite auprès d'elles, certaines Cours d'appel, entre autres celles de Nancy, et les Facultés de Paris, de Douai, de Nancy et de Poitiers. La plupart d'entre elles (1) étaient favorables à la déchéance proposée par l'auteur du projet, mais toutes cependant ne l'admettaient pas sans condition. C'est ainsi que la Cour d'Amiens avait déclaré n'admettre la révocation que s'il existait au moment du convol des descendants du *de cujus* et elle appuyait son système sur les meilleures raisons. Cette idée constituant un moyen terme entre les deux

(1) Cette déchéance était admise par les facultés de Grenoble, Toulouse, Aix, Reims. Rapport de M. Humbert, le 29 décembre 1875. *Journ. Off.* du 16 mars 1876. Annexe n° 3655, p. 1842.

Elle était combattue par les Cours de Bastia, de Lyon et de Besançon. Rapport de M. Sebert, le 30 décembre 1875 (suite). *Journ. Off.* du 12 mars 1876. Annexe n° 3671, p. 1745.

opinions opposées, M. Delsol s'en inspira, sans toutefois l'admettre entièrement, et modifia dans ce sens son projet primitif. « Votre commission, disait-il au Sénat en 1877 (1), a trouvé excessif de faire de tous les cas de convol une cause de déchéance. Ce serait aller quelquefois au delà de la pensée du prémourant, qui n'aurait pas voulu condamner son conjoint à un veuvage perpétuel.

« Mais quand *il y a des enfants*, elle ne peut admettre que le défunt ait voulu les dépouiller pour enrichir une famille étrangère, et dans ce cas elle admet la déchéance de l'époux qui se remarie. Cette déchéance lui sera appliquée, non à titre de peine, mais comme présomption de la volonté du prémourant. L'accord entre les enfants du premier lit et la famille nouvelle n'en deviendra que plus facile. »

Lors de la discussion, M. de Ventavon que nous avons déjà eu l'occasion de signaler comme l'adversaire déclaré de la déchéance résultant de la séparation de corps, combattit de même vigoureusement celle qui devait résulter du convol. Selon lui, la clause de viduité insérée dans une donation ou un testament, devrait être réputée non écrite comme contraire à la morale ; si donc la jurisprudence la tolérait, ce n'était pas une raison pour que le législateur le supposât. Non seulement cette interdiction d'un second mariage était contraire à la morale, mais souvent aussi elle était opposée aux vrais intérêts des familles, et dans tous les cas à ceux de l'État. Cette réforme n'avait même pas pour elle les précédents historiques, car elle était opposée à l'édit des secondes noces de 1560, du chancelier de l'Hospital.

(1) Rapport de M. Delsol au Sénat, le 20 février 1877. *Journ. Offic.* du 4 mars. Annexe n° 36, p. 1665.

Le rapporteur répondit à cette dernière objection, en montrant que cette déchéance résultant du convol existe en principe dans notre loi civile, puisque la veuve qui se remarie perd son droit d'usufruit sur les biens de ses enfants mineurs. On la retrouve aussi dans la loi de 1866, sur la propriété littéraire ; elle a du reste l'avantage d'être fondée sur la volonté quasi certaine du *de cujus*, car on ne peut supposer qu'il a voulu enrichir de l'usufruit de ses biens une famille nouvelle, au détriment de ses propres enfants ; ce qui prouve bien, d'ailleurs, que cette déchéance n'a nullement pour but la punition des seconds mariages, c'est qu'en l'absence d'enfants, le conjoint qui se remarie, conserve son droit de jouissance.

Le Sénat se rendit aux raisons de **M.** Delsol et vota la déchéance dans les termes qu'il lui avait proposée. Il fut donc décidé que l'époux survivant perdrait en cas de convol son usufruit légal, si le *de cujus avait laissé* des enfants issus de son mariage. Cette rédaction ne fut pas adoptée par la Chambre des députés. Comme le fit remarquer **M.** Piou, le rapporteur de la Commission d'examen, elle contenait une lacune qui la rendait inacceptable. « La déchéance prononcée en cas de convol n'a d'autre cause, disait-il (1), que la présence des enfants nés de la première union. Le second mariage, en effet, associe à l'usufruit de l'époux survivant un nouveau venu devant lequel les intérêts de ces enfants ne doivent pas fléchir. . . . . Pour rester fidèle à la pensée qui justifie cette déchéance, il ne suffit pas de dire que le défunt a laissé des enfants nés de son mariage, il faut ajouter que ces enfants sont encore

____

(1) Rapport de M. Piou, le 20 mars 1886. *Journ. Off.* du 9 novembre. Annexe n° 565, p. 1292.

vivants au moment du convol, puisque c'est leur présence qui fait seule obstacle au maintien des droits de l'époux survivant. »

La Chambre modifia donc dans ce sens la rédaction admise par le Sénat, pour bien indiquer que la présence d'enfants nés du premier mariage, et vivants lors du convol de ce conjoint, était nécessaire pour lui faire perdre son droit d'usufruit.

Il faut donc, aujourd'hui, pour que l'époux survivant qui se remarie, encoure la déchéance de son droit de jouissance légal, que le *de cujus* en mourant ait laissé des enfants, et que l'un d'eux soit encore vivant au moment du convol.

Mais est-ce que le conjoint, frappé de cette déchéance par l'effet d'une nouvelle union, recouvrerait son usufruit si ce mariage venait ensuite à être annulé? Juridiquement, l'affirmative ne peut faire de doute. Le mariage déclaré nul est censé n'avoir jamais existé, il est rétroactivement anéanti, donc les deux personnes qui ont cherché à contracter cette union, doivent être remises dans la même situation, que s'il n'y avait eu dans ce but aucune formalité accomplie. Celui qui jouissait d'un usufruit, qu'un mariage valable eût fait disparaître de plein droit, doit donc être considéré comme étant toujours resté usufruitier, et si l'annulation du mariage n'a été prononcée qu'après plusieurs mois, même après plusieurs années, il pourra réclamer à celui qui a profité pendant cette période de son droit de jouissance, les fruits ou revenus que les biens grevés de l'usufruit auront produits, comme si ce tiers les avait perçus en son nom.

C'est la seule opinion qui soit conforme aux principes ordinaires de notre droit en matière d'annulation du mariage, et il faudrait pour y déroger qu'un texte permît expressément de le faire, comme au cas de mariage putatif.

Certains auteurs ont cependant soutenu que les droits du conjoint survivant devaient être considérés comme définitivement anéantis par le fait de son remariage, même si l'annulation en est postérieurement prononcée. « La situation des héritiers, une fois fixée, ne peut, dit M. Mesnard (1), se modifier ultérieurement au gré des circonstances. L'époux a accepté la privation de son usufruit, il s'y est soumis, c'était la conséquence légale du mariage qu'il voulait et qu'il a cru conclure, il est irrémédiablement déchu de sa part d'hérédité. La solution contraire pourrait porter un grave préjudice aux héritiers, qui ont dû compter sur la dévolution définitive de la pleine propriété et ont pu s'appuyer sur cette croyance légitime pour se livrer à des entreprises que le retour inattendu de l'usufruit viendrait ruiner. »

Mais si l'on admet ce système, il n'y a plus aucune différence, relativement à l'usufruit du conjoint, entre un mariage valable et une union frappée de nullité ? Que le système légal puisse être en certains cas gênant pour ceux qui ont profité de l'usufruit enlevé au conjoint, cela est indiscutable, mais est-ce là une raison suffisante pour violer les principes certains de notre droit en matière d'annulation de mariage ? Nous ne le croyons pas.

Le convol du conjoint survivant a soulevé une autre difficulté. Il peut arriver que les enfants du premier lit, encore vivants lors du mariage de l'époux usufruitier, meurent cependant avant lui, recouvrera-t-il en ce cas le

(1) Mesnard. *Lois nouvelles*, 1891, p. 526.

droit de jouissance qu'il avait perdu? La seule raison qu'il pourrait y avoir de douter, c'est qu'il avait été privé de son usufruit légal dans l'intérêt de ses enfants.

La négative, cependant, nous semble absolument commandée par les principes juridiques en vigueur dans notre Code civil. Un droit légalement éteint ne peut revivre, en effet, qu'en vertu d'une disposition du législateur qui n'existe pas en cette matière.

On peut, d'ailleurs, faire remarquer que l'intérêt des enfants n'a pas été la seule cause de la déchéance prononcée par la loi de 1891 en cas de convol. Elle a plusieurs autres raisons d'être.

Le conjoint qui se remarie, brise, en s'attachant à une famille nouvelle, les liens qui l'attachaient à celle du défunt; il y trouvera d'ordinaire les ressources qui lui sont nécessaires pour vivre, et l'usufruit qui lui était accordé perdra le plus souvent de son utilité. Ce sont là autant de raisons pour ne pas lui en rendre le bénéfice à la mort des enfants du premier lit, mais elles ne sont que secondaires ; la raison principale est celle que nous indiquions en premier lieu : c'est le silence du législateur à ce sujet; or, on ne peut sans un texte formel faire revivre un droit légalement éteint.

3º *Annulation du mariage.* — Pour qu'un mariage crée entre les époux des droits de succession réciproques, il faut évidemment qu'il soit valable. S'il vient à être annulé, ce droit héréditaire disparaît comme tous ses autres effets, et il ne peut y avoir lieu à l'application de l'article 767 du Code civil. Il en serait ainsi, même si l'annulation n'était prononcée qu'après la mort de l'un des époux, car ses effets sont rétroactifs. La nullité du mariage est donc une autre cause de déchéance de l'usufruit héréditaire **du** conjoint survivant.

Il y a pourtant certains cas dans lesquels les effets d'un mariage annulé ne sont pas rétroactivement **anéantis**; c'est lorsqu'il s'agit d'un mariage putatif, c'est-à-dire contracté de bonne foi par les époux ou par l'un d'eux.

Ce sont les règles spéciales aux unions de ce genre, qui peuvent venir mitiger la rigueur du principe que nous avons posé au début de ce paragraphe. Si donc les deux époux étaient de bonne foi au moment de la célébration de leur mariage et que l'annulation n'est prononcée qu'après la mort de l'un d'eux, le survivant pourra réclamer, comme si son union avait été régulière, les droits successoraux que lui accorde la loi de 1891. Si dans la même hypothèse, un seul des conjoints était de bonne foi, et qu'il survit, il pourra obtenir, en présence d'enfants nés du mariage, son usufruit héréditaire. Si le survivant est, au contraire, l'époux de mauvaise foi, il ne pourra réclamer aucun droit dans la succession de son conjoint. C'est ce qui résulte des articles 201 et 202 du Code civil. Mais en sera-t-il de même, si l'annulation du mariage est prononcée avant l'ouverture de la succession, c'est-à-dire du vivant des deux époux ? Non, les règles en ce cas ne seront pas les mêmes, car il est de principe que le mariage putatif n'est considéré comme valable à l'égard du conjoint de bonne foi, que relativement aux droits acquis, autrement dit, aux droits qui sont nés avant l'annulation. Si donc, les deux époux de bonne foi ne contractent pas un nouveau mariage valable, après que le premier a été annulé, le survivant ne pourra invoquer à titre de conjoint aucun droit héréditaire sur le patrimoine du prédécédé, car leur droit de succession réciproque, cesse comme tout autre effet du mariage putatif, à partir du jour de la déclaration judiciaire de nullité, de même qu'il cesserait par un divorce. La raison en est que pour succéder, il faut avoir le titre d'époux au moment de l'ouverture de la succession ; or, ce titre cesse d'appartenir aux conjoints dès que le mariage est annulé (1).

4° *Exhérédation*. — La loi de 1891 n'ayant pas, comme nous l'avons vu, accordé au conjoint survivant la qualité de réservataire, la conséquence logique qui découle de ce principe, c'est qu'il peut être dépouillé par le prémourant de tous les droits héréditaires que la loi lui accorde. Deux moyens s'offrent théoriquement à celui qui veut ainsi écarter son époux de sa succession. Il lui suffit tout d'abord de disposer par donation ou par testament, soit en faveur d'un de ses héritiers, soit au profit d'étrangers, de la part d'usufruit destinée à son conjoint. C'est là ce qu'on peut appeler l'*exhérédation indirecte*.

Le *de cujus* aurait, du moins en théorie, un autre moyen d'aboutir au même résultat : ce serait de déclarer par une simple manifestation de volonté, que son intention expresse est de lui enlever tout droit dans sa succession. En ce cas, c'est l'*exhérédation directe*.

Que le *de cujus* puisse exclure son époux de sa succession, en disposant de la portion qui devait légalement lui être attribuée, cela ne peut faire de doute, puisque le conjoint n'a aucun droit de réserve. Mais cette exclusion peut-elle résulter d'une pure déclaration de volonté ? C'est le point sur lequel les auteurs cessent de s'accorder.

(1) En ce sens : Demolombe, Aubry et Rau, Baudry-Lacantinerie et la plupart des jurisconsultes ; *Contrà :* Laurent.

Ceux qui croient à la possibilité de l'exhérédation expresse, ne l'admettent pas cependant dans tous les cas. Leur système repose sur une distinction.

L'exhérédation directe serait valable, quand il existe d'autres héritiers qui peuvent profiter de l'exclusion du successeur irrégulier, parce qu'elle emporte alors à leur profit, disposition implicite des biens dont celui-ci a été privé. Elle serait inefficace, au contraire, lorsque générale et absolue, elle embrasse tous les successeurs quelconques du *de cujus*, car il n'est alors personne d'autre que l'État qui puisse profiter de la succession; or, on ne peut supposer, dit-on, que c'est lui que le *de cujus* a voulu instituer. L'exhérédation ne vaut que comme disposition. C'est ce qu'on exprime par cette formule : « Exclure, c'est disposer ».

Lorsque les partisans de ce système font au conjoint survivant l'application de cette distinction, ils en concluent naturellement, que l'exhérédation expresse est toujours possible dans le cas où le conjoint est appelé par la loi à recueillir un simple droit d'usufruit, car, en cette hypothèse, il se trouve toujours des héritiers — les nus propriétaires — pour profiter du droit de jouissance que le *de cujus* lui a enlevé. Elle serait sans effet, au contraire, dans le cas où le conjoint serait appelé à recueillir la succession du prémourant en toute propriété, car l'État seul en ce cas pourrait recueillir le bénéfice de cette exclusion, et on ne peut présumer que telle a été la volonté du défunt (1).

Nous ne croyons pas à la possibilité dans notre droit

____

(1) En ce sens : Dalloz, *Supplément au Répertoire*, p. 69; Lamache, *Revue du Notariat*, 1891, p. 812.

de l'exhérédation directe. Une simple déclaration de volonté ne sera jamais suffisante, selon nous, pour exclure le conjoint survivant de la succession du défunt; elle ne peut résulter que de dispositions entre vifs ou testamentaires faites par le *de cujus*, soit au profit de ses autres successibles, soit au profit d'étrangers.

Plusieurs raisons nous ont amené à adopter cette opinion.

C'est tout d'abord le silence que garde le Code civil au sujet de l'exhérédation directe. Elle était, il est vrai, autorisée dans l'ancien Droit, mais seulement dans certaines hypothèses limitativement énumérées, dans lesquelles elle était, du reste, strictement réglementée !

Le Code de 1804 n'a même pas admis ces quelques cas d'exclusion; c'est du moins ce qu'on peut conclure de son silence à cet égard. Serait-il logique, en effet, d'interpréter ce silence dans le sens d'une autorisation tacite, accordée à toute personne d'user à son gré de l'exhérédation, alors qu'elle était soumise dans l'ancien Droit, à une réglementation si sévère ? La conclusion inverse semble tout indiquée, et c'est celle qu'ont adoptée la plupart des commentateurs du Code civil (1).

Certains petits détails relevés au cours de l'examen que nous avons fait des travaux préparatoires de la loi de 1891, nous confirment, d'ailleurs, dans notre opinion, et nous permettent de croire que les auteurs de cette loi n'ont pas pensé à l'exhérédation directe, lorsqu'ils permettaient au *de cujus* d'exclure son conjoint de sa succession.

____

(1) Voir par exemple, Touillier, *Droit civil français*, t. V, nº 724, p. 671.

Nous voyons, en effet, dans le rapport de M. Humbert (1) que lors de l'enquête qui fut faite auprès des Facultés de Droit, l'exhérédation expresse avait trouvé des partisans dans celles de Grenoble, de Paris et de Douai. Il faut bien remarquer, qu'ils ne la considéraient pas comme permise par les textes alors en vigueur, mais ils demandaient que la loi nouvelle l'autorisât — « mais la majorité des Facultés l'a repoussée, nous dit le rapporteur, comme de nature à porter le trouble dans la famille, en irritant le survivant et en diminuant à son égard le respect des enfants envers lui. D'ailleurs, ajoutait-il, l'exhérédation proprement dite a *été justement abolie* par nos lois modernes, et elle est fort contestable à l'égard des héritiers non réservataires, quand l'acte de dernière volonté ne contient pas de libéralités au profit d'un légataire ».

C'est cette même idée que nous retrouvons sous une autre forme dans le rapport de M. Piou (2) à la Chambre des députés. « Le droit d'usufruit de l'époux survivant ne peut s'exercer, disait-il, que sur les biens laissés par le conjoint au moment de son décès. Cette restriction..... permet à l'époux qui veut exhéréder son conjoint, d'arriver à son but sûrement et sans éclat, puisqu'il lui suffit de disposer de ses biens pour faire disparaître tout droit à l'usufruit. » Du côté du premier système, nous ne trouvons que des affirmations sans preuves ; nous avons au contraire, des présomptions sérieuses en faveur du second ; c'est vers ce dernier que vont naturellement nos préférences.

(1) Rapport du 29 décembre 1875. *Journ. Off.* du 16 mars 1876. Annexe n° 3665, p. 1842.

(2) Rapport du 20 mars 1886. *Journ. Off.* du 9 novembre. Annexe n° 565, p. 1292.

5° *Divertissement par le survivant de valeurs héréditaires*. — L'époux survivant, qui s'est rendu coupable de divertissements au détriment de la succession de son conjoint prédécédé, est privé de son droit d'usufruit sur les biens ou valeurs divertis. Cette solution, qui a été consacrée par la jurisprudence le 26 novembre 1894 (1), était d'ailleurs incontestable, car elle n'est que l'application des principes en vigueur dans notre droit. L'article 792 du Code civil déclare, en effet, que « les héritiers qui auraient diverti ou recélé des effets d'une succession ne peuvent prétendre aucune part dans les objets divertis ou recélés ». Le mot « héritiers » employé dans ce texte est pris dans son acception la plus étendue, c'est-à-dire qu'il s'applique à tous les successeurs *in universum jus* du défunt, et par conséquent aux successeurs irréguliers, aussi bien qu'aux héritiers légitimes. C'est du moins ce que décident la plupart des auteurs (2). Or, nous avons vu que, d'une part, le conjoint est un successeur irrégulier ; que d'autre part, son droit d'usufruit est un véritable droit de succession. Il n'y a donc aucune raison de ne pas lui appliquer les règles ordinaires.

(1) Cour de Riom, 26 novembre 1894, Dalloz, 95. 2. 206.

(2) Demolombe, *Cours de droit civil*, t. XIV, n° 503 ; Aubry et Rau, *Cours de droit civil français*, 4e édition, t. VI, parag. 643 p. 420, texte et note 51 ; Huc, *Commentaire théorique et pratique du Code civil*, t. V, n° 202 ; Baudry-Lacantinerie et Wahl, *Des successions*, t. II, n° 2.744, p. 314 ; *Revue du Notariat*, 1895, n° 9332. p. 211.

1º *Clauses de révocation.* — Les contrats de mariage
conclus entre les futurs époux, contiennent souvent des donations réciproques soumises à des clauses de révocation
dont les plus ordinaires sont : la clause de viduité et celle
d'existence d'enfants. Le disposant, en d'autres termes,
stipule en faisant cette libéralité, qu'elle sera de plein droit
révoquée en cas d'existence d'enfants nés du mariage ou en
cas de convol de l'époux gratifié. Très fréquentes dans les
contrats de mariages faits antérieurement à la loi de 1891, ces
donations sous condition sont encore dans certaines régions,
dans le nord par exemple, une clause usuelle. La question
s'est donc posée de savoir, si le conjoint, qui par suite de
la réalisation de la condition, se trouve avoir perdu comme
donataire, la libéralité qui lui avait été faite, peut revendiquer, à titre d'époux survivant, le bénéfice de l'article
767 du Code civil, l'usufruit que la loi lui accorde.

La solution de ce problème dépendra évidemment avant
tout des intentions du disposant. C'est donc aux dispositions du contrat de mariage qui renferme la donation, ou
à l'acte spécial qui aura été dressé à cet effet, qu'il faudra
d'abord se référer. Il peut arriver cependant, que le donateur n'ait pas fait connaître ses intentions à cet égard,
comment faudra-t-il donc en ce cas interpréter ce silence ?

*Quelle influence peuvent exercer sur la vocation héré-
ditaire de l'époux survivant, les clauses de révocation
insérées dans les donations que celui-ci a reçues de son*

conjoint. Constituent-elles pour le donataire survivant une cause de privation de son droit héréditaire?

Cette question sera d'autant plus difficile à résoudre, que l'objet de la libéralité est souvent un usufruit, c'est-à-dire un droit analogue à celui que cet époux doit obtenir légalement.

Deux principes incontestables nous serviront de guide dans la recherche de cette solution.

Il est d'abord absolument certain, que le conjoint survivant n'est pas privé de tout droit dans la succession du *de cujus* par le seul fait qu'il en a reçu une libéralité. L'article 767 ne lui impose, en effet, que l'obligation d'imputer sur sa part le montant de la donation qui lui a été attribuée; mais il peut, s'il n'en est pas intégralement nanti, en réclamer le complément jusqu'à concurrence de la portion que la loi lui attribue, car il n'est nullement exhérédé pour la différence qui existe entre cette part et le montant de la libéralité qu'il a reçue.

Il faut également se rappeler que le conjoint qui survit n'étant pas réservataire, le *de cujus* peut le priver de tout droit dans sa succession, en disposant des biens sur lesquels son droit d'usufruit aurait pu s'exercer.

Ces principes rappelés, comment faut-il résoudre la question posée ?

M. Lamache (1), l'un des rares commentateurs de la loi de 1891 qui ait prévu cette difficulté, avait cru trouver le moyen de découvrir la volonté présumée du testateur, dans le cas où il ne l'aurait pas formellement exprimée.

Partant de ce principe — inexact selon nous — que lorsqu'une personne institue légataire un de ses héritiers,

(1) *Revue du Notariat*, 1893, n° 8932. p. 401.

en lui imposant une condition dont l'inaccomplissement devait entraîner la révocation du legs, elle avait manifesté ainsi l'intention d'exclure son héritier de sa succession, pour le cas où la condition qu'elle avait stipulée ne serait pas remplie; il résolvait la question au moyen d'une distinction : si cette condition consistait dans un événement qui, dans une certaine mesure, est indépendant de la volonté du disposant, et qui doit se réaliser de son vivant, comme le cas d'existence d'enfants, il était rationnel, disait-il, de présumer que l'époux qui perd la qualité de donataire, conserve celle de successible, car les effets de la révocation, dans ce cas, ne sont pas nécessairement incompatibles avec le maintien de la vocation héréditaire. Le but du disposant, en insérant dans son acte de disposition cette condition résolutoire, n'a peut-être été que de faire rentrer le bien donné dans son patrimoine, pour recouvrer sur lui son pouvoir de disposition et pour en régler lui-même la transmission. S'il meurt donc, sans avoir de nouveau disposé de ce bien, il se retrouve dans sa succession et doit être attribué à celui que la loi appelle à le recueillir, sans qu'il y ait lieu d'en exclure le conjoint dont la donation a été révoquée.

Mais il n'en sera pas de même, — et c'est la seconde partie de la distinction — si la condition imposée par le donateur à son époux est telle, que son inaccomplissement suppose une faute de la part de ce dernier, une contravention aux volontés du disposant, et ne peut s'accomplir qu'après son décès; s'il s'agit, par exemple, de la clause de viduité, car le convol dépend évidemment de la pure volonté du survivant. Dans ce cas, la révocation ne peut être considérée, dit-on, que comme une peine infligée par le *de cujus* au conjoint pour le punir d'avoir méprisé son désir, et, comme on ne peut supposer que le prémourant a voulu lui maintenir comme héritier ce qu'il lui forçait de rendre comme donataire, il faut décider que l'époux survivant est déchu à la fois des droits qu'il eût pu recueillir à ce double titre, car le maintien de la vocation héréditaire est incompatible en ce cas avec le but de la révocation.

A première vue cette distinction paraît séduisante ; mais si on y regarde de plus près, on peut bientôt se convaincre qu'elle repose sur une erreur.

Quel est, en effet, le fondement de cette distinction ? Elle s'appuie sur ce principe, que lorsqu'un époux appelé à la succession de son conjoint, a reçu de ce dernier un legs sous condition résolutoire, il ne pourrait se présenter au partage de l'hérédité en sa qualité d'héritier, s'il avait perdu celle de légataire. C'est cette pensée que M. Lamache formulait en ces termes : « L'institution, sous une condition résolutoire à remplir par l'héritier légataire, emporte exhérédation dans le cas d'inaccomplissement de la condition ».

Or, cette proposition est absolument inexacte. Il n'est, en effet, aucun lien nécessaire entre le titre de légataire ou de donataire, même sous condition, et celui d'héritier. Ce sont là deux qualités absolument distinctes, indépendantes l'une de l'autre. La doctrine et la jurisprudence sont unanimes à le reconnaître.

Celui qui est à la fois héritier et légataire ou donataire, peut donc prendre sur la succession et sur le legs ou la donation des partis différents. Il peut tout à la fois accepter l'un et l'autre, ou renoncer à la donation en acceptant l'hérédité, ou répudier cette dernière en acceptant la donation.

Mais si ces deux qualités de donataire ou de légataire et d'héritier n'exercent aucune influence l'une sur l'autre, si celui qui en jouit se trouve privé de l'une d'elles, il continuera de jouir des avantages attachés à l'autre. Le conjoint gratifié, dont la donation a été révoquée, restera successible, de même qu'il conserverait la qualité de donataire, s'il venait à perdre celle de successible. Cela est indiscutable. Cette indépendance n'existe pas moins, en effet, lorsqu'il s'agit de la révocation des donations, que lorsqu'il s'agit de la renonciation aux successions. Quand un héritier est écarté de la succession pour indignité, il peut cependant réclamer la donation que lui a faite le *de cujus*, si la cause de son indignité ne constitue pas en même temps une cause de révocation de son titre de donataire. A plus forte raison, peut-il, s'il a encouru la révocation d'une donation pour cause d'ingratitude, par exemple, se présenter comme héritier à la succession du donateur, lorsque la cause de la révocation n'est pas une cause légale d'indignité. Or, ce qui est vrai de la révocation pour ingratitude, ne peut-il pas s'appliquer par analogie à la révocation pour inexécution des conditions ? Evidemment oui ! C'est là une nouvelle preuve de notre affirmation, que le conjoint donataire frappé de déchéance, par suite de l'inaccomplissement de la condition qui lui était imposée comme charge de la libéralité à lui faite, pourra réclamer le droit d'usufruit que la loi lui accorde à titre héréditaire.

Un exemple fera bien comprendre ces explications nécessairement un peu abstraites.

Primus, le *de cujus*, est mort en laissant à sa femme, à titre de legs, l'usufruit de tous les biens qui composeraient sa succession, mais en stipulant que ce droit de jouissance cesserait de plein droit, si elle convolait en secondes noces. Comme héritiers, il n'a que des frères et sœurs.

Un an après sa mort, la légataire se remarie et perd par conséquent le bénéfice de son legs. D'après le premier système soutenu par M. Lamache, comme le convol est un événement qui ne peut s'accomplir qu'après la mort du donateur et qui dépend de la volonté formelle du gratifié, la révocation ne peut être considérée que comme une peine infligée par le *de cujus* à son conjoint pour n'avoir pas respecté son désir; de plus, comme ce serait supprimer, du moins en partie, l'effet de la révocation, que de permettre au conjoint de prendre comme héritier ce qu'il perd comme donataire, il faut le considérer comme ayant perdu à la fois ces deux qualités, et par suite, lui refuser le droit de réclamer la part héréditaire que lui accorde la loi de 1891 sur le patrimoine de son époux prédécédé.

Ce n'est pas là notre opinion. Ce conjoint a perdu, il est vrai, le droit de jouissance qui lui avait été légué, mais comme il s'agit dans notre espèce de deux usufruits absolument distincts, l'un contractuel, émanant de la volonté du *de cujus* et constituant une véritable libéralité, l'autre, au contraire, créé par la loi et constituant un véritable droit de succession, le conjoint survivant peut prendre sur chacun d'eux le parti qu'il préfère; il peut renoncer à l'un et se réserver le bénéfice de l'autre, et si l'un de ces usufruits vient à être perdu pour lui, son droit pourra toujours s'exercer sur le second : pour qu'il en fût autrement, il faudrait qu'il y eut renoncé expressément.

On ne peut douter, d'ailleurs, que telle a été à cet égard l'intention du législateur.

Dans la première proposition législative, votée par le

Sénat en 1877, se trouvait un paragraphe 12 décidant que le conjoint ne recueillerait pas son usufruit héréditaire, toutes les fois que ses droits auraient été réglés, soit par le contrat de mariage, soit par donation, soit par testament, ce passage du projet fut retranché par la Chambre des députés, qui considéra que cette restriction serait un moyen trop facile d'éluder les dispositions de la loi. Céla prouve bien, que le législateur a entendu placer le conjoint survivant dans la même situation que tout autre successeur, c'est-à-dire qu'il lui a donné le droit de renoncer à sa guise aux libéralités du *de cujus* pour s'en tenir à ses droits héréditaires, ou de répudier la succession, pour retenir un don entre vifs ou réclamer un legs à lui fait, jusqu'à concurrence de la quotité disponible. (Article 845 du Code civil.)

En résumé donc, nous croyons que l'époux qui survit pourra toujours, après avoir perdu les avantages qui lui appartenaient comme donataire, faire valoir ses droits à l'usufruit légal, tel que le fixe la loi de 1891. Il pourra donc, dans notre espèce, après avoir perdu son droit de jouissance universel, réclamer l'usufruit de moitié de la succession qui doit lui être légalement attribué, en présence de collatéraux. C'est assez dire, que la condition résolutoire à laquelle est subordonnée une donation ou un legs, ne constitue jamais, selon nous, une cause capable d'empêcher l'usufruit légal de l'article 767 de produire son effet. Il n'y aura exception à cette règle que dans deux cas : lorsqu'il sera certain que la volonté formelle du donateur était de priver son conjoint de ce droit de jouissance légal et de le remplacer par une donation et lorsque le donataire aura renoncé par avance à son usufruit légal.

Quant à prétendre que l'institution sous une condition

résolutoire à remplir par l'héritier légataire, emporte exhérédation dans le cas où elle n'est pas accomplie, cela, nous le répétons, est absolument inexact. D'une part, est-il admissible, en effet, qu'une libéralité puisse constituer une exhérédation pour celui qui en est gratifié? Ce sont là deux idées qui, loin d'être la conséquence l'une de l'autre, se repoussent naturellement.

D'autre part, si on annexait à une donation la clause de viduité, avec l'intention formelle de la considérer comme une clause d'exhérédation et de lui en faire produire les effets, cette clause ainsi entendue serait nulle, comme constituant un pacte sur succession future.

Telle est notre opinion. C'est celle qu'avait admise en dernier lieu M. Lamache (1), qui avait reconnu les erreurs de son système primitif. C'est celle qu'admet également la jurisprudence qui semble définitivement fixée sur la question. Toutes les décisions judiciaires qui sont intervenues sur la matière, sont conformes au système que nous avons adopté (2). Une seule faisait exception : c'est celle que rendit en 1895, le tribunal civil du Blanc (3), mais elle a été infirmée par la Cour de Cassation.

2° *Renonciation du conjoint survivant à son usufruit.* — Le conjoint survivant peut renoncer aux droits héréditaires que lui accorde la loi de 1891. Il peut se priver lui-même de son usufruit successoral. Cela ne peut faire

_____

(1) *Revue du Notariat*, 1896, n° 9509, p. 59.

(2) Tribunal civil des Andelys, 25 juillet 1893, *Revue du Notariat*, 1894, n° 9090, p. 131 ; Cour de Bourges, 3 février 1896, sur renvoi de la Cour de Cassation. *Revue du Notariat*, 1896, n° 9554, p. 257, D. 97. 2. 83.

(3) Tribunal civil du Blanc, 30 avril 1893. *Revue du Notariat*, 1896, n° 9509, p. 59.

de doute. Toute personne capable de disposer de ses biens, peut renoncer, en effet, aux dispositions légales qui ne sont établies qu'en sa faveur, car la faculté de renoncer est de droit commun.

Mais en quelles formes doit se faire cette renonciation ? Faut-il pour qu'elle soit opposable aux tiers, qu'elle soit faite au greffe par une déclaration inscrite sur ses registres, comme cela se pratique dans les renonciations aux successions ?

L'administration de l'Enregistrement a donné une solution à cette question dans une instruction du 1er avril 1892 (1). Elle déclare que dans l'état actuel de la jurisprudence, elle ne se croit pas autorisée à exiger des renonciations au greffe pour des usufruits régis par la loi du 9 mars 1891, et elle conclut en disant qu'une simple renonciation par acte notarié lui semble réaliser toutes les conditions de validité nécessaires.

Cette décision nous semble peu juridique, et nous sommes d'autant moins portés à l'adopter, qu'elle est en harmonie avec la pratique admise par la Régie en matière de renonciations à succession. Que l'administration de l'Enregistrement se contente d'une renonciation faite par un simple acte notarié, et s'abstienne de réclamer à celui qui a renoncé de cette manière, le droit de mutation ordinaire, cela n'empêche pas qu'en droit l'article 784 du Code civil est toujours en vigueur, et que la renonciation à une succession ne peut être faite juridiquement qu'au greffe. La situation nous paraît devoir être réglée d'une façon identique relativement au droit héréditaire de l'époux survivant. Qu'aux yeux de la Régie, une renonciation

_____

(1) *Revue du Notariat*, 1892, nᵒ 8781, p. 784.

contenue dans un acte notarié suffise, c'est très bien, puisqu'elle s'en contente, mais juridiquement cela ne suffit pas. L'usufruit que recueille ce conjoint est un véritable droit de succession ; or, d'une part, tous les successeurs sont, d'après la jurisprudence, tenus des mêmes obligations au point de vue héréditaire, qu'il s'agisse de successeurs irréguliers ou d'héritiers légitimes ; d'autre part, l'article 784 est général et soumet à la nécessité de la renonciation au greffe, tous ceux, sans exception, qui ne veulent pas recueillir la part héréditaire qui leur est attribuée ; il n'est donc aucune raison de ne pas soumettre le conjoint à la même obligation que les autres successibles. Pour le décharger de cette obligation, on a allégué, il est vrai, qu'au cas où il recueille à titre héréditaire un simple droit d'usufruit, cet époux n'est qu'un successeur à titre particulier, et que, par conséquent, il lui suffirait de renoncer à son droit par acte sous seing privé. Mais nous avons dit précédemment ce que nous pensions de cette affirmation.

SECTION IV. — CAS DANS LESQUELS L'ÉPOUX SURVIVANT PERD, D'APRÈS LES LÉGISLATIONS ÉTRANGÈRES, LE DROIT HÉRÉDITAIRE QUI LUI EST ACCORDÉ.

On ne trouve dans le *Code italien* (1) qu'un seul texte, qui prononce contre l'époux survivant la privation de ses droits héréditaires. C'est l'article 757 ; il est conçu dans les termes suivants : « Les droits de succession accordés

____

(1) Théophile Huc, *le Code Italien*. Traduction par Joseph Orsier ; Ollivier Beauregard, *Législation italienne*.

au conjoint survivant n'appartiennent pas à celui contre lequel le conjoint a obtenu une sentence de séparation de corps passée en force de chose jugée ». Les autres causes d'extinction que nous trouvons dans notre loi française, sont inconnues en Italie. Le convol du survivant ne lui fait pas perdre les droits qu'il a recueillis dans le patrimoine du *de cujus*. C'est ce qu'on peut déduire, en effet, de l'article 128 de ce Code, qui déclare déchue de tout droit de donation, gain dotal et succession provenant du premier mari, la femme qui a contracté un second mariage, sans observer le délai de dix mois de viduité (article 57). Si cette privation constitue, en ce cas, une peine, c'est qu'elle n'est pas la conséquence ordinaire du remariage.

Quant au divorce et à l'exhérédation, ils ne sont pas autorisés par la législation italienne.

La séparation de corps judiciaire est donc la seule cause, qui puisse empêcher l'époux survivant, de recueillir ses droits héréditaires. « Judiciaire », disons-nous, car il existe en Italie une séparation de corps par consentement mutuel, qui ne supprime pas entre les époux la vocation successorale.

En Espagne (1), la séparation de corps enlève à l'époux contre lequel elle a été prononcée tout droit héréditaire dans le patrimoine de son conjoint. La législation espagnole ressemble donc à la nôtre sur ce point, mais tandis que dans notre droit, il faut que le jugement qui prononce cette séparation soit passé en force de chose jugée avant la mort du *de cujus*, pour qu'il puisse produire cet

____

(1) A. Levé, *Code civil Espagnol.*

effet à l'égard du coupable, en Espagne, au contraire, on continue en ce cas le procès commencé, et selon que le résultat en est ou non favorable au survivant, on lui accorde ou on lui refuse l'usufruit que la loi lui attribue en principe (art. 834).

Une autre différence entre le Droit français et le Droit espagnol, c'est que dans ce dernier l'exhérédation formelle est permise. Le conjoint survivant peut donc être exclu de la succession du *de cujus* par une simple déclaration de volonté, mais il faut néanmoins se soumettre pour l'accomplir à certaines formalités exigées par le Code. C'est ainsi que l'exhérédation doit être faite par testament, avec indication du motif sur lequel elle est fondée. De plus, elle ne peut avoir lieu que pour une des causes expressément édictées par la loi. L'article 855 les énumère limitativement. Ce sont les suivantes :

Un époux peut être exhérédé : 1° S'il a encouru une condamnation judiciaire pour attentat contre la vie de son conjoint ou pour adultère ;

2° S'il a obligé le testateur à faire ou à modifier son testament par menace, fraude ou violence ;

3° Si la séparation de corps a été prononcée contre lui ;

4° S'il a perdu sur ses enfants la puissance paternelle ;

5° S'il a refusé des aliments aux enfants de son conjoint ;

6° Si, après qu'il a attenté à la vie de son époux, il n'est pas intervenu de réconciliation, car la réconciliation postérieure de l'offenseur et de l'offensé prive ce dernier du droit d'exhérédation.

Le convol n'est pas en Espagne une cause de déchéance pour l'époux survivant. Quant au divorce, il n'est pas autorisé.

La séparation de corps est aussi en *Portugal* (1), le seul moyen de rompre la vie commune, et elle supprime la vocation héréditaire de l'époux qui en a été la cause (art. 2003). Quant au convol, il n'est pas, en principe, une cause de déchéance, mais comme dans la législation italienne, la femme qui se remarie sans avoir satisfait aux exigences de la loi, perd tous les avantages légaux ou conventionnels qu'elle a reçus de son premier mari (art. 1234). De même qu'en Espagne, le conjoint survivant peut être exhédéré, mais seulement dans les cas où la loi le permet et par une disposition du testament expressément motivée. Si cette exhérédation lui enlevait tout moyen d'existence, celui qui profite des biens dont il a été exclu, est tenu de lui servir une pension alimentaire (art. 1883). Elle cessera toutefois en cas de remariage.

D'après le nouveau *Code allemand* (2), l'époux qui survit perd son droit dans la succession de son conjoint, ainsi que le droit au préciput qu'il a dans certains cas, lorsqu'au moment de son décès le défunt avait le droit d'agir en divorce du chef d'une faute du survivant, et qu'il avait intenté l'action en divorce ou en séparation (art. 1933). Il ne faut donc pas, comme dans notre droit, que le divorce soit devenu définitif par un jugement passé en force de chose jugée ; il suffit que l'instance soit commencée : le but de cette disposition est de se conformer à la volonté présumée du défunt. Mais du vivant des

---

(1) Fernand Lepelletier, *Code civil Portugais*, traduit et annoté.
(2) *Code civil Allemand*, traduit et annoté par O. de Meulenaere.

époux, il est évident que leur droit de succession réciproque, comme tous les autres droits nés du mariage, **ne cesse que par le jugement définitif.**

La séparation de corps produit tous les effets attachés au divorce, à l'exception du droit de conclure un nouveau mariage.

Le convol du conjoint survivant produit, dans une hypothèse particulière, une déchéance toute spéciale; c'est en cas de « communauté continuée ». Voici ce que signifie cette expression. Si, à la mort d'un époux, il existe des descendants communs, la communauté continue entre l'époux survivant et ses descendants, qui sont appelés comme héritiers au cas de succession légitime. Dans ce cas, la part du prédécédé dans les biens communs n'appartient pas à sa succession. Pour le surplus, la dévolution de la succession à l'époux a lieu conformément aux dispositions générales. Ainsi s'exprime l'article 1483 du nouveau Code. La communauté continue, parce que les enfants communs sont venus y prendre la part et la place du défunt. Le survivant peut, d'ailleurs, refuser cette continuation. Il peut aussi la dissoudre en tous temps. S'il se remarie, cette communauté continuée cesse de plein droit. La dissolution peut aussi en être prononcée contre lui, s'il administre mal les biens qui lui sont confiés ou s'il encourt certaines déchéances.

Le conjoint survivant peut aussi être exclu de la succession de son époux, soit par une exhérédation pure et simple, soit par l'institution d'un autre héritier, mais il peut en ce cas exiger sa réserve (art. 2303). Cette réserve peut même cependant lui être enlevée, lorsqu'il se rend coupable d'une de ces fautes qui permettent au disposant de faire prononcer le divorce — adultère, attentat à la vie, abandon; — et tandis que le droit d'intenter l'action en divorce est perdu, si elle n'est pas intentée dans les six mois à partir du moment où l'époux a connu la cause qui la motivait, le droit d'enlever la réserve ne s'éteint pas par l'expiration de ce délai.

Le *de cujus* peut aussi enlever à son conjoint la réserve que la loi lui attribue par disposition testamentaire. Cette disposition par laquelle le disposant a prononcé l'enlèvement de la réserve, perd toutefois ses effets par le pardon.

L'époux survivant peut perdre, enfin, tout droit dans le patrimoine du prémourant, s'il se désiste de son droit héréditaire. Ce désistement peut être le résultat d'un contrat passé avec le *de cujus* de son vivant; il peut, d'ailleurs, être limité au droit à la réserve. Quelle que soit son étendue, il doit, dans tous les cas, être fait par acte notarié ou en justice.

Les dispositions relatives au divorce que l'on trouve dans le nouveau Code allemand ont été inspirées par les droits *Saxon* et *Prussien*. C'est à ce dernier droit qu'il a également emprunté le principe de la communauté continuée.

Parmi les législations qui sont encore aujourd'hui en vigueur dans les différents États de l'Empire (1), une des plus originales, au point de vue des causes de déchéance du droit héréditaire du conjoint, est celle du *Wurtemberg*.

L'époux survivant commun en biens, perd toute la portion statutaire qu'il devait acquérir à titre de réservataire, s'il renonce à la communauté et s'il avait fait avec le prédécédé un pacte de succession. C'est là une disposition absolument spéciale à la législation de ce pays.

(1) Boissonnade, *Histoire des droits de l'époux survivant*; Ernest Lehr, *Éléments de droit civil germanique.*

Si le divorce a été prononcé, il encourt la même déchéance, mais il conserve, au contraire, ses droits héréditaires au cas de séparation de corps, même si elle a été prononcée contre lui. Enfin le remariage de cet époux ne modifie nullement ses droits sur les biens qu'il a recueillis dans la succession du prémourant.

Dans la *Saxe*, la séparation de corps prononcée contre le survivant le prive de sa réserve légale. Il en est également dépouillé pour indignité et pour exhérédation justement motivée. Le convol, au contraire, lui laisse tous ses droits.

Il en est de même dans le *duché de Brunswick*.

D'après les statuts de *Hambourg*, le conjoint qui se remarie subit une déchéance toute spéciale. Aussi longtemps qu'il ne convole pas, il peut conserver tous les biens du défunt, sans être tenu de procéder à un partage avec les enfants qui lui sont nés de ce mariage ; il est seulement obligé de leur donner des aliments et de les doter s'ils se marient ; mais si lui-même contracte une nouvelle union, le partage devient obligatoire.

Le conjoint survivant *Autrichien* perd ses droits de succession, lorsque la séparation de corps a été prononcée contre lui. Le divorce — qui n'est d'ailleurs permis qu'aux protestants — produit les mêmes effets à l'égard des deux époux.

Quant au convol de l'époux qui survit, il a toujours pour résultat de lui enlever le droit de demander des aliments à la succession ; en outre, s'il s'agit de la femme, elle perd en se remariant le douaire que la loi lui attribue pour son entretien.

La *nouvelle législation belge* (1) sur les droits successoraux du conjoint survivant édicte contre lui les mêmes causes de déchéance que notre article 767 du Code civil. Il est privé, premièrement, de son usufruit héréditaire au cas de divorce et de séparation de corps.

La loi de 1896 semble même en ce dernier cas priver de sa vocation successorale, non seulement l'époux coupable, mais les deux conjoints sans distinction. Son texte est conçu, en effet, en termes tout à fait généraux. « Le conjoint non séparé de corps. »

Cet époux perd encore ses droits de succession, s'il existe des descendants légitimes du *de cujus* au moment où il convole, ou si le prémourant l'a indirectement exhérédé en disposant des biens sur lesquels il devait exercer son usufruit.

Enfin, lorsqu'il existe des descendants du défunt, il peut encourir la déchéance de ses droits (parag. 9) : 1° s'il est privé de tout ou partie des droits attachés à la puissance paternelle à raison de l'abus qu'il en a fait ou en vertu d'une condamnation pénale ;

2° S'il est exclu ou destitué pour inconduite notoire de la tutelle des enfants issus de son mariage avec le défunt;

3° S'il est exclu ou destitué pour le même motif de la co-tutelle des enfants que sa femme avait eus d'un précédent mariage.

C'est là une disposition qui n'a pas d'équivalent dans notre droit.

Suisse. — Dans le *canton de Genève*, d'après la loi du 5 septembre 1874 (2), l'époux survivant qui se remarie

(1) Loi du 20 novembre 1896, *Moniteur belge* du 27 novembre.

(2) Loi du 5 septembre 1874, *Annuaire de législation étrangère*, 1875, p. 495.

perd son usufruit héréditaire, mais seulement dans le cas
où il existe des descendants du défunt. Sur ce point, cette
loi ressemble à notre article 767, mais elle en diffère en
ce qu'elle autorise l'exhérédation directe.

Le législateur *Bernois*, moins sévère à l'égard du conjoint que celui de Genève ne lui impose, lorsqu'il convole,
que l'obligation de rendre aux enfants nés du mariage la
moitié des biens qu'il a recueillis. Quant au divorce, il
est naturellement une cause absolue de déchéance.

Dans le *canton de Glaris*, le Code de 1874 (1) ne considère pas le convol comme une cause de déchéance pour
l'époux survivant ; mais il fait produire au divorce ses
effets ordinaires.

Le nouveau Code du *canton de Zurich* (1887) réduit
de moitié, au cas de remariage, l'usufruit qu'il accorde au
conjoint. D'après les dispositions du droit antérieur, seule
la femme pouvait encourir cette réduction, mais elle s'applique aujourd'hui aux deux époux indistinctement.

Dans le *canton des Grisons* (2), l'époux qui survit ne
conserve le droit de jouissance que la loi lui accorde, que
pendant le temps de son veuvage (art. 500). Nous croyons
toutefois, en nous appuyant sur un argument d'analogie
tiré des dispositions de la loi en matière de legs faits en
faveur du conjoint (art. 511), qu'il gardera cet usufruit
pendant toute sa vie, si le défunt n'a pas laissé de descendants.

Le divorce fait disparaître toute vocation héréditaire
entre les conjoints, mais la séparation n'a pas, croyons-

---

(1) *Code du canton de Glaris*, 1874. Notice et traduction de
M. Ernest Lehr, *Annuaire de législation étrangère*, 1875, p. 501.

(2) *Code civil des Grisons*. Traduction de Raoul de la Grasserie.

nous, le même effet. Il est, du moins, certain que l'époux innocent n'en souffre pas.

Dans le *canton de Bâle*, la loi du 10 mars 1884 (1) décide dans son article 26, que « les droits successoraux existant entre les époux cessent de plein droit par l'effet du divorce ». Pour la séparation, il n'est pas de disposition analogue ; on en peut donc conclure qu'elle n'est pas une cause de déchéance. C'est de la même manière qu'il faut interpréter le silence de la loi au sujet du remariage. Quant à l'exhérédation, la loi autorise le prémourant à la prononcer expressément contre ses successibles, mais elle est inutile lorsqu'il s'agit du conjoint, car il n'a pas la qualité de réservataire ; il suffit donc que le *de cujus* dispose des biens sur lesquels son usufruit devait s'exercer, ou manifeste sa volonté d'en attribuer la pleine propriété à ses héritiers.

En Russie (2), l'époux survivant a droit, d'après le *Svod*, à une légitime qui se prélève sur les biens libres laissés par le défunt. Pour que cette légitime entre dans son patrimoine, il suffit qu'il la réclame à un moment quelconque de sa vie, et on ne peut lui opposer comme une déchéance, le fait qu'il aurait contracté un nouveau mariage. Le convol ne lui fait donc perdre aucun droit.

Dans les gouvernements de *Tchernigof* et de *Poltawa*, il y a sur ce point, eu égard à la femme, des règles différentes : la veuve qui ne se remarie pas, reçoit en usufruit une part d'enfant ou le tiers de la succession, selon qu'il reste ou non des descendants issus du mariage. Si

(1) Loi du 10 mars 1884. *Annuaire de législation étrangère*, 1885, p. 543.

(2) Ernest Lehr, *Éléments de droit civil Russe*.

elle convole, elle n'a droit qu'au quart de la succession, et les héritiers peuvent en ce cas racheter l'usufruit qui lui compète, en lui abandonnant en toute propriété la moitié de la valeur estimative des biens grevés à son profit.

En *Livonie*, la déchéance relative aux droits héréditaires en cas de convol ne peut d'après la loi atteindre que la veuve. C'est d'ailleurs une déchéance d'un genre tout particulier. Lorsque la femme qui survit à son mari a des enfants nés du mariage, elle reste en jouissance de toute la fortune qu'il a laissée, aussi longtemps que dure son veuvage, même après que ses enfants sont devenus majeurs ; mais du jour où elle convole, elle peut être contrainte à une liquidation dans laquelle elle prend tout le mobilier et une part d'enfant sur les immeubles. Nous avons déjà rencontré une disposition analogue dans la législation hambourgeoise.

Le mari survivant obtient, outre la propriété du mobilier et l'argent comptant, l'usufruit de tous les immeubles de sa femme jusqu'à la majorité de ses enfants. Il conserve cette jouissance même dans le cas où il se remarie. S'il n'a pas d'enfants, la durée de ce droit d'usufruit est une période d'un an et six semaines.

Des règles analogues à celles de la Livonie, régissent en *Courlande*, la situation de la veuve survivante. Elle conserve, mais seulement jusqu'à la majorité de ses enfants, la jouissance de l'hérédité tout entière ; c'est seulement dans le cas où elle se remarie qu'elle procède à la liquidation.

Le convol du mari survivant n'a, au contraire, aucune influence sur l'époque du partage ; il conserve cet usufruit jusqu'à ce que ses enfants soient majeurs et s'il n'en est pas, pendant une année.

D'après la loi russe, le divorce annule toutes les dispositions légales ou conventionnelles faites en faveur du survivant des époux. S'il a été prononcé contre le mari, il est dans l'obligation de pourvoir à l'entretien de la femme aussi longtemps qu'elle ne se remarie pas.

La séparation de corps existe aussi en Russie, et elle est à deux degrés. La séparation illimitée produit des effets analogues au divorce; quant à la séparation temporaire, elle n'a aucune influence sur le régime des époux quant aux biens.

En *Angleterre* (1), le remariage de l'époux survivant ne change en aucune façon ses droits héréditaires. Le divorce, au contraire, supprime entre les époux toute vocation successorale.

Ce n'est pas, d'ailleurs, le seul cas dans lequel la femme perd le douaire que la loi lui accorde; elle en est déchue également quand elle vit dans l'inconduite après avoir abandonné son mari.

Quant à ce dernier, le divorce l'oblige à abandonner la propriété des meubles et la jouissance des immeubles de sa femme. Il en est de même au cas de séparation judiciaire, car les biens de l'épouse prédécédée sont alors dévolus à ses héritiers du degré le plus proche.

Aux *États-Unis*, la plupart des législations consacrent le divorce avec toutes ses conséquences relativement aux droits héréditaires entre époux. Il en est ainsi dans la

______

(1) Ernest Lehr, *Éléments de droit civil anglais;* Emile Stocquart. Le droit de succession du conjoint survivant en Angleterre, en Ecosse et aux États-Unis. *Revue de droit international et de législation comparée,* 1897, p. 290.

Caroline, la *Virginie,* le *Massachussetts,* le *Connecticut.*

La séparation de corps est également inscrite dans le Code de ces États, mais elle n'enlève pas d'ordinaire aux conjoints, même à celui contre lequel elle est prononcée, leur vocation successorale réciproque.

Le convol du survivant est également sans effet; toutefois dans la *Louisiane,* l'époux qui se remarie perd le droit d'usufruit dont il jouissait sur la part du défunt dans la communauté.

CHAPITRE VIII

COMBINAISON DE LA LOI DU 9 MARS 1891, AVEC LES AUTRES
QUI ATTRIBUENT AU CONJOINT SURVIVANT DES
AVANTAGES PARTICULIERS

Avant la loi de 1891, le législateur s'était déjà préoccupé
à plusieurs reprises d'apporter des remèdes partiels à la
situation du conjoint survivant par différentes lois, qui
lui accordaient dans la succession de son époux prédécédé,
des droits héréditaires plus ou moins étendus.

Il nous faut donc, en terminant, examiner quelle a été
l'influence du nouvel article 767 sur ces textes législatifs,
et rechercher de quelle manière ces réformes partielles se
combinent aujourd'hui avec la réforme générale.

De toutes ces lois spéciales, qui se sont préoccupées de
la situation de l'époux survivant, la plus importante est,
sans contredit, celle des *14 et 19 juillet 1866* « sur les
droits des héritiers et ayants cause des auteurs ». Aux
termes de l'article premier, paragraphe 2, de cette loi,
« pendant une période de cinquante ans, à partir du décès
de l'auteur, le conjoint survivant, quel que soit le régime
matrimonial, et indépendamment des droits qui peuvent
résulter en faveur de ce conjoint du régime de la communauté, a la simple jouissance des droits dont l'auteur pré-

décédé n'a pas disposé par actes entre vifs ou par testament. Toutefois, si l'auteur laisse des héritiers à réserve, cette jouissance est réduite au profit de ces héritiers suivant les proportions et distinctions établies par les articles 913 et 915 du Code civil. Cette jouissance n'a pas lieu, lorsqu'il existe, au moment du décès, une séparation de corps prononcée contre ce conjoint; elle cesse au cas où le conjoint contracte un nouveau mariage. Les droits des héritiers à réserve et des autres héritiers ou successeurs pendant cette période de cinquante ans, restent d'ailleurs réglés conformément aux prescriptions du Code civil ».

Ce texte accorde donc pendant cinquante ans au conjoint survivant d'un auteur, l'usufruit — car c'est là le sens du mot « jouissance » employé par le législateur — des droits que cet auteur aurait recueillis, s'il avait continué à vivre pendant le cours de cette période: le droit, en un mot, d'en percevoir intégralement le profit.

Cette loi de 1866 n'a été abrogée, ni expressément, ni tacitement par le nouvel article 767. Elle ne l'a pas été expressément, car on ne trouve à cet égard aucune disposition dans le texte de la loi de 1891. Elle ne l'a pas été tacitement, car cette loi de 1866 est une loi spéciale, qui n'a modifié le droit commun que dans des hypothèses particulières? or il est de principe dans notre droit, que les lois générales ne dérogent pas aux lois spéciales. *«Generalia specialibus non derogant.»*

Il faudrait donc pour que cette loi eût été tacitement abrogée par celle de 1891, que leurs diverses prescriptions fussent incompatibles, or, comme le faisait remarquer au Sénat, le rapporteur de la Commission d'examen, cette incompatibilité n'existe pas. La loi de 1866 n'a donc pas été abrogée; elle existe encore aujourd'hui et il faut concilier ses dispositions avec celles du nouvel article 767.

Comme le fit remarquer M. le sénateur Bozérian, trois solutions étaient possibles pour réaliser cette conciliation : La première était le système du cumul. « Il y aura encore en quelque sorte, disait-il (1), deux patrimoines dans la succession : le patrimoine qui comprend les droits d'auteur, et le patrimoine qui comprend le surplus des biens. Le conjoint survivant commencera par prendre ses droits d'auteur, puis sur le surplus des biens, il prendra l'usufruit dans les proportions qui lui sont accordées par la loi nouvelle. »

La deuxième solution qu'il indiquait était celle qui avait été proposée quelques mois auparavant par un professeur de la Faculté de Droit de Paris (2). On aurait formé une seule masse comprenant tout à la fois les droits d'auteur et les autres biens, et sur cette masse ainsi formée des deux patrimoines réunis, on attribuerait à l'époux survivant un droit d'usufruit dans les proportions déterminées par la nouvelle loi.

Une troisième solution était enfin possible. C'était le système dit de conciliation. Il consistait à accorder d'abord au conjoint la faculté de recueillir les droits d'auteur, sans rien lui attribuer au delà, s'il se trouvait ainsi rempli des droits d'usufruit que la loi de 1891 lui accordait. Si, au contraire, cette première appréhension était insuffisante pour atteindre les limites tracées par cette loi, on lui permettrait de prendre dans les biens ordinaires de la

___

(1) Séance du 2 décembre 1890. *Journ. Off.* du 3 décembre. p. 1105.

(2) M. Lyon-Caen dans son article du journal *Le Droit*, du 31 mars 1890.

succession, le surplus nécessaire pour compléter la part que lui faisait la loi nouvelle.

De ces trois solutions, le législateur de 1891 a choisi la première, c'est-à-dire le système du cumul. Le doute n'est pas possible, si l'on se réfère aux travaux préparatoires, mais il a eu le tort de ne pas le dire en termes formels.

Pour amener le Sénat à consacrer le système de l'imputation qu'il trouvait, avec raison, plus logique, et à insérer dans la loi une disposition conçue dans cet esprit, M. Bozérian proposa d'ajouter au projet un amendement ainsi conçu, qui en eût formé l'article 2. « La loi du 14 juillet 1866, sur les droits des héritiers et ayants cause des auteurs continuera d'être appliquée. Si, par suite de son application, le conjoint survivant n'est pas entièrement rempli des droits qui lui sont conférés par l'article premier de la présente loi, la différence sera complétée par une attribution à lui faite jusqu'à due concurrence, sur les autres biens de la succession. Mais M. Lacombe lui répondit, au nom de la Commission, qu'il était absolument inutile de chercher à concilier la loi ancienne et le texte nouveau, puisque par application de la maxime : « *Generalia specialibus non derogant* », la loi de 1866 devait conserver toute sa vigueur malgré la loi nouvelle : « Les deux lois recevront, dit-il, simultanément leur application, c'est-à-dire que lorsqu'il s'agira de la succession d'un auteur ou d'un artiste, pour ce qui concerne la propriété littéraire ou la propriété artistique, c'est spécialement la loi de 1866 que l'on appliquera, tandis que pour ce qui concerne le surplus de la succession, c'est le Code civil qui réglera la dévolution de la succession. Il n'y a pas, à proprement parler, de cumul, mais on pourrait plutôt dire qu'il s'agit en quelque sorte de successions distinctes : l'une relative aux droits d'auteur sera réglée par la loi de 1866, et quant au surplus des biens, la dévolution en sera réglée par le Code civil, sans que dans aucun cas le droit de réserve puisse recevoir aucune atteinte ».

A la suite de ces explications, l'amendement de **M. Bozérian** fut rejeté et le Sénat consacra par son vote l'opinion de M. Lacombe. C'est ce système qui est devenu légal, car la Chambre des députés a adopté, sans faire d'observations à cet égard, la proposition législative telle qu'elle lui fut présentée.

Le conjoint survivant peut donc aujourd'hui exercer *simultanément* le double droit d'usufruit que lui confèrent les lois de 1866 et de 1891.

Mais ce système est-il le meilleur au point de vue législatif ?

Si nous avions eu à choisir entre les trois solutions exposées par M. Bozérian, comme la plupart des jurisconsultes, nous eussions sans hésiter adopté la troisième, c'est-à-dire le système de l'imputation des droits d'auteur sur les droits successoraux accordés par l'article 767. C'est, en effet, celui qui apparaît comme le plus logique, quand on songe aux raisons qui ont amené le vote de la loi de 1866. Le but de cette loi fut évidemment de protéger le conjoint survivant et de lui accorder les droits que le Code lui refusait, mais a-t-elle voulu uniquement favoriser l'époux survivant d'un auteur, à l'exclusion de tout autre? Non! Si le législateur s'est borné en 1866 à améliorer le sort de ce seul conjoint, c'est parce que l'occasion ne lui a pas paru favorable, de réaliser une réforme analogue au profit de tout époux survivant, et que par un respect exagéré du Code civil, il n'osait pas encore procéder à une réforme générale, qui eût exigé la refonte d'une partie du titre des Successions. Mais ce serait une erreur de croire, que c'est la profession spéciale du prédécédé qui a valu au conjoint d'un auteur des faveurs particulières. On ne s'expliquerait pas en effet, que le seul fait de l'exercice d'une profession plutôt qu'une autre, pût modifier les droits de l'époux qui survit, dans la succession du prémourant. La loi de 1866 n'était donc que le prélude d'une réforme générale.

Mais s'il en est ainsi, on ne voit pas pour quelle raison le conjoint survivant d'un auteur peut, après l'achèvement de la réforme, cumuler avec le bénéfice de la loi de 1866, celui de la loi de 1891.

On comprend facilement qu'il conserve le droit que la première lui accorde. Cela doit être puisqu'une loi générale n'a pu venir modifier les dispositions d'une loi spéciale, mais rien ne s'opposait à ce qu'il imputât — conformément à la logique — ce qu'il a reçu en vertu de cette loi, sur la part héréditaire qu'il doit recevoir aux termes de l'article 767, qui constitue le droit commun en cette matière.

Le système du cumul n'a guère d'inconvénients, quand les droits d'auteur sont peu importants, mais il peut aboutir en certains cas à une grande injustice à l'égard des héritiers. Il en sera ainsi, par exemple, quand les droits d'auteur constitueront la meilleure partie de l'actif laissé par le défunt ; le conjoint survivant, après avoir recueilli en ce cas l'intégralité des droits d'auteur, sera encore admis, en effet, à réclamer la part de succession fixée par l'article 767, et il ne restera plus dès lors aux héritiers qu'une portion insignifiante des biens laissés par le défunt.

Le système de l'imputation eût évité, au contraire, ces

résultats choquants. Il protégeait les héritiers sans sacrifier le conjoint, puisque celui-ci aurait obtenu dans tous
les cas une portion héréditaire au moins égale à celle que
fixe la loi de 1891, et qu'il eût toujours recueilli intégralement le montant des droits d'auteur, même s'ils excé-
daient de beaucoup cette part.

Au sujet de la loi de 1866, nous ferons encore une
double observation : nous avons vu dans son article premier, que « si l'auteur défunt laisse des héritiers à réserve,
la jouissance de son conjoint est réduite au profit de ces
héritiers, suivant les proportions et distinctions établies
par les articles 913 et 915 du Code civil » : il est curieux
que ce soit la quotité disponible ordinaire et non la quotité disponible entre époux, qui fixe la limite de cette
jouissance. C'est là une particularité dont on ne s'explique
guère la raison.

Il est à remarquer aussi qu'il existe entre l'article 767
du Code civil et l'article 1er de la loi de 1866 une différence
importante. La jouissance du conjoint survivant cesse,
dit ce dernier, s'il contracte un nouveau mariage ; or,
nous avons vu que cette seule condition ne suffit pas
d'après la loi de 1891, pour faire encourir en ce cas une
déchéance au conjoint survivant : il faut de plus, qu'il
existe encore au moment du convol des descendants du
défunt.

Une autre loi, dont il faut concilier le texte avec celui
du nouvel article 767, est *celle du 25 mars 1873* « qui
règle la condition des déportés à la Nouvelle-Calédonie ».
Aux termes de l'article 13 de cette loi, « si le concession-
naire vient à mourir après que la concession a été rendue
définitive, les biens qui en font partie seront attribués aux
héritiers d'après les règles du droit commun. — Néan-

moins dans le cas où il n'existerait pas d'enfants légitimes ou autres descendants, la veuve, si elle habitait avec son mari, succédera à la moitié en propriété, tant de la concession que des autres biens que le déporté aurait acquis dans la Colonie. — En cas d'existence d'enfants légitimes ou autres descendants, le droit de la femme ne sera que d'un tiers en usufruit ».

Ces dispositions sont encore en vigueur aujourd'hui, car la loi de 1891 ne les a abrogées, ni expressément, ni tacitement; il nous suffirait pour le prouver de reproduire les arguments que nous avons donnés à propos de la loi de 1866, mais ce serait faire une répétition inutile.

Lorsqu'un déporté vient à mourir, s'il laisse des biens dans la Colonie et dans un autre pays, sa succession se divise en deux fractions distinctes, régies par deux lois différentes. Sur les premiers, son conjoint survivant prend la portion que lui attribue l'article 13 de la loi précitée; sur les seconds, ses droits seront déterminés par l'article 767 du Code civil.

Comme dans le cas précédent, c'est donc encore le système du cumul qui fonctionne au profit de l'époux survivant; mais, loin de blâmer le législateur d'avoir, en cette hypothèse, adopté une telle solution, nous ne pouvons que l'en approuver, car ce système était le seul, qui fût de nature à respecter le but de la loi de 1873.

Que la raison d'être de cette loi ait été comme celle de la loi de 1866, l'amélioration du sort du conjoint qui survit, c'est là ce qu'on ne peut nier, mais ce n'est plus seulement dans le but d'apporter à cette situation un remède partiel, en attendant le moment favorable pour réaliser une réforme générale, que le législateur de 1873 a voté le texte qui nous occupe; c'est la situation de l'époux survivant *d'un déporté* qu'il a voulu spécialement améliorer à cause de sa qualité même, car il avait pour le faire, des motifs tout particuliers. « Quand nous songeons, disait M. Fabre (1), lors de la discussion de la loi de 1873, que nous sommes en face d'une femme qui est allée rejoindre son mari dans des conditions que vous connaissez, qui a rompu les liens de la parenté, qui a abandonné son pays, ses attaches naturelles, et qui s'est dévouée à celui qui a encouru la réprobation sociale, je dirai que cette femme mérite une récompense....., car elle aura encouragé son mari dans ses fatigues, elle l'aura préservé des mauvaises pensées, elle aura été auprès de lui la condition de l'espérance et du retour vers le bien » (2).

Ce conjoint survivant est donc dans une situation toute particulière. Les biens qui lui sont attribués sont la récompense *spéciale* de son dévouement, qui l'a poussé à rejoindre dans la Colonie son époux condamné. La loi de 1891 ne fait donc pas double emploi avec la loi de 1873, comme avec celle de 1866. Voilà pourquoi, dans cette hypothèse, le système du cumul était nécessaire, car la fusion de ces deux lois n'eût pas répondu au but du législateur.

La loi de 1873 est beaucoup plus favorable à l'époux survivant que celle de 1891. Tandis que la première lui

----

(1) Séance du 19 mars 1873. *Journ. Off.* du 20 mars, p. 1939.

(2) Bien que la première partie de la loi de 1873 ne parle que de la femme, il faut remarquer qu'elle est également applicable au mari. C'est ce que dit, d'ailleurs, son article 14.

accorde, en effet, à défaut d'enfants légitimes, un droit de propriété, même en présence d'ascendants, la seconde, au contraire, ne lui donne le même droit qu'à défaut de tout successible autre que l'État ; même en présence d'un collatéral, elle ne lui confère que de l'usufruit.

S'il existe des enfants, le conjoint du déporté obtient un tiers en usufruit ; dans la même hypothèse, il n'obtiendrait que le quart d'après l'article 767.

Ces droits, qu'accorde la loi de 1873, s'étendent, d'ailleurs, il faut le remarquer, à tous les biens que le défunt possédait dans la colonie, et non pas seulement à ceux qui ont été l'objet d'une concession.

Il nous reste à parler enfin de quelques lois plus anciennes qui accordent des pensions de retraite aux veuves des militaires et des marins, comme celles des *11 (1) et 18 avril 1831*, et aux veuves des fonctionnaires civils comme celle du *9 juin 1853*. Il faut y ajouter la loi du *20 juillet 1886* sur la caisse des retraites pour la vieillesse. Pas plus que les précédentes, ces lois n'ont été abrogées par celle de 1891. Elles restent en vigueur à côté d'elle et leurs dispositions s'appliquent parallèlement. Le système du cumul s'imposait en ce cas, car ce n'est pas au même titre que l'époux survivant peut invoquer le bénéfice de ces diverses dispositions légales.

Ce n'est pas, en effet, à titre de succession que le conjoint recueille les avantages qui découlent de ces lois spéciales. Une pension de retraite est composée de deux choses : « d'une retenue opérée sur le traitement et d'une libéralité de l'État qui récompense d'honorables et utiles services, d'abord, dans la personne du fonctionnaire lui-

____

(1) Modifiée par les lois du 25 juin 1861 et du 22 juin 1878.

même, lorsqu'il est astreint au repos par l'âge ou les infirmités, et ensuite dans la personne de sa femme survivante. La retenue ayant nui aux deux époux, il est juste que la pension qu'elle représente profite à tous les deux. Quant à la libéralité de l'État, ce n'est pas un droit entré dans le patrimoine propre du fonctionnaire pour y suivre la loi commune des transmissions ; c'est une sécurité pour l'avenir, garantie à lui et à sa veuve. Celle-ci tient son droit de l'État et non du mari (1) ». C'est ce qui explique que la loi de 1891 n'ait, ni modifié, ni supprimé, celles de 1831 et de 1853.

La première, en effet, règle les droits héréditaires de tout époux survivant et ses dispositions n'ont été écrites que par interprétation de la volonté présumée du défunt ; les autres, au contraire, ont pour caractère distinctif, d'assurer spécialement les droits de la veuve, non plus sur des biens qu'elle tient de la volonté du prémourant, mais sur les avantages que l'État lui confère et sur les retenues qui ont été opérées sur le traitement de son époux prédécédé. Des lois aussi distinctes par leur but et par leurs effets ne pouvaient donc se combiner ; elles devaient rester indépendantes.

---

(1) Boissonnade, *Histoire des droits de l'époux survivant*, p. 513.

Vu : le Doyen,   Vu : le Président,
  GARSONNET.   MASSIGLI.

Vu et permis d'imprimer :
Le Vice-Recteur de l'Académie de Paris :
GRÉARD.

INDEX BIBLIOGRAPHIQUE

DROIT FRANÇAIS

OUVRAGES

Aubry et **Rau**. — Cours de Droit civil français, 4e édition, 1878.

Baudry-Lacantinerie. — Précis de Droit civil, 5e édition, 1895.

Baudry-Lacantinerie et **Wahl**. — Traité théorique et pratique de Droit civil ; des Successions, 1895.

Boissonnade. — Histoire des Droits de l'époux survivant, 1874.

Cæsar. — *Commentarii de bello Gallico*.

Chardenet. — Des Droits de succession accordés par la loi au conjoint survivant.

Dalloz. — Supplément au Répertoire 1887-1897.

Demante. — Cours analytique de Code civil, continué par E. Colmet de Santerre, 1880.

Demolombe. — Cours de Code Napoléon. 1870.

Fenet. — Recueil complet des travaux préparatoires du Code civil, 1836.

Glasson. — Histoire du Droit et des Institutions de la France, 1896.

Huc. — Commentaire théorique et pratique du Code civil, 1893.

Lamache. — Commentaire de la loi du 9 mars 1891, 2e édition, Paris, Marchal et Billard, 1895.

Laurent. — Principes de Droit civil, 1873.

Merlin. — Répertoire de Jurisprudence, 5e édition, 1827.

Pothier. — Œuvres, édition Bugnet, 1861.

Rodière et **Pont**. — Traité du Contrat de mariage, 2e édition, 1869.

Savigny. — Histoire du Droit romain au moyen âge, 1839.

Touillier. — Le Droit civil français, continué par Duvergier, 1843.

Vareilles-Sommières (de). — Cours de Droit civil.

Viollet. — Histoire des Institutions politiques et administratives de la France, 1890.

PÉRIODIQUES

Dalloz. — Jurisprudence générale ; Recueil périodique ; Note de M. Planiol, 1894.

Defrénois. — Répertoire général pratique du Notariat, 1891.

Droit (le). — Étude de M. Lyon-Caen, 1890.

France Judiciaire. — Études de MM. Gerbault et Dubourg, 1892.

Journal de l'Enregistrement, 1891, 1894.

Journal des Notaires, 1891.

Journal du Notariat. — Études de MM. Bonnet, 1891 ; Amiaud, 1891.

Journal Officiel.

Lois Nouvelles. — Étude de M. Mesnard, 1891.

Moniteur Universel.

Pandectes Françaises.

Répertoire périodique de l'Enregistrement, 1891.

Revue critique de Législation et de Jurisprudence. — Études de MM. Souchon, 1891 ; Zeglicki, 1892 ; Planiol, 1892 ; Guenée, 1892.

Revue du Notariat et de l'Enregistrement. — Études de MM. Lamache, 1891, 1893, 1894, 1895, 1896 ; Foiret, 1891.

Revue générale de Droit, de Législation et de Jurisprudence. — Études de MM. Taudière, 1892 ; Bouvier-Bangillon, 1891, 1892, 1893.

Sirey. — *Recueil général des lois et arrêts*. - Notes de MM. Labbé, 1880 ; Bourcart, 1892.

DROIT ÉTRANGER

OUVRAGES

Beauregard. — Législation italienne, 1887.

Grasserie(Raoul de la).—Code civil du canton des Grisons, 1893.

Huc. — Le Code civil italien et le Code Napoléon. Traduction par J. Orsier, 1863.

Lehr. — Code civil espagnol, traduit et annoté, 1880.

   — — Éléments de Droit civil russe, 1877.

   — — Éléments de Droit civil anglais, 1885.

Lepelletier. — Code civil portugais, traduit et annoté, 1894.

Levé. — Code civil espagnol, traduit et annoté, 1890.

Meulenaere (de). — Code civil allemand, traduit et annoté et loi d'introduction, 1897.

PÉRIODIQUES

Annuaire de Législation étrangère. — Études de MM. d'Aillières, 1873; Pinguet, 1875; Lehr, 1875; Duval, 1878; Guinotte, 1878; Weil, 1883; Passez, 1891; Roussel, 1896.

Moniteur Belge, 1896.

Revue de Droit international et de Législation comparée. — Études de MM. Lehr, 1896; Stocquart, 1897.

TABLE DES MATIÈRES

                 Pages

INTRODUCTION. 1

PREMIÈRE PARTIE

La situation du conjoint survivant avant la loi de 1891.

CHAP. I. — *Droit Romain* 3

CHAP. II. — *Ancien Droit Français* 8
  Section I. — Situation du conjoint survivant en
      Gaule. 8
  Section II. — Situation du conjoint survivant chez
      les Germains en général, et en
      particulier chez les Francs 10
  Section III. — Situation du conjoint survivant pen-
      dant la période féodale et pendant
      la période royale 11
     § 1. — Situation du conjoint survivant
       dans les pays de coutumes. . 12
      A. — Pendant la période féodale. . 12
      B. — Pendant la période royale. . 15
     § 2. — Situation du conjoint survivant
       dans les pays de droit écrit
       pendant la période féodale et
       la période royale 19

CHAP. III. — *Droit intermédiaire* 25

CHAP. IV. — *Code civil. Origines de la loi du 9 mars 1891.* 28

DEUXIÈME PARTIE

Droit actuel. Loi du 9 mars 1891. 45

CHAP. I. — *Nature du droit accordé au conjoint survivant*
    par la loi du 9 mars 1891 45
  Section I. — De l'usufruit du conjoint survivant. . 46
  Section II. — Nature du droit accordé au conjoint
      survivant par les législations étran-
      gères. 50

CHAP. II. — *Montant du droit d'usufruit accordé au conjoint survivant.* **76**

    Section I. — Le conjoint survivant est en concours avec des enfants du *de cujus* . . .   **78**

        § 1. — Le *de cujus* ne laisse que des enfants communs **78**

        § 2. — Le *de cujus* ne laisse que des enfants d'un précédent mariage.   **83**

    Section II. — Le conjoint survivant est en concours avec des héritiers autres que des enfants **90**

CHAP. III. — *Formation de la masse sur laquelle se calcule et s'exerce le droit d'usufruit du conjoint* .   **122**

    Section I. — Biens existants **123**

    Section II. — Biens sortis du patrimoine du *de cujus*.   **123**

        A. — Biens que le *de cujus* a donnés ou légués à des Etrangers **123**

        B. — Libéralités faites par le *de cujus* à ses successibles. **124**

        C. — Libéralités faites par le prémourant au conjoint survivant lui-même. Imputation de ces libéralités. Comment s'opère l'imputation ?   **141**

        Composition de la masse sur laquelle se calcule et s'exerce dans les pays étrangers le droit attribué au conjoint survivant et dispositions de leurs Codes relatives à l'imputation **197**

CHAP. IV. — *Restrictions que la loi du 9 mars 1891, apporte à l'exercice de l'usufruit du conjoint survivant*   **202**

    Section I. — Droits de réserve. **203**

    Section II. — Droits de retour **228**

CHAP. V. — *Comment s'exerce l'usufruit du conjoint survivant ? Conversion de cet usufruit en rente
viagère* 241

Section I. — Comment s'exerce l'usufruit du conjoint survivant ?. 241

Section II. — Conversion de l'usufruit en rente viagère 243

§ 1. — Dispositions générales. Avantages
de la conversion. Qui peut la
demander ? Est-elle possible
pour toute espèce d'usufruit ? . 243
§ 2. — Conditions de la conversion. . . 255
§ 3. — Délai pendant lequel la conversion peut être demandée . . . 267
§ 4. — Effets de la conversion 277
§ 5. — Comment les législations étrangères règlent-elles l'exercice du
droit qu'elles accordent au conjoint survivant. Contiennent-
elles quelque disposition analogue à notre droit de conversion ?. 290

CHAP. VI. — *A quel titre juridique l'époux survivant est-il
appelé à la succession du de cujus et quelles
sont les obligations résultant de l'usufruit
qui lui est accordé?* 299

Section I. — A quel titre juridique succède l'époux
survivant ? 299

Section II. — Obligations imposées au conjoint usufruitier 301

Section III. — A quel titre les législations étrangères
appellent-elles l'époux survivant à
la succession de son époux prédécédé 326

Chap. VII. — *Causes entraînant pour le conjoint l'extinction et la privation de son usufruit* 334

    Section I. — Causes extinctives ou privatives de l'usufruit en général 334

    Section II. — Déchéances particulières à l'usufruit du conjoint 337

    Section III. — Causes particulières qui peuvent dans certains cas, empêcher l'usufruit du conjoint survivant de produire son effet 360

    Section IV. — Cas dans lesquels l'époux survivant perd, d'après les législations étrangères, le droit héréditaire qui lui est accordé 369

Chap. VIII. — *Combinaison de la loi du 9 mars 1891 avec les autres lois qui attribuent au survivant des avantages particuliers* 382